KB210360

시장

✝

종교

✝

욕망

Desire, Market and Religion
Copyright ⓒ 1998 by Jung Mo Sung
First published by SCM Press, London(2007)
All rights reserved.
Korean translation copyright ⓒ Booksea Publishing Co., 2014
Korean translation rights arranged with Jung Mo Sung.

시장, 종교, 욕망
해방신학의 눈으로 본 오늘의 세계

초판 1쇄 발행 2014년 10월 25일 ＼**초판 2쇄 발행** 2015년 3월 20일
지은이 성정모 ＼**옮긴이** 홍인식 ＼**펴낸이** 이영선 ＼**편집 이사** 강영선 ＼**주간** 김선정 ＼**편집장** 김문정
편집 임경훈 김종훈 김경란 하선정 ＼**디자인** 김회량 정경아
마케팅 김일신 이호석 김연수 ＼**관리** 박정래 손미경 김양천

펴낸곳 서해문집 ＼**출판등록** 1989년 3월 16일(제406-2005-000047호)
주소 경기도 파주시 광인사길 217(파주출판도시) ＼**전화** (031)955-7470 ＼**팩스** (031)955-7469
홈페이지 www.booksea.co.kr ＼**이메일** shmj21@hanmail.net

ISBN 978-89-7483-691-7 93230
값 15,000원

이 도서의 국립중앙도서관 출판시도서목록(CIP)은 e-CIP 홈페이지(http://www.nl.go.kr/ecip)에서
이용하실 수 있습니다.(CIP제어번호: CIP2014028538)

시장 † 종교 † 욕망

해방신학의
눈으로 본
오늘의 세계

성정모 지음 | 홍인식 옮김

서해문집

승리의
그날까지
언제나
Hasta la victoria siempre!

이 책의 저자인 성정모 박사는 한국계 브라질인이다. 그는 1965년 가족과 함께 브라질로 이민해 그곳에서 교육받으며 성장한 가톨릭 평신도 신학자이다. 나는 1993년에 성 박사를 알게 되었다. 당시 나는 아르헨티나 연합신학대학(ISEDET)에서 미게스 보니노(Miguez Bonino) 교수의 지도로 박사과정에 있었다. 당시 보니노 박사가 신학과 경제에 관한 책을 몇 권 소개해 주었는데, 그중 하나가 바로 성정모 교수의 책이었다. 나는 그가 한국계 브라질인임을 알게 되었고, 1995년 그가 세미나 관계로 아르헨티나를 방문했을 때, 부에노스아이레스의 브라질 식당에서 그를 만났다. 그때부터 그와 교류를 시작하였다.

〈한겨레신문〉은 남미 탐방 기사(2014. 3. 17)를 통해 성정모 교수를 이렇게 소개하고 있다.

7살 때 이민한 부모를 따라간 성 교수는 해방신학의 지평을 '인간의 욕망 문제'로까지 넓힌 선구적인 2세대 해방신학자다. 가톨릭 신자인 그는 브라질 최대 빈민촌인 자르징안젤라시의 산마르티네스 교회 등에서 해방신학 모임을 이끌었고, 상파울루의 떠오르는 별인 이바브 침례교회 키비츠 목사 등 많은 목사들에게 해방신학을 가르쳤다.

성정모 교수는 학문을 삶의 현장과 접목하고 또 그렇게 살아가고 있는 학자이다. 이 책은 그의 역작 중의 역작인 《Desire, Market and Religion》의 한국어 번역 증보판이다. 이 저서는 20여 년 전에 출간된 책이다. 많은 시간이 흘렀지만, 신자유주의 경제정책하 욕망과 소비의 가치로만 삶을 이해하려는 요즘 상황에서 인간의 가장 기본적인 욕망에 대해 다루고 있기에 여전히 유효한 책이다. 이번에 출판되는 증보판은 기존 책에 두 개의 장을 더해 20여 년이 흐르는 동안 해방신학에 발생한 여러 변화를 반영하고 있다.

신자유주의 경제정책의 세계화, 사회주의 국가의 몰락 등 사회정치적 변동과 경제 상황의 변화, 세계화된 서구문화, 특히 소비문화가 라이프스타일을 변화시킴으로써 사회구조의 변혁을 원하는 모든 유토피아적 사회운동에 위기를 초래했다. 해방신학도 예외는 아니었다. 많은 사람들은 해방신학의 죽음을 말하기도 하고 그 유효기간이 끝났다고 선포하기도 했다. 이러한 위기 상황에서 성 교수는 꾸준히 해방신학적인 성찰을 거듭했다. 그는 구스타보 구티에레스(Gustavo Gutierez)가 말했듯이 자신의 삶을 지탱하는 기본적인 원리에 대해 비판적으로 성찰하는 것을 두려워하지 않았다.

이번에 추가된 두 장에는 이러한 저자의 성찰이 반영되어 있다. 그는 1부에서 욕망이 어떻게 시장이라는 체제를 중심으로 인간 사회에 하나의 종교로 자리 잡고 있는지 신학적으로 분석하고 있다. 그럼으로써 신자유주의 경제의 우상적인 모습을 여지없이 드러내고 있다. 1-4장을 통해 경제 문제는 곧 신앙과 종교, 신학의 문제임을 깨달을 수 있을 것이다. 5-6장에서는 해방신학을 비롯한 사회운동의 위기와 갈등 상황에 대해 논한다. 그는 가난한 자를 선택한 한 사람의 헌신적인 삶을 이야기하면서 해방신학의 나아갈 길을 제시하고 있다. 그것은 우리에게 또다시 유토피아적인 지평에 대해 희망을 갖게 만든다. 이 책을 통해 우리는 신학은 삶이고, 신앙은 실천임을 다시금 확인할 수 있으며, 바로 거기에서 저자는 해방신학의 미래를 예견한다.

이 책은 이러한 의미에서 다시 우리로 하여금 해방신학을 비롯한 사회변혁을 꾀하는 유토피아적 운동이 오늘날에 어떤 의미를 갖고 있는가를 보여 준다. 또한 하나님 나라의 변혁운동에 대한 희망과 의미를 재발견하게 이끈다. 이 책은 오직 경제 발전만을 최고의 가치로 삼고 있는 대한민국 사회를 향해 중요한 메시지를 던진다. 오직 잘살게 해주겠다는 공약이 정치적 지도자들을 선출하는 데 가장 핵심적인 구호로 등장하는 우리 사회가 욕망으로 인해 시장(맘몬)을 우상적으로 섬기는 사회임을 고발하고 있을 뿐만 아니라, 인간다운 사회란 무엇인가를 보여 주고 있는 것이다.

이 책은 각 장이 독립적인 형태로 구성되어 있기에 순서와 관계없이 읽어도 무방하다. 5-6장에서 반영된 최근의 해방신학을 비롯한 사회운동의 위기와 그에 대한 분석을 읽은 후에 1-4장에서 언급하고 있는 욕망과 시장에 대한 신학적인 분석을 읽어도 괜찮을 것이다. 이 책을 통해 오늘날 한국 사회가 왜 '피로 사회'가 되어가고 있는지 그 근본적인 원인을 알게 될 것이다. 그것은 한국 사회, 아니 오늘날의 세계가 '욕망의 사회'이기 때문임을 알게 될 것이다. 최근 일어난 세월호 침몰 사고는 우리 사회의 욕망을 극명하게 드러낸 사건이다. 이러한 시점에서 출판되는 이 증보판은 우리로 하여금 스스로의 모습을 되돌아보게 하고 다시금 욕망을 넘어 인간다운 삶이 보장되는 사회가 가능하다는 것을 꿈꾸게 할 것이다. 승리의 그날까지 언제나 변함없이(Hasta la victoria siempre)!

2014년 9월
홍인식

한국어 증보판에
붙여

내 마음 깊은 곳에는 아직도 가족과 함께 브라질로 이민을 떠났던 1965년 당시 서울의 모습들이 그대로 남아 있다. 당시 한국은 모두가 가난했고 서구 문명의 영향을 많이 받지 않던 나라였다. 브라질로 이민을 떠난 지 32년 만인 1998년에 나는 한국을 방문하게 되었다. 한신대학교에서 개최한 브라질, 독일, 한국 신학자들의 모임에 참여하기 위해서였다. 물론 브라질에 사는 동안에도 '한국이 아시아의 호랑이 중 하나가 되었다'는 등의 한국 관련 소식들은 들어 왔지만, 한국의 경제 발전과 현대적인 모습을 실제 내 눈으로 보니 놀라움을 금할 수 없었다. 당시 한국은 국제통화기금(IMF) 사태로 재정적 위기를 겪고 있었음에도 불구하고 어린 시절 내가 살았던 서울과는 완전히 다른 모습이었다.

　2014년 나는 다시 서울을 방문했다. 이틀 동안의 짧은 일정이었지만, 나는 또다시 한국의 경제 발전과 높은 기술 수준을 보며 한국이 얼마나 발전했는지 느낄 수 있었다. 한국은 경제적 측면뿐만 아니라 문화적 측면에서도 확연하게 세계 자본주의의 한 부분임을 보여 주고 있었다.

이제 한국을 찾는 외국 관광객들은 문화·언어적 차이가 있음에도 불구하고 더 이상 한국을 낯설어하지 않고 있으며, 한국에서 어디로 가야 할지 당황하지 않는다. 경제가 발달한 국가들의 '중심가'는 소비자의 핵심적이고 기본적인 욕망을 충족시키는 데 있어 비슷한 양상을 띠기 때문이다.

그런데 이러한 한국의 기술 발전과 부와 함께 내 관심을 끈 것은 거리에 앉아 있는 많은 노년층과 거리에서 물건들을 팔고 있는 사람들의 모습이었다. 이것은 한국 사회의 발전과 번영 뒤편에서 무엇인가가 잘못되고 있다는 것을 보여 주는 장면이었다.

바쁜 현대인의 삶, 부를 향한 강박적인 욕망, 그리고 소비에 대한 욕구는 이 같은 거리의 사람들을 투명한 존재들로 만들고 있었다. 다시 말하면 많은 사람들이 이 같은 거리 풍경에 익숙해져 가고 있었고, 그들의 고통에 대하여 무관심해져 가고 있었다. 그것은 사람들이 도덕적으로 무관심한 사람들이거나 종교적으로 나쁜 사람들이기 때문은 아니라고 생각한다. 많은 사람의 삶이 욕망에 의해 지배되고 있으며, 이러한 욕망이 노년층과 어린이, 가난한 사람들을 향한 자비와 연대정신을 몰아내고 있다. 이것은 성서가 말하는, 고통받는 사람들에게 사랑과 연대 정신을 갖게 하는 '하나님의 영'에 반대하는 '세상의 영'의 모습이다.

소비의 문화(인간의 가치가 소비의 종류와 수준에 의해 결정되는 문화)는 전 세계를 지배하는 정신이며, 한국도 예외가 아니다. 욕망과 소비의 문제를 신학적으로 다룬 나의 책이 다시 증보판으로 출간되는 것을 큰 영광으로 생각한다. 오늘날 마케팅과 광고 전문가들을 포함하여 많은 사람들은 유명 상표는 더 이상 하나의 물질이 아니며, 그것은 이미 신비하고 영적인 차원에 속한다고 말한다. 그것은 마치 바울이 말한 것처럼, '세상의 영'의 구체적인 표현이 되고 말았다.

이번에 출간되는 책이 오늘날의 삶에 있어 경제가 어떻게 신학과 깊은 연관성을 갖고 있는지를 알고 싶어 하는, 신학과 종교에 관심 있는 한국 독자들에게 유용하기를 바란다. 이 책에서 언급하고 있는 신학적 성찰에는 라틴아메리카의 상황이 반영되어 있다. 그것은 나 자신이 라틴아메리카에서 교육받고 성장하며 성찰해 왔기 때문이다. 그럼에도 불구하고 라틴아메리카의 내 동료들은 내가 자신들과는 다른 형태의 성찰을 하고 있다고 말하곤 한다. 그리고 어떤 친구들은 그것이 내 삶의 깊은 곳에 자리 잡고 있는 오래된 한국적 문화·전통과 관련되어 있을 것이라고 말하곤 한다. 세월이 흐르면 흐를수록 나 또한 그 말이 맞다고 느낀다.

사회적 차별을 발생시키면서까지 소비에 대한 환상을 생산해 내는 요즘 시대에 '우리의 사회와 교회' 안에서 '하나님의 영'과 '세상의 영' 사이에 발생하고 있는 투쟁을 더 명확하게 이해하기 위해서는 아시아의 신학과 라틴아메리카의 신학의 심도 깊은 대화가 절실하다고 나는 확신한다.

이 한국어판 증보판에는 두 개의 논문이 추가되어 있다. 브라질판과 2007년도에 출판된 영어판 역시 마찬가지다.

마지막으로, 이 책을 한국어로 번역하느라 수고를 아끼지 않았을

10

뿐만 아니라 예전 한국어판과 이번 증보판의 출간을 위해 애써준 홍인
식 박사에게 감사를 드린다.

2014년 9월
성정모

1장

신　　학　과
경　　　　제

복음과
가난한 자들

오늘날 모든 사람들, 특히 가난과 고난 속에 있는 사람들의 기쁨과 희망, 슬픔과 고통의 감정들은 그리스도의 제자들의 기쁨과 희망, 슬픔과 고통이기도 하다.

제2차 바티칸 공의회의 중요한 문서인 목회헌장 〈기쁨과 희망 (*Gaudium et Spes*)〉은 이 아름답고 예언적인 선언으로 시작한다. 성령으로 감동받고 예언적인 말씀으로 계시를 받은 많은 기독교인과 교회들은 모든 사람들, 특히 가난한 자들의 생명을 보호하기 위한 투쟁의 일부분에 참여하여 왔다.

가난한 사람들과의 만남, 그들과 연대하는 체험, 이웃의 아픔을 함께하고 모든 인간의 존엄성을 보호하기 위한 여러 형태의 투쟁, 불의 앞에 느끼는 분노를 통해 우리는 이것이 하나님의 존재에 대한, 진정한 하나님을 만나는 기독교적 체험을 위한 우선적인 동기임을 확실히 깨달을 수 있다. 그것은 교황 요한 바오로 2세가 지적한 것처럼 "다양한 시대적 배경 속에서, 그리고 예수 안에서 교회에게 맡겨진 인간들을 향한 모든 길은 하나님과 그의 사랑을 만나는 길"[1]이기 때문이다. 다시 말해 여러 가지 문제와 도전에 직면해 있고, 개인적·사회적인 맥락(personal and social context) 속에서 살아가고 있는 인간들에 대한 언급 없이는 하나님께로 나아갈 수 없다는 것이다.

개발도상국에서 하루에 1.25달러 이하의 소득으로 생활하는 사람들의 비율이 1990년 47퍼센트에서 2010년에는 22퍼센트로 감소되었다. 그럼에도 불구하고 오늘날 12억의 인구는 여전히 절대빈곤의 상황에 처한 것으로 파악된다. 경제 및 금융 위기로 인해 전 세계적으로 약 6700만 명의 인구가 고용률의 감소에 따른 부정적 영향을 받은 것으로 나타났다. 사하라 이남 아프리카 지역은 거의 인구의 절반이 하루 1.25달러 이하의 소득으로 생활하고 있다. 사하라 이남 지역은 절대빈곤층의 규모가 꾸준히 증가하고 있는 유일한 지역으로, 1990년 2억9000만 명에서 2010년에는 4억1400만 명으로 증가하였고, 이는 전 세계 절대빈곤층의 3분의 1에 해당하는 수치다. 사하라 이남 아프리카와 남아시아는 개발도상국 인구 중 절대빈곤층 인구의 약 40퍼센트가 밀집되어 있으며, 큰 발전이 있었지만 여전히 8명 중 1명은 기아로 고통받고 있다. 전 세계적으로 거의 6명 중 1명의 5세 미만 아동이 저체중이며, 4명 중 1명은 발육부진 상태이다. 전 세계적으로 5세 미만 아동 중 약 7퍼센트(추정치)가 저체중이며, 이는 영양실조의 또 다른 양상이다. 이 중 4분의 1에 해당하는 아동은 사하라 이남 아프리카 지역에 거주하고 있다. 근로빈곤층은 감소했으나, 개발도상국의 60퍼센트 이상의 노동자들은 여전히 하루에 4달러 이하의 소득으로 생활하고 있다. 전 세계적으로 2011년에 5세 미만 아동의 약 4분의 1(26퍼센트)이 발육 부진을 겪고 있는 것으로 나타났다. 2000년, 1억200만 명이었던 초등교육 학령기 학생의 미등록자 수가 2011년 5700만 명으로 감소하였는데, 미취학 아동 중 절반 이상이 사하라 이남 아프리카에 거주하고 있다. 세계적으로 기본적인 문해율이 결여된 1억2300만 명의 젊은이(15세-24세) 중 61퍼센트가 젊은 여성이다.(〈UN새천년개발목표 보고서 *The Millennium Development Goals Report* 2013-2014〉에서 발췌) 이 모든 일들이 거대한 과학기술에 의해서 생성되고 있는 GDP 75조 달러 규모의 세계 경제 구조(2012년 기준)에서 발생하고 있다.

우리가 여기서 밝히고자 하는 것은 이 같은 절대적 빈곤의 지속과 증가가 단순한 경제적 부의 부족으로 생긴 결과가 아니라는 점이다. 경제성장 그 자체는 가난의 문제를 해결할 수 없다. 더욱이 경제성장을 주도하는 논리가 소득을 한곳으로 집중시키면서 사회적·경제적으로 소외 구조를 발생케 하고 있다면 말이다. 선진 공업국으로 불리는 미국, 영국, 독일을 비롯한 G7 등의 부유한 나라들에서도 미국 3100만 명, 독일 700만 명, 이탈리아 300만 명이 넘는 인구가 빈곤의 한계점 밑에서 살고 있다. 특히 날로 극심해지는 빈부의 차이는 가난이 일부 국가나 대륙의 문제만은 아니라는 사실을 증명해 주고 있다.[2]

1997년 UN의 인류 발전에 관한 자료에 의하면 세계의 절대적 빈곤 퇴치는 21세기 몇십 년 동안에 인류가 수행해야 할 도덕적 명령이자 완벽하게 이루어질 수 있는 가능성으로 등장하고 있다. 또한 〈UN새천년개발목표 보고서〉는 "지난 10여 년 동안 UN새천년개발목표 달성을 위해 노력하면서 전 세계적인 개발목표를 설정하여 추진하는 것이 큰 성과를 낼 수 있다는 것을 알게 되었다. 노력을 배가한다면 UN새천년개발목표를 달성할 수 있을 것이며, 향후 야심차고 효과적인 포스트 2015 개발의제(post 2015 development agenda) 설정을 위한 계기가 될 것"이라고 말하면서 빈곤 퇴치의 가능성을 높게 보고 있다.

빈곤 퇴치에 드는 비용은 많은 사람들이 상상하는 것보다 낮으며 그것은 전 세계 총 소득의 약 1퍼센트와 중선진국 소득의 2-3퍼센트를 넘지 않는다. 빈곤 퇴치에 드는 비용은 군비 축소와 빈곤 퇴치 프로그램의 재조정, 빈곤자들에게 혜택을 주기 위한 경제성장 투자계획 등을 통해 마련할 수 있다.

이를 통해 분명하게 밝혀 두어야 할 것은 일반적으로 소수에 집중되어 있는 부를 최대로 산출하는 것을 지향하는 경제모델은 빈곤 퇴치를 목적으로 하는 경제모델과는 성격이 매우 다르다는 것이다. 현재 시행 중인 최대의 부 창출을 지향하는 경제모델은 과학기술과 관리체제의 혁신으로 고용과 인건비를 줄이고 (그러므로 구조적인 실업률이라는 중대한 문제를 야기할 수 있는) 노동 인구의 자유로운 순환은 제한하면서 금융시장의 세계화와 자본 및 상품의 자유 순환에만 중점을 두고 있다.

반면에 빈곤 퇴치를 목적으로 하는 경제모델은 국가적·국제적 차원에서 일자리 창출, 소득의 더 나은 분배가 경제적·정치적 결정을 하는 데 중점적인 기준이 된다. 그래서 UN 자료는 "빈곤 퇴치를 위한 자원의 유동이 주고 있는 도전은 우선권(일자리 창출, 소득의 더 나은 분배)에 대한 구조 재편성"이라고 규정하고 있다.

이렇게 부와 가난이 혼합되어 있는 복잡하고 모순된 세계 앞에서 복음적 메시지는 추상적이거나 통상적인 것이 되어서는 안 된다. 그것은 현재의 역사적 맥락과 국제경제 질서와의 연관성 안에서 선포되어야 한다. 다시 말해 가난하고 소외된 자들을 위한 복음이 되어야 하며, 현 세상을 지배하고 있는 죄의 실체를 드러내며, 우리 가운데 존재하는 성령의 행동을 밝히는 선포가 되어야 한다. 그것은 우리의 행위 안에 자리 잡고 있는 선포로 세상의 모든 희생자들에게 예수를 통해 계시된 생명의 하나님에 대한 믿음과 희망을 심어 주는 것이 되어야 한다.

최근 심화되고 있는 사회적 문제의 심각성에 대한 자각과 가난한 자들과의 연대감이 세계를 향해 '좋은 소식'을 선포하는 우리의 선교에 있어서 본질적이라는 확신은 많은 공동체와 목회자 연합체들이 시대적 상황을 분석하는 데 관심을 갖게 만들었다. 결국 우리는 상황적 맥락에 대한 이해 없이는 '시대의 변화무쌍한 맥락 안'에서 복음을 전할 수 없기 때문이다.

시대 상황에 대한 정치적·경제적 분석이 우리의 목회 행위에 익숙한 것일지라도 신학적·경제적 성찰에 대해서는 그렇다고 말할 수 없다. 비록 라틴아메리카에서는 1960년대부터 이러한 형태의 성찰이 이루어지고 있기는 하지만[3] 여러 가지 이유로 인해 아직도 많은 이들이 이렇게 묻고 있다

"하나님과 경제가 무슨 상관이며 신학과 경제는 어떤 연관성이 있는가?"

신학과
경제

신학은 신(Theos)에 대한 체계적인 연구(Logos)이다. 신의 존재를 결정적인 형태로 입증하는 일이 불가능하기도 하지만, 신학의 주된 목적은 신의 존재를 입증하는 것이 아니다. 신의 존재는 신학의 전제 사항이다. 이러한 의미에서 신은 확신의 대상이라기보다는 희망과 믿음의 대상이다. 이것에 대해 자세히 논쟁하지 않더라도 우리는 신학의 중심적인 대상은 하나님, 또 다른 말로 표현하자면 하나님 형상에 대한 분별이라고 말할 수 있다. 토마스 아퀴나스는 "우리는 하나님에 대해 그러한 부분(What is)보다는 그러하지 않은(What is not) 부분을 더 많이 알고 있으며 하나님을 그 자체로 선포할 수는 없다"고 지적한다. 이 명제는 우리가 하나님에 대해 정확하고 확실한 지식을 소유했다고 믿는 유혹에 빠지지 않아야 하며, 우리의 한계를 인정하고 믿음의 체험과 성서에 나타나는 계시와 교회의 전통과 더불어 우리의 생활과 교회, 사회 속에 나타나거나 잠재된 하나님의 다양한 형상을 분별하기 위해 노력해야 한다는 것을 의미한다.

이 같은 신학의 개념에서 출발해 성서에 나타난 하나님이 창조하신 첫 형상들 중 하나에 접근해 보자. 에덴동산과 인간의 창조에 대해 언급하는 본문을 보자. 창세기는 "야훼 하나님이 땅의 흙으로 인간을 창조하시고 그 코에 생기를 불어넣자 산 존재가 되었다"(창세기 2:7)라고 기록하고 있다. 이 기록은 하나님과 인간에 대해 말하는 가장 아름다운 묘사이다. 여기서 하나님은 우리에게 생명을 주는 자로 나타나 있다. 따라서 기독교는 하나님께로부터 우리가 받은 최고의 선물이 생명이라고 항상 가르치고 있다. 하나님은 생명의 하나님이며 생명은 하나님의 본질 중 한 부분을 형성하고 있다. 인간은 하나님의 손으로 창조된 산 존재(육체와 생명)로 표현된다.

그리스 철학에서는 확연하게 나타나는 인간에 대한 이원론적 개념이 성서에서는 발견되지 않거나 지배적 개념이 아니다. 그리스의 철학적·종교적 전통 안에서 인간은 육체와 영혼이 대립하며 싸우는, 육체와 영혼의 복합체이다. 그리고 구원은 육체의 감옥에서 자유를 얻는 것이다. 이러한 의미에서 종교는 물질과 육체의 유혹에 대항해 싸우는 영혼에 관심을 집중해야 한다. 이러한 개념은 신학과 경제를 급진적으로 구별하고 있다.

이와 반대로 성서에서는 하나님이 인간의 생명을 걱정하시는 생명의 창조주로 나타난다. 그래서 산 존재를 창조하시고 갖가지 종류의 봄직하고 먹음직한 아름다운 나무들이 있는 에덴동산을 창조하셨다.(창세기 2:8-9) 그리고 그곳을 관리하고 지키게 하려고 인간을 두셨다.(창세기 2:16) 인간의 생명을 위한 열매를 주기 위해 땅을 관리하게 하신 것이다. 성서의 전통에서 기본적인 갈등은 영혼과 육체 사이에서가 아니라 삶과 죽음 사이에서 나타나고 있다. 그래서 예수는 "나는 모두가 생명을 얻되 더욱 풍성하게 얻게 하기 위해 왔다"(요한 10:10)고 말씀하신다.

우리는 음식과 마실 것, 옷, 집, 건강, 자유, 사랑과 보호 없이는 생명이 존재할 수 없음을 알고 있다. 그래서 마태복음은 우리의 생명을 가능케 하는 이 모든 것들이 우리를 하나님이 심판하는 결정적 기준

요소가 된다고 가르친다.(마태 25:31-46) 예수가 이 요소들을 우리를 심판하는 기준으로 내세우는 것은 구원을 단순히 물질적인 차원으로 축소시키는 것은 아니다. 구원은 먹을 것이나 마실 것을 걱정함으로써 얻을 수 있는 것은 아니다. 선한 자들뿐만 아니라 사악한 자들도 이러한 물질들로 인해 걱정하고 있지 않은가! 구원은 작은 자들, 사회로부터 소외당한 자들, 지불할 수 없거나 갚을 능력이 없는 이들에게 먹을 것과 마실 것, 옷, 집, 건강, 자유, 사랑과 보호를 나눔으로써 얻을 수 있는 것이다. 오직 성령으로 감화를 받은 자들만이 이러한 은혜로운 행위를 하는 것이 가능하기 때문이다. 작은 자들의 생명과 존엄성을 보호하는 데 일생을 바치는 이들은 설령 그들이 의식하지 못하더라도 사랑의 하나님을 체험하고 있는 것이다.

재화의 생산·분배·소비는 경제 분야이지만, 성서적 견해에서 신학과 경제 사이에는 모순이 없다. 생명의 하나님을 아는 이들은 죽음의 세력으로부터 위협받는 생명을 옹호하고, 인간을 섬기는 봉사를 위해 믿음의 이름으로 경제에 '깊숙이 관여'한다.

경제와
신학

많은 사람들이 신학과 경제학과의 관계는 신학에서 경제를 향한 일방적인 관계일 뿐, 경제에서는 신학적인 문제가 발생할 수 없다고 생각한다. 다른 말로 표현하면, 신학과 경제학의 관계는 신학과는 동떨어져 있는 분야에 교회가 '관여하는 일'을 정당화하기 위한 시도에서 발생했다고 간주했다는 것이다. 많은 사람들은 경제란 윤리와는 상관이 없는 근대의 학문이며, '하늘적인 일'에 관한 것으로 한정되는 신학과는 더욱더 관계가 없다고 믿고 있다.

그러나 그들은 경제학이 모든 다른 학문과 마찬가지로 어떠한 철학적 가정을 토대로 하고 있으며, 특히 신학적·형이상학적 가정에 근거를 두고 있다는 사실을 제대로 인식하지 못하고 있다. 왜냐하면 경제학은 인간의 삶, 사회적 삶과 관련된 문제를 다루고 있기 때문이다. 근대사회에서는 종교를 개인적인 문제와 '하늘적인' 문제로 축소시키고 있지만, 그것이 전근대적인 사회에서 종교에 의해 다루어졌던 큰 문제들이 종료되었음을 의미하지는 않는다. 그 가운데 몇몇 문제는 경제학 분야에 속한다.

경제학은 여러 분야로 이루어져 있다. 표면적으로 가장 잘 알려져 있는 분야는 효율이다. 이 분야는 경제학 전체와 동일시되고는 하지만 함축적으로는 철학을 내포하고 있으며, 이에 따라 윤리학도[5] 내포하고 있다. 또한 신학적 가정도 존재한다. 왜냐하면 모든 학문과 이론은 입증되지 않은 어떠한 전제로부터 형성되어야 하며 많은 경우에 그 전제는 신화를 형성하기 때문이다.

이와 관련해서 셀소 푸르타도(Celso Furtado)는 "신화는 사회적 현실을 이해하기 위해 노력하는 사람들의 마음에 거부할 수 없는 커다란 영향을 미쳤다. (…) 사회학자들은 명백해지기 힘든 가치관 체계에 뿌리내린 어떠한 명제로부터 도움을 추구했다. 신화는 입증될 수 없는 가설의 총집합이다. (…) 신화의 주기능은 직관적인 측면에서 조지프 슘

페터(Joseph Alois Schumpeter)가 말한 '사회과정의 비전'의 형성을 주도한다. 그리고 이러한 비전의 형성이 없는 분석은 아무런 의미를 가지지 못한다"⁶고 지적하고 있다.

그래서 조앤 로빈슨(Joan Robinson)은 경제와 사회에서 도덕적 문제를 논할 때 "도덕적 문제는 절대 명확히 설명할 수 없는 분쟁이다"라고 말한다. 사회생활은 인간들에게 항상 두 개의 악(惡) 중 하나를 선택하게 만든다. 어떠한 형이상학적 해답도 인간들에게 만족스럽지 않을 것이다. 경제학자들이 추천하는 해답이나 그들과 대치하고 있는 신학자들의 해답이나 허망하기는 마찬가지다.⁷

또한 크리스토밤 부아르케(Cristovam Buarque)는 "경제학은 생산과정보다 신학에 더 가까운 이론을 형성했다. 모든 신학이 그랬던 것처럼, 경제학도 기초적인 전제를 토대로 이루어진 정설로 형성되어 있다"⁸고 말한다. 그리고 신자유주의 사상을 자유방임신학(teologiá del laissez-faire)이라고 부르는 또 다른 저명한 경제학자 존 케네스 갤브레이스(John Kenneth Galbraith)는 오늘날의 신자유주의에 대한 옹호는 "더욱 심오한 신학적 토대를 바탕으로 하고 있다. 그래서 신에 대한 믿음이 필요한 것처럼 경제체제에도 믿음을 가질 필요가 있으며, 그런 의미에서 양쪽(경제와 신학)은 동일하다"⁹고 말한다.

만약 이 같은 경제학자들의 말이 사실이라면 세계화, 사회주의체제의 붕괴, 과학기술과 경영체제의 혁명을 토대로 전개되는 현 국제경제 질서에서 내재적인 신학의 정체를 밝힐 필요가 있다. 우리는 종교적 근거로 인해 사람들을 매료시키고, 경제 질서를 움직이는 신학의 실체를 낱낱이 밝혀야 한다.

시장체제에 내재해 있는 신학의 실체, 우고 아스만(Hugo Assmann)의 표현을 빌리자면 '내생적(內生的) 신학(endogenous theology)'의 실체를 밝혀내야 하는 중요한 이유는 두 가지 사실을 염두에 두면 더욱 명백해진다. 첫 번째, 어떠한 사악한 신(우상)의 이름으로나 어떤 종교적 열정이라는 명분으로 악을 행하는 자는(시편 73:12) 태연한 마음을 갖게 된다. 왜냐하면 그들은 '작은 자들'에게 행하는 악행은 악이 아니라 구원의 사역이라고 생각하기 때문이다. 이러한 연유로 그들은 악의 한계를 알지 못한다. 두 번째, 자본주의 경제체제가 '경제적 종교'를 형성하고 있다면, 사람들에게 화려한 미래에 대해 약속함으로써 황홀하게 만들고, 이를 위해 희생할 것을 요구하게 된다. 자본주의 경제의 '종교적 향기'에 도취된 사람들은 더 친밀하고 공정하며 인간적인 사회를 만들기보다는 시장의 '성전'으로 들어가기 위해 투쟁하게 된다.

신경제질서의 신학

나는 여기서 오늘날 세계에서 점차 정착되어 가고 있는 신경제 질서의 상세한 내용이나 역동성에 대해서 다루지는 않을 것이다. 단지 신학적 전제의 상세한 내용이나 역동성에 대해서 논할 것이다. 만약 현재 자본주의가 '내생적 신학'을 가지고 있다면 자본주의는 모든 종교들의 어떠한 기본적인 특징들을 가지고 있어야 한다. 예를 들자면 낙원에 대한 약속, '원죄'의 개념 혹은 세상에서 고통과 죄의 근본적 원인에 대

한 설명, 천국에 들어가기 위한 길, 치러야 할 대가(필요한 희생) 등이 그
것이다.

　　이러한 주제들이 자본주의체제를 변호하는 자들에 의해 전통적
인 종교 용어로는 다뤄지지 않고 있지만, 용어의 변화가 반드시 이러
한 문제들이 신화적·종교적 형식으로 취급되지 않음을 의미하지는 않
는다.

낙원과 기술의 발전

'자본주의의 종교성'에 대해 논할 때 명백히 해두어야 할 첫 번째 요점
은 현대사회가 중세사회의 신화적·종교적 관점을 완전히 파멸시키지
는 않았다는 것이다. 중세시대에 낙원이나 유토피아는 종말론적 희망
의 대상이었다. 중세시대에는 낙원을 인간의 사후 혹은 역사의 종말에
국한시켰으며 천국은 신의 개입에 의하여 생겨나는 결과였다. 그러나
현대에는 이 유토피아(낙원)가 사후의 초월성을 탈피해 인간 역사의 한
가운데로 이동했다. 이제는 유토피아를 더 이상 인간의 사후 신의 개입
에 의한 결과가 아니라 과학기술 발전의 결과로 간주하고 있다. 이것이
바로 '진보의 신화'이다. 이러한 신화로 인해 인간 활동에 한계가 있다
는 개념은 사라지고, '원하는 것은 힘이다'라는 개념이 발생한다.[10]

　　유토피아 개념의 변천과 인간 활동의 변화로 인해 근대는 전통적
인 종교 복음과 경쟁하는 새로운 복음을 제시하게 되었다. 세르주 라투
슈(Serge Latouche)는 "부르주아는 세 가지 형태(폭력적인, 빈곤에 의한, 자연적
인)의 죽음을 퇴치한다는 신화의 토대 위에 그들의 권력을 세웠다"[11]라
고 주장한다. 서구문명과 그 사법체제, 그리고 경찰체제는 폭력적 죽음

을 뿌리 뽑으며, 자본주의 경제성장은 배고픔으로 인한 죽음을 사라지게 하며, 지식의 발전은 자연적 죽음을 근절한다고 약속한다.

죽음을 근절한다는 이 신화적 약속은 죽음의 개념을 변화시켰다. 오늘날 죽음은 인간적 조건의 자연적 부분이 아니라 질병과 사회적 질환에 대한 지식의 패배로 여겨진다. 현대의 묘지와 고대의 묘지들을 그 위치나 미학적인 면에서 비교, 관찰해 보아도 죽음에 대한 개념이 변했다는 사실을 확인할 수 있다. 어쩌면 시한부 환자들을 냉동하는 것을 전문으로 하는 기업들은 이러한 신화의 전형적인 대표자들일 수 있다. 미국에는 전신을 냉동하는 데 10만 달러 이상을 받거나 절망적인 환자들의 머리만 냉동하는 데 3만 달러 이상을 받는 기업들이 존재한다. 그들의 논리는 이렇다. 절박한 죽음은 질병에 대한 의학의 패배로 여겨지며, '경기'가 끝나기 전에 의학 발전과 치료 방법을 찾기 위한 시간을 벌기 위해 의학은 '타임아웃'을 요구하고 환자를 냉동시킨다. 때가 되면 환자를 해동시키고 치료를 계속한다. 만약 그때 불치의 병을 또다시 앓게 된다면 새로운 치료 방법을 발견할 때까지 또다시 냉동한다. 그리고 모든 질병을 위한 치료법을 찾고, 노화를 방지하는 방법을 찾을 때까지 이것은 연속적으로 계속될 것이다. 이렇게 해서 마지막에는 영생에 도달할 것이다.

프랜시스 후쿠야마(Francis Fukuyama)는 이러한 유토피아적·신화적·종교적 희망의 지평으로부터 우리에게 복음이 전해졌다고 말한다.[12] 후쿠야마에 의하면 "사회주의체제 붕괴와 함께 자본주의 시장체제는 인간 역사상 진보의 정점이며, 우리가 '약속의 땅'에 들어가기 위해 한걸음 다가섰다는 것이 완벽하게 입증되었다."[13] 그래서 그는 우리가 역사적 사건의 종말이 아닌 진보의 마지막인 '역사의 종말'에 도달했다고 말한다. 후쿠야마는 이렇게 말한다.

> 16세기와 17세기 학문의 발전으로 가능해진 자연의 점진적인 정복은 인간에 의해 규정되고 정의된 법칙이 아니라, 자연과 그 법칙에 의해 생겨났다. (…) 과학기술은 부의 무한정한 축적을 가능케 하고, 매번 더 많은 인간들의 욕망을 만족시켜 준다.[14]

이 말에 따르면, 낙원의 비밀(인간 욕망의 만족)은 부의 무한정한 축적을 가능케 하는 끝없는 발전 단계에 있다. 문제는 한정된 자연에서 한정된 인간이 어떻게 무한정한 축적에 도달할 수 있는가에 대해서는 설명하고 있지 않다는 데 있다. 이성적이고 합리적인 설명이 없이 한정된 것에서 무한정한 것으로 이어질 수 있다는 약속이 바로 신화의 비밀이다. 문제는 이 옳지 못한 이양 과정 없이는 발전의 신화는 자신을 유지하지 못하기에 우리가 약속의 땅으로 가고 있다고 좋아할 수 없다는 데 있다. 이것은 초인간적 존재에 대한 믿음과 이양 과정을 가능케 하는 초인간적인 '역사의 법'에 대한 믿음을 전제로 하고 있기에 이 비밀은 '신화적이고 종교적'이다.

다른 자유주의나 신자유주의 사상가들처럼 후쿠야마 역시 과학기술에 마술적인 능력을 부여하고 있다. 그러나 그들이 옹호하는 과학기술은 '인간에 의해 규정되고 정의된 법칙이 아니라 자연과 그 법칙에 의해 생겨나는' 과학기술이다. 그렇다면 '그렇게 능력 있는 학문'을 생산할 수 있는 자연은 무엇인가?

이에 관해 후쿠야마는 그 자연은 인간 역사의 발전단계를 자연
스럽게 시장체제의 형성으로 향하게 만든 자연법칙과 동일한 것이라
고 한다. 이와 같은 의미에서 노벨 경제학상을 받은 폴 새뮤얼슨(Paul A.
Samuelson) 역시 자본주의 시장체제는 "단순히 진보의 산물이며 자연과
마찬가지로 계속해 변화를 겪는다"[15]라고 말한다.

시장체제, 즉 모두가 모두를 향해 경쟁하는 체제는 무한정한 기
술 발전을 가능케 하는 능력처럼 나타났고, 우리에게 부의 무한정한 축
적을 용이하게 하며, 현재와 장래의 욕망을 만족시킬 수 있는 체제처럼
소개되고 있다. 자본주의는 기독교가 사후에 대해 했던 약속을 현실에
서 이행하는 자로 나타난다. 유토피아 개념의 변화는 사후 세계가 인간
역사의 한가운데로 들어오는 시간적인 개념뿐만이 아니라, 사후 약속
을 이행하는 자가 하나님에서 자본주의체제로 이동한 데도 있다.

모든 긴축경제정책 프로그램과 경제자유화 프로그램에도 불구하
고 계속되는 사회적 · 경제적 문제에 당면해, 신자유주의적 전망으로부
터 경제 세계화의 과정을 변호하는 이들은 그 문제들이 시장체제로 인
해 발생하는 것이 아니라, 시장체제의 불완전한 실천으로 인해 발생한
다고 주장한다. 또한 그들은 시장체제로 인해 생겨난 사회적 문제들을
해결하기 위해 더욱 많은 시장체제를 제의할 정도로 시장에 대한 굳은
믿음을 가지고 있다. 그들은 시장이 '완전한 것'이 되면 문제도 끝날 것
이라고 믿고 있다.

모든 욕망을 만족시키는 부의 무한정한 축적 같은 큰 약속을 제안
하기 위해서는 큰 믿음을 가지는 것이 필요하다. 노벨경제학상을 수상
한 밀턴 프리드먼(Milton Friedman)은 자본주의 비평가들을 믿음이 부족

한 사람들이라고 비난한다. 그는 "자유시장을 비난하는 논증의 대부분은 그와 같은 자유에 대한 믿음이 부족하기 때문이다"[16]라고 말한다.

원죄

낙원에 대한 약속이 사회적·경제적 문제로 인해 상처 입은 현실과 맞부딪칠 때, 그 고난의 원인과 악의 원인을 해명하는 것이 필요하다. 해결 방법(시장체제의 완성)을 제시하는 것 이외에도 사회문제와 위기의 근원을 설명해야 한다.

모든 이념들이나 종교들처럼, 신자유주의 역시 사회문제의 근본적 원인에 대한 진단으로부터 출발한다. 다시 말하면, 모든 죄악의 근원이 되는 근본적인 악(종교적 용어로는 '죄')에서 시작한다. 성경의 말씀 중에서 이러한 주제를 다룬 것이 아담과 하와의 신화이다. 기독교 신학에서는 시간적 의미가 아니고 '근원'이라는 논리적 의미에서 이를 '원죄'라고 부른다. 따라서 우리는 인간사에서 저질러진 첫 번째 죄에 대해 말하고 있는 것이 아니라, 모든 죄의 근원이 되는 죄에 대해 말하고 있는 것이다.

1974년 노벨 경제학상을 수여받는 자리에서 프리드리히 하이에크(Friedrich August von Hayek)는 신자유주의의 신학과 인식론, 인류학의 기초를 언명하는 강연을 했다. 아담과 하와의 '원죄'를 연상케 하는 '지식 소유의 시도'[17]라는 제목의 강연은 그가 다룰 문제의 깊이를 가늠할 수 있게 했다. 하이에크는 이 강연에서 사회문제를 극복하려는 의식적인 목적을 가지고 수립되는 경제정책이 경제 위기를 발생시키는 근원이 되고 있으며, 그것이 사회에 많은 해를 끼치고 있다고 주장했다. 왜냐하면 그 시도는 시장의 법칙을 부정하는 것 이외에도 인간의 지혜가 미치지 못하는 '시장 메커니즘에 대한 지식'을 소유하려고 하는 시도를 전제로 하기 때문이다. 그에 의하면 우리에겐 겸손하게 시장에 굴복하고, 시장의 메커니즘이 자유로이 활동하도록 내버려 둠으로써 사회문제가 무의식적으로 해결되도록 하는 길 외에는 다른 길은 없다. '원죄'에 대한 다시 읽기, 즉 시장에 대한 지식을 소유하고 그것을 통해 사회적 문제를 극복하도록 하는 시도는 모든 경제적·사회적 문제의 근원이다. 다른 말로 표현하면 거의 모든 죄는 '선을 행하려는 유혹에 빠지는 것'으로부터 시작된다.

미국 기업의 경영을 다룬《괴수 중의 괴수(guru de los gurus)》는 피터 드러커(Peter Drucker)가 쓴 소설의 제목이다. 이 소설에서 오말리(O' Malley) 주교는 "'가난한 자는 복이 있도다'라고 말하지만, "톰(그의 비서 사제), 나는 결코 가난한 자들이 어떠한 기부나 그런 행위를 하는 것을 보지 못했다네. 항상 그런 일들을 이행하는 사람들은 어려운 요구를 짊어지기 위해 자신들을 아주 소중히 여기는 매우 야심적인 사람들이었지. 이것이 내가 오래전에 해결하기를 단념한 신학적 수수께끼라네"[18] 라고 말한다. 시장체제의 논리와 일치되는 이 신학의 뒤편에서 주교는 "나의 단 한 가지 실수는 관료주의자처럼 행동하는 대신에 선을 행하려는 유혹에 빠지고, 기독교인이나 주교처럼 행동하려는 유혹에 빠진 것이다"[19]라고 주장하는 이 소설의 주인공 가톨릭대학 총장 하인즈 짐머만(Heinz Zimmerman) 신부를 도와주려고 한다.

신자유주의 시각에서 보면 뛰어난 사제나 훌륭한 기독교인이란, 선을 행하려는 유혹을 물리치며 관료주의자처럼 행동하는 이들이다.

다시 말해 '시장의 법칙'을 이행하는 사람들이다. 앞서 말한 바와 같이 자연의 진보라는 법칙과 비교되는 시장의 법칙에 역행하지 말아야 한다. 우리가 할 수 있는 것은 시장의 법칙을 이행하는 일뿐이다. 다시 말해, 가장 힘 있는 자들의 생존과 가장 약한 자들의 죽음이라는 체제를 규정짓는 법칙을 따르고, 선을 행하려는 유혹에 빠지지 않는 것이다. 이것은 우리가 선을 찾기보다는 단지 악을 피할 길을 찾아야 한다는 것을 의미한다. 그렇다면 악은 무엇인가? 악은 선을 행하기를 원하며, 그러한 방법으로 시장의 방향을 주도하고 시장에 간섭하기를 바란다. 따라서 신자유주의 신학의 입장에서 볼 때, 유일한 선은 자유시장을 방해할 수 있는 원인인 선을 행하려는 유혹에, 나와 다른 사람들이 빠지지 않도록 싸워야 하는 것이다.

'원죄'의 재해석으로 인해 우리는 사랑의 명령이 전이된 것을 목격하게 된다. 사랑은 더 이상 고통받는 이들에 대한 연대가 아니다. 사랑은 선을 행하는 유혹에 빠지는 것을 피하면서 시장의 본래 이익(시장 경쟁)을 보호하는 것이다.

그러나 다행히 아직은 '선을 행하려는 유혹'을 느끼는 사람들, 연대하려는 유혹을 느끼는 사람들이 많다. 왜냐하면 그들은 아직도 사랑의 영, 성령에 마음이 열려 있기 때문이다. 연대적 영성을 거부하면서, 신자유주의자들은 그들이 '가부장주의'라고 부르는 것의 종말과 신자유주의 현대화에 부합되는 새로운 영성의 도입을 지지한다. 로베르토 캄푸스(Roberto Campos)는 공개적으로 "현대화는 능동적인 행동과 효율성을 숭배하는 잔인한 신비성을 제안한다"[20]고 말한다. '신비성'은 유혹을 극복하고 새로운 신앙을 받아들기 위함이고, '잔인함'은 그 새로운 신앙이 수적인 이익 앞에 인간의 삶을 내놓는 것을 의미하기 때문이다. 다시 말해, 비경쟁적이고 비효율적인 사람들, 즉 빈곤한 자들의 고통 앞에 무감각하고 냉소적이 돼야 함을 전제로 한다는 것이다.

오늘날 세계화의 상황에서 가난한 국민들과 외채로 인해 어려움을 겪고 있는 국가의 경우에는 외채와 이자를 갚는 일, 그리고 '시장의 법칙'이라는 이름으로 국제통화기금(IMF)과 세계은행(IBRD)이 종용하는 긴축정책(거침없는 민영화, 사회경비 축소, 경제적·사회적 문제에 대한 국가 역할의 축소, 경제 개방)을 이행하는 길 외에 다른 길은 없다. 부채 상환과 긴축정책이 곧 높은 실업률과 수백만 명의 어린이와 가난한 사람들의 죽음을 의미하는 것은 그다지 중요하지 않다. 신자유주의자들에겐 다른 길은 없다. 다른 길을 찾는다는 것은 '지식을 소유하려는 시도'가 될 것이며, 그것은 더 많은 문제를 야기할 것이기 때문이다.

《이코노미스트(The Economist)》지는 "가난한 세계를 돕기 위해 가난한 국가들이 취할 수 있는 최선의 방법은 그 지도자들로 하여금 올바른 정책을 채택하도록 설득하는 것이다"[21]라고 말한다. 다시 말해, 국제통화기금과 세계은행이 종용하고 있는 경제적 긴축정책과 세계화의 역동성에 부합되는 경제 개방을 받아들이도록 하는 것이다.

필연적 희생

인간의 모든 욕구를 만족시킬 수 있는 방법이 기술 발전을 통해 부를 무한정하게 축적함으로써 가능하다고 믿을 때, 과학기술을 최고로 발전시키는 사회체제가 낙원이며, '풍족한 삶'을 위한 진정한 길이라고 믿게 된다. 다른 대안이 없이 시장체제가 유일한 수단이라고 믿으면

믿을수록 모든 것은 시장의 이름으로 정당화되고 합법화될 것이다. 이렇게 시장체제는 우리를 풍족한 삶으로 이끄는 '길과 진리'처럼 여겨진다.

그러나 우리는 시장 논리의 절대적인 군림이 곧 사회경비 절감을 비롯해 무능력한 자(가난한 자)들과 자본을 축적하는 과정에서 필요 없는 사람들을 배척하는 것임을 알고 있다. 새뮤얼슨은 시장의 본질을 설명할 때, 상품은 많은 투표권 혹은 달러가 있는 곳으로 가야 한다고 말한다. 그 논리대로 본다면, "한 불쌍한 소년이 영양 결핍에 걸리지 않기 위해 꼭 필요한 우유를 록펠러가 키우는 강아지는 얼마든지 먹을 수 있다"[22]는 이야기는 있을 법하다고 말한다. 윤리적인 시각으로 볼 때 이것은 무서운 일이기는 하나, 현대사회에서 경제 과정을 조정할 수 있는 유일한 메커니즘인 시장의 시각으로 볼 때는 그렇지 않다는 것이다.

가난한 자들의 고통과 죽음이 '구원자적 발전'이라는 동전의 다른 면처럼 여겨질수록, 가난한 자들의 고통과 죽음은 구원자적인 발전을 위한 '필연적 희생'으로 해석된다. 가난과 죽음은 여러 다른 사실들과 마찬가지로 여러 해석을 가능하게 한다. 어떤 이들은 그 사실을 '살인'이라고 말하고 또 다른 이들은 '필연적 희생'이라고 해석한다.

시장의 유토피아적 희망을 공유하는 사람들은 수백만 명의 죽음을 필연적 희생이라고 해석할 것이다. 예를 들어 후쿠야마는 "과거에는 인종 대학살처럼 여겨졌던 드레스덴이나 히로시마 폭격"[23]은 실제로는 그렇지 않다고 말한다. 왜냐하면 두 도시에서 죽은 수많은 사람들은 시장체제와 자유민주주의의 이름으로 죽었기 때문이다.

한편, 마리오 시몬센(Mario H. Simonsen)은 '발전을 위한 필연적 희생'을 완전히 없애지는 못해도 최소화시키는 길을 찾을 수는 있다고 말한다.[24] 그리고 "정체 상태 혹은 반정체 상태에서 급속도의 성장 상태로 변하는 것은 자연히 일부의 소득이 편중되는 현상이 증가하는 것과 같은 희생을 요구하기도 한다"[25]고 말한다. 이것은 항상 더욱 가난한 계층에게만 희생이 요구되는 한편, 부유한 계층은 가난한 자들의 생명의 희생으로 자신의 부를 증가시키는 혜택을 받는다는 뜻이다. 이 모든 것이 우리에게 무한정한 축적을 약속하는 시장의 법칙이라는 이름으로 이루어지고 있다.

가난한 계층의 죽음과 고통을 '필연적 희생'이라고 해석할 때, 우리는 그릇된 순환논법 앞에 직면하고 만다. 시장체제의 '성직자'들이 약속한 결과를 내놓지 못할 때, 가난한 계층의 희생이 정당하다는 논리는 위기에 처한다. 그들의 희생이 헛되게 여겨지지 않도록 하기 위해, 그리고 '성직자'들이 수백만 명의 살인자들로 여겨지지 않도록 하기 위해서는 시장과 희생의 구원적 가치에 대한 믿음을 재천명할 필요가 있다. 그리고 성직자들은 아직 충분한 희생이 없었기 때문에 약속한 결과를 내놓지 못했다고 말하며, 앞선 희생이 쓸모없는 것이 되지 않도록 하기 위해 더 많은 희생을 요구한다.

필연적 희생이라는 논리에 충성심을 갖는 일 이외에도 우리는 '오만한 자'(시장 앞에 겸손을 표하지 않고 시장에 간섭하기를 시도하는 자들을 의미한다)들을 가리켜 가난한 계층의 희생이 열매를 맺지 못하게 하는 원흉들이라고 비난하는 행위를 보게 된다. 투쟁적인 조합들, 민중운동, 민중교회와 공동체, 좌익당파들은 일반적으로 필연적 희생을 역행함으로써 낙원이 임하는 것을 지연시키는 죄인들로 취급된다.

이러한 희생의 논리가 세계 전체가 아니라 주로 서구의 사회적 정신에 깊은 뿌리를 내리고 있다는 사실을 깨닫는 것은 매우 중요하다. 거의 대다수의 종교에서 우리는 희생의 신학이나 그와 비슷한 것을 찾아볼 수 있다. 서구의 기독교 전통은 "희생 없이는 구원은 없다"[26]라는 개념으로 잘 알려져 있다. 이러한 종류의 신학은 고통을 어떻게 극복해야 할지를 모르는 사람에게 고통에 의미를 부여하는 장점이 있음과 동시에 억압된 체제를 정당화시키는 단점도 가지고 있다.

이러한 희생의 논리가 사회적 정신의 기초를 만드는 데 영향을 미쳤다는 인식은 우리 사회의 대다수 사람들이 자본주의 논리에 저항하지 않는 이유를 이해하는 데 도움이 될 것이다. 시장체제의 '소비의 꿈'을 나누어 가지는 것 외에도 대다수 사람들은 낙원을 얻기 위해, 속죄하기 위해(무능력, 패배, 가난한 자가 되는 죄) 희생의 요구를 정상적이고 자연적인 것으로 받아들이고 있다.

시장, 세계화, 그리고 하나님의 나라

지금까지 살펴본 신자유주의 시장의 모든 신학은 어느 신학자가 '발명'한 것이 아니라 신자유주의 경제학자들과 그들의 이론에서 발췌한 것이다. 자본주의 시장체제가 역사 속 하나님의 성육신이라는 이론[27]을 옹호하는 신학 서적이나 그러한 논문을 계속하여 발표하는 미국기업연구소 신학과장 마이클 노박(Michael Novack) 같은 전문적인 신학자들도 있지만, 우리는 자본주의가 타락한 신화적·종교적 논리에 근거해서 세워졌다는 사실을 증명하기 위해 신학자들이 아닌 사람들을 분석할 것이다.

마르크스가 '우상'의 의미로부터 시작해 분석한 신화적·종교적인 자본주의 구조의 객관적인 출현은 전 국제통화기금 총재 미셸 캉드쉬(Michel Camdessus)로 하여금 '시장과 하나님의 나라: 이중적 소속'[28]이라는 강연 같은 것들을 가능하게 했다. 그는 프랑스 기독기업인대표자연합 모임에서 행한 강연에서 "시장과 하나님의 나라는 서로 결합해야 하는 사실을 우리는 인식하고 있다"[29]고 말한다. 그는 계속해 "왕(신)은 가난한 자들과 자신을 동일시한다"고 말한 후, 하나님의 나라와 최후 심판의 전망으로부터, 해방신학의 중심 주제인 "나의 재판관과 나의 왕은 배고프고 목마른 자, 나그네, 헐벗은 자, 병자들 그리고 죄수들이다"[30]라고 선언한다. 또한 오늘날 예수는 가난한 형제들의 고통을 덜고, 하나님의 자유를 선포하는 임무를 수행하게 하기 위해 기업인들과 경제의 세계화를 책임지고 있는 자들에게 사명을 부여하고 있다고 말한다.[31] 앞서 본 바와 같이 자본주의가 기독교 신앙의 '사랑의 명령'을 다른 의미로 퇴색시킴에 따라서 그는 "우리는 이 말씀을 받은 자들이다.(누가 4:16-23의 말씀을 말함) (…) 우리는 형제애를 회복하기 위한 과제 안에서 하나님이 우리와 함께 계심을 믿는다. 우리는 변화를 가져오는 자들이자 그것을 함께 나누는 사람들이다. 그렇다면 구체적으로 이러한 일을 어떻게 가능하게 만들 것인가?"[32]라고 말한다.

어떻게 시장의 경쟁관계(자신의 이익 보호)에서 이익의 최대화를 찾는 동시에 연대성, 즉 나눔을 이룰 수 있는가? 그것은 불가능하며 모순적인가? 시장에 대한 믿음을 갖고 있는 이들에게 그것은 불가능하거나 모순된 것이 아니다.

캉푸스는 이렇게 말한다.

당신들은 연대성의 효율성을 추구하는 시장의 사람들이며 기업인들이다. 국제통화기금은 위기에 처해 있는 국가들의 더 나은 경제적 효율성을 성취하게 하기 위해 국제적으로 연대하고자 창설되었다. 시장에서 시장을 통한 효율성의 추구가 바로 그것이다. 나와 마찬가지로 여러분들은 효율성과 연대성이 어떤 연관성을 갖고 있는지 알고 있다.[33]

캉드쉬는 연대성을 위한 효율성과 효율성을 위한 연대성이라는 순환 구조를 제시한다. 지금까지 보아 온 바와 같이, 자본주의자들에게 있어 극빈자들(최후 심판의 기준)과 연대하는 조건은 재화 생산에서의 효율성이다. 그리고 그들에게는 "시장에서, 시장을 통한" 효율성만이 존재하는 것이기에, 시장은 연대성의 조건이 된다. 그래서 캉드쉬는 "시장은 국제적 연대성이다"[34]라고 말한다. 이렇게 해서 (시장체제 안에서) 경쟁과 연대성의 차이와 충돌은 사라지게 된다. 그리고 다른 사람에 대해 염려하는 의미의 연대성이 이제는 다른 사람의 이익에 반해 자신의 이익을 보호하는 것으로 나타난다. 왜냐하면 시장체제 안에서 자신의 이익에 대한 보호만이 유일하게 효율성을 창출해 내고 결과적으로 연대성을 만들어 내기 때문이다.

이기주의가 연대성으로 변신하는 마술적인 일은 애덤 스미스(Adam Smith)가 주장한 시장의 '보이지 않는 손'의 역할로 인해 생겨난 것이다. 바로 이것이 이미 언급한 바 있는 무한정한 축재와 모든 인간의 욕망을 만족시키고 인류의 통합을 실행하는 능력을 가진 초월적인 기구이자 초인간적 존재이다. 성서의 전통에서는 이것을 우상이라고 부르고 있다.

캉드쉬 역시 국제통화기금, 세계은행 그리고 국제무역기구(WTO)에 의해서 종용된 모델에 따른 경제 긴축과 경제 개방은 경쟁 능력이 낮은 국가들에게서 고실업률과 또 다른 사회적 문제를 야기한다는 것을 알고 있다. 그래서 그는 "시장은 풍부한 설득력과 함께 약속된 국제적 연대성이다. 그러나 그것은 천천히 그리고 어떨 땐 부적절하게 보이는 형태로 다가온다"는 말로 끝맺고 있다.

그러나 시장에 대한 믿음은 시장이 "비뚤어진 줄에 바르게 쓴다"는 것을 믿게 하고, 그래서 '부적절한 형태'가 정말로 부적절한 것이 아니라, 하나가 되고 우애가 넘치는 세계를 만들기 위한 시장체제의 독특한 방법이라고 믿게끔 하고 있다.

기독교의 또 다른 꿈, 즉 하나 됨과 전 우주적인 형제애라는 주제에 대해 캉드쉬는 또 다른 강연에서 '경제의 세계화에 당면한 시장과 하나님 나라'[35]라는 제목으로 다루었다. 거기서 그는 하나님의 나라를 선포하는 복음은 "서로를 만족시키는 형제애가 아닌—가부장주의자들이 말하는—경쟁과 긴장 그리고 투쟁을 통해 형성되는 형제애이다. 우리는 경제 세계 안에서 시장체제를 통해 체험되는 형제애, 시장 안에서 선포되는 형제애의 복음을 말하고 있으며, 시장체제를 통해 비로소 우리는 나눔에 대해 언급할 수 있다"[36]고 주장하고 있다.

시장에서 경쟁을 바탕으로 한 형제애! 여기 기독교적 형제애의 개념을 도치시키는 명백한 예가 있다.

기독교 신학과
경제

인간의 가치관과 기독교적 가치관의 악마적인 도치 현상과 인간의 제도를 신성화하며 그 이름으로 부의 무제한적인 축재를 약속한 대가로 인간에게 희생을 요구하는 시장체제의 도전에 직면해 기독교인들은 어떠한 태도를 취해야 하는가? 기독교의 믿음이 그 '제국'에 대항하는 투쟁에 기여할 수 있는 것이 있다면 무엇인가?

지금까지 살펴본 모든 것에 어떠한 원리적 근거가 있었다고 한다면, 신성화된 체제에 직면해 우리는, 이미 마르크스가 지적했던 것처럼 "종교에 대한 비판은 모든 비판에 대한 전제조건"[37]이라는 것을 인정해야 한다. 우리는 신성하다고 여겨지지 않는 것에 대해서만 비판할 수 있다. 만일 우리가 자본주의체제의 '성스러운 종교적 서광'을 걷어 낼 수 있다면, 그리고 그 종교성이 타락한 우상숭배에 불과하다는 것을 밝힐 수 있다면 비로소 그 체제에 대한 우리의 비판은 우리 사회 속에서 배가 효과를 거둘 수 있을 것이다.

우상숭배에 관한 주제는 신학과 경제·사회의 관계를 연구하는 해방신학자들의 주된 관심사이다. 그러나 이것은 신학만의 전유물적 개념은 아니다. 에리히 프롬(Erich Fromm)은 자본주의 사회의 '사회·심리학적 분석'을 할 때 자연스럽게 이 개념을 사용하고 있다. 막스 호르크하이머(Max Horkheimer)는 이 개념을 사용한 또 다른 자본주의 비평가이다. 그는 "자신을 으뜸가고, 유일하다고 간주하는 모든 유한한 존재(인간들은 유한적인 존재이다)들은 희생에 굶주린 우상으로 변모되어 가며, 정체성을 변화시키고 어떠한 일들을 사실과 다른 의미로 받아들이게 하는 악마적인 능력을 소유하고 있다"[38]고 말한다. 이러한 내용을 바탕으로 우리는 기독교적 믿음과 신학이 자본주의의 이론과 활용에 대한 비판을 위해 독특한 공헌을 할 수 있다고 주장하는 것이다.

예수의 부활에 대한 믿음과 우상숭배의 비판

자본주의체제 외에 다른 대안이 없다는 이론을 지지하는 논리의 근거는 사회주의체제에 대한 자본주의의 '승리'에 바탕을 두고 있다. 그 승리는 자본주의적 제안의 '진실성'과 정의로움의 증거로 소개된다. 또한 시장의 법칙, 사유재산에 대한 권리에 기초를 둔 자본주의 개념과 상반되는 '사회정의'의 개념 같은 자본주의 이외의 모든 정의의 개념은 잘못된 것이고, 발전을 저해하는 것으로 여겨진다.

승리를 진리와, 정의를 권력과, 그리고 결국에는 하나님과 동일시하려는 시도는 인간의 역사 속에서 새로운 것은 아니다. 유대인 역사가 플라비오 주세페(Flavio Josefo)는 《유대인의 전쟁(The Jewish War)》이라는 그의 책에서 아그리파(Agripa) 장군이 로마제국에 대항해 전쟁을 일으키지 않도록 유대인들을 설득하기 위해 그들에게 한 말을 기록하고 있다. 그의 논리는 동시대의 사람들에게 잘 알려진 사건에 근거하고 있다.

하늘 아래 사는 모든 이들은 로마인들의 무기를 두려워하고 경외심을 가지고 있다. 당신들은 혼자서 로마를 대항해 전쟁을 일으키고 싶은가? (…) 그러면 전쟁을 할 때 누구를 동료로 선택할 것인가? (…) 하나님이 아니고서는 어떤 도움이나 구원도 없다. 그러나 로마인들은 그것까지 갖고

있다. 왜냐하면 하나님의 특별한 도움 없이 그렇게 큰 제국을 유지하고
보존하는 것은 불가능하기 때문이다.[39]

그것은 두 기사가 어떤 중요한 일에 서로 다른 견해를 가질 때, 그
문제를 해결하기 위해 결투하던 중세시대의 관습과도 같다. 논리는 같
은 것이다. 하나님은 진실을 말하는 의로운 자의 편에 있다. 따라서 약
한 자일지라도 진실을 말하는 자는 결투에서 이길 것이다. 왜냐하면 그
도 그럴 것이 하나님은 결투에서 의로운 자를 버리지 않고 승리를 안
겨 주시기 때문이다. 그러므로 승리하는 자는 정의롭고 진실을 말하는
자이다.

이것이 시장체제가 정의롭고 부유한 자들이 부를 얻을 만한 자들
이라는 것을 말하기 위해 자본주의자들이 사용하는 논리다. 자본주의
체제 비평가 중에서 이 논리를 반대의 의미로 사용하는 사람들도 있다.
그들은 가난한 자들의 편에 선 싸움은 의로운 싸움이며, 그래서 절대적
으로 이겨야 한다고 믿는다. 그들에게는 정치적 승리를 위한 객관적 조
건이 주어지느냐 안 주어지느냐는 중요한 것이 아니다. 왜냐하면 하나
님 혹은 '역사의 법칙'은 정의롭기 때문에 그들의 편에 서 있으며 늦게
승리하더라도 결과적으로 패하지는 않을 것이라고 믿기 때문이다.

이러한 형태의 '확신'은 많은 '추종자들'과 시민운동 단체들로 하
여금 자신들의 사회적·정치적 능력을 과대평가하게 함으로써 중요한
전략적 실수를 하게 만들었다. 또한 자본주의와 같은 논리를 사용함으
로써 자본주의적 지배를 정당화하는 논리를 강화시켰다.

기독교인의 믿음은 하나님이 항상 의로운 승리자 편에 서 있다는

개념에 토대를 두고 있는 것이 아니라, 나사렛 예수가 부활했다는 고백에 근거를 두고 있다. 그 고백은 우리 믿음의 핵심이다. 로마제국과 교회로부터 패배하고, 심판을 받고 죽임을 당한 예수가 부활했다는 고백은 승리자(로마제국과 교회)와 함께하지 않는 하나님을 믿는 것이다. 그 믿음은 진실의 힘과 정의를 승리와 구별되게 만들었다.

예수의 제자들은 사후에 삶이 있다는 것을 가르쳐서 체포된 것이 아니라 "예수를 통해 죽은 자의 부활"을 전했기 때문에 체포되었다.(행전 4:2) 이 혁명적인 위대한 새 소식은 승리자들과 힘 있는 자들의 부활이 아니라, 정치적·종교적으로 패배한 자들이지만 하나님의 눈으로 보기에는 거룩하고 의로운 자의 부활을 말하고 있다.(행전 3:14)

십자가에 달린 예수가 부활했음을 발견했을 때 우리는 기존의 사회질서와 권력을 가진 자들이 의롭지 못하고 하나님의 의지를 대표하지도 않는다는 것을 알게 된다. 그 믿음은 우리로 하여금 불쌍하고 약한 자의 삶과 인간의 존엄성을 보호하는 유일한 형태로서 예수의 부활을 증거하게 한다.

누가는 우리에게 초대 공동체들이 어떠한 방법으로 예수의 부활을 증언했는지 다음과 같이 말하고 있다.

믿는 사람들은 모두 한마음 한뜻이 되어 아무도 자기 재산을 제 것이라고 하지 않고 모든 것을 서로 나누어 썼다. 사도들이 큰 능력으로 주 예수의 부활을 증거하자 사람들은 큰 은혜를 받았다. 그들 중에는 생활이 어려운 사람이 아무도 없었다. 땅이나 집을 가진 사람들이 모두 팔아 그 돈을 사도들에게 가져와 각 사람의 필요에 따라 나누어 주었기 때문이

다.(행전 4:32-35)

이 아름다운 구절은 독특하다. 메시지의 중심이 되는 주제는 예수의 부활에 대한 증거지만, 그 중심 주제는 부활을 말하는 것보다는 경제 문제에 대해 말하는 두 문장으로 '싸여' 우리에게 전해진다. 그것은 각자의 형편에 따라 소유와 재산을 모아서 내놓는 것과 각자의 필요에 따라 분배함으로써 그들 중에 가난한 자가 없게 했음을 말하고 있다. 나눔은 그들로 하여금 무리에서 공동체로 변화하게 했다. 어떤 사람은 그 중심 메시지를 담고 있는 두 문장이 누가의 부주의로 기록되었다고 한다. 따라서 예수가 부활했다는 증언은 경제적 문제와는 아무런 상관이 없다고 말한다. 또 다른 이는 이와 정반대로, 예수의 부활을 증언하는 데 있어 구체적 재산에 관한 태도를 가르치기 위해 기록된 것이라고 말한다. 왜냐하면 예수의 부활에 대한 믿음이 '구원은 권력과 부를 축적함으로써 얻을 수 있는 것이 아니라, 부나 사회적 지위에 상관없이 인정받는 인간 공동체를 이룩함으로써 얻을 수 있다'라고 말하기 때문이다.

예수의 부활에 대한 믿음은 우리에게 하나님과 사람의 진정한 형상을 발견하게 하는 '인식론적 혁명', 즉 깨닫는 방법에 대한 혁명이다. 우리가 하나님의 진정한 형상과 모든 인간들의 기본적 존엄성을 발견할 때, 우리는 '가난한 자들이 도움을 외치는 소리'를 듣게 될 것이고 더 인간적이고 정의로운 사회를 형성하기 위해 부름을 받았음을 느낄 것이다.

하나님 나라와 희생

예수가 그리스도, 즉 메시아라고 고백하는 것은 우리의 논쟁에서 근본적으로 함축된 또 다른 뜻을 갖고 있다. 사회주의의 위기, 니카라과에서 산디니스타민족해방전선의 패배, 브라질에서 몇 년간의 시민 투쟁으로 얻은 지극히 작은 승리 뒤에 많은 사람들은 "우리는 기대했었는데…"라는 엠마오 제자들의 고백을 반복하고 있다.

이 제자들은 "그(나사렛 예수)가 이스라엘을 해방시킬 것"(누가 24:21)이라고 기대했다. 그런데 제자들은 어떻게 예수와 그의 지극히 작은 무리들이 로마인을 쫓아내고, 성전을 깨끗이 하고, 그 같은 방법으로 이스라엘을 해방시킬 것이라고 기대할 수 있었을까? 왜냐하면 그는 메시아이기 때문이다! 다시 말해 그들은 그(예수)가 메시아라고 믿었기 때문이다. 그러나 십자가에 달린 예수의 죽음은 그들이 착각했다는 것을 보여 주었다. 그들은 집으로 돌아가서 진정한 메시아가 나타나기를 기다렸다.

그의 죽음에 관여했던 유대인들 역시 이렇게 말한다. "우리가 보고 믿을 수 있도록 십자가에서 내려와 보라."(마가 15:32) 십자가에서 내려오는 것이 하나님이 보내 주신 메시아가 최소한 할 수 있는 일이다. 예수가 진정으로 메시아라면 단순히 십자가에서 내려오는 것보다 훨씬 더 멋진 일을 해야 했다.

그런데 그는 십자가에서 내려오지도 못했을 뿐 아니라 이 땅에 하나님의 나라를 세우지도 못했으므로 유대인의 대다수는 그를 믿지 않았다. 왜냐하면 그들은 하나님의 나라는 진정한 메시아가 도래한 뒤 그의 힘으로가 아닌 그와 함께하는 하나님의 힘으로 완전히 세워질 것이라고 믿었기 때문이다. 패배한 메시아는 메시아가 아니다.

여기서 우리는 또다시 '승리자는 하나님이 그와 함께하시기 때문에 승리한다'는 신학으로 되돌아오게 된다. 만약 이 신학이 올바르다면 우리는 역사 속 모든 승리자들의 경우, 하나님이 그들과 함께했기 때문에 권력을 차지할 수 있었다고 받아들여야 한다. 라틴아메리카에서 수백, 수천만 명의 원주민들을 학살했던 유럽인들(혹은 자신들의 힘으로 많은 사람들을 죽였던 다른 이들)에 대해 말하는 것 역시 하나님이 그들의 편에 있었기 때문에 이겼다고 받아들여야 할 것이다.

그러나 우리는 이것이 사실이 아니라는 것을 알고 있다. 우리는 예수의 부활을 통해 승리가 반드시 정의는 아니라는 것을 깨닫게 되었다. 그것은 정의로운 자가 항상 이기는 것만은 아니라는 사실을 의미한다. 예수의 부활에 대한 믿음은 우리의 메시아에 대한 개념에 아주 큰 변화를 요구한다. 이러한 형태의 메시아니즘으로부터 기독교를 구별하기 위해 호세 콤블린(Jose Comblin)은 "기독교는 메시아니즘이 아니다. 다른 사실을 말하기 위해 메시아니즘의 주제를 이용하는 것이다"[40]라고 말했다.

예수를 메시아라고 고백하는 것은 인간 역사의 일시성을 근본적으로 극복하는 승리를 가져다준다고 믿는 환상적이고 초인간적인 메시아 개념을 넘어서도록 하고 있다. 예수를 그리스도라고 고백하는 것은 그의 승리로 인한 것이 아니라, 그가 모든 인간의 기본적 존엄성을 선포하고, 그 신실함의 이름으로 제국의 우상숭배적 세력에 대항하는 하나님의 사역을 위해 죽음까지도 불사한 절대적인 충성심으로 인한 것이며 이로 인해 그를 메시아라고 받아들이게 됨을 의미한다.

이러한 전망하에 예수를 따르는 공동체에 속하는 것이 우리의 경제·정치·사회적 승리에 대한 확신을 의미하는 것이 아니다. 그것은 모든 인간들은 부, 인종, 성에 상관없이 하나님으로부터 영원히 사랑받는다는 선언과 이로써 인간은 근본적인 존엄성을 지니며 존엄한 삶을 누릴 자격이 있다는 복음을 가난한 자들에게 전하기 위해 성령이 항상 우리와 함께하심을 확신하는 것을 의미한다.

하나님이 예수와 함께하셨으며 예수를 부활시킴으로써, 예수의 메시아 됨을 우리에게 확인시키셨다는 것을 믿는다면, 그 믿음으로부터 또 다른 결론들을 발견할 수 있을 것이다. 메시아였던 예수조차 역사에서 하나님의 나라를 완전히 세우지 못했다면, 그것은 하나님 나라가 인류 역사에서 완벽하게 이루어질 수 없다는 것을 의미한다. 인류 역사에서 우리는 단지 하나님 나라의 선취적 임재의 모습을 형성하고 살아갈 수 있을 뿐이다. 선취적 임재는 사회·정치·문화·종교적 관계들에서 비록 애매모호하고 잠정적인 형태일지라도 우리 가운데 하나님 나라의 임재를 상징해 주는 신호가 되어야 할 것이다.

낙원, 즉 하나님의 나라 혹은 자유의 나라가 인류 역사 속에서 이뤄지지 않는다고 말하는 것은 "원하는 것은 힘이 아니다"라고 말하는 것과 같다. 우리 인간들은 인간의 한계를 넘어서는 것을 원한다. 그러나 우리가 알아야 할 것이 있다.

인간 역사 속에서 낙원을 성취하는 일이 불가능하다고 고백하는 것은 결과적으로 시장과 국가, 정당과 교회 등 어떠한 명목하에서도 인간의 삶에서 희생을 요구하는 것이 정당하지 못함을 주장하는 것이다. 왜냐하면 모든 '필연적 희생'에 대한 요구는 낙원을 이루기 위해 유일한 길처럼 간주되는 신성화된 제도의 이름으로 이루어지기 때문이다. 그러나 인류 역사 속에서 낙원이 이룩되지 않으므로 어떠한 인간적인 제도나 기구도 낙원의 매개체가 될 수 없다. 그러므로 어느 누구도 '필연적 희생'을 요구할 수는 없다. 성서의 전통에서 우상숭배에 대한 비판은 바로 이러한 관점에서 이루어지고 있다. 그리고 이것이 예수가 "나는 희생을 원하는 것이 아니라 자비를 원한다"고 단호하게 말한 이유이다.

하나님의 나라, 즉 '낙원'은 우리 손으로 만든 작품도 아니고, 시장의 법칙에 순종하는 희생의 열매는 더더욱 아니다. 그것은 하나님의 은혜와 자비의 열매이다. 은혜의 온전한 표현인 하나님 나라는 "하나님이 우리 눈에서 모든 눈물을 씻어 주실 것이니, 다시는 죽음도 없고, 슬픔도 없고, 우는 것도, 아픔도 없을 때"(계시록 21:4)라는 종말론적으로 이루어진다.

하나님 나라가 인류 역사 속에서 완전한 위치를 차지할 수 없음을 긍정하는 것이 하나님 나라가 이루어지는 것을 포기함을 의미하지는 않는다. 반대로 하나님 나라는 우리 삶에 의미를 주고, 소외와 억압의 체제에 대항하는 우리의 투쟁에 희망을 주는 지평이다. 그러나 모든 지평처럼 그것은 우리가 아무리 도달하려고 해도 할 수 없는 저 너머에 있다.[41]

우리의 반희생적 태도가 잘못 이해되지 않게끔 하기 위해서는 '희생'과 '드림의 은사'의 차이를 명확히 밝힐 필요가 있다. 희생은 희생자의 자유를 억압하는 신성화된 법칙의 이름으로 부여된 외부적 강압이며, 낙원 혹은 보상을 약속하는 신(혹은 신성시된 기구나 제도)의 이름으로 요구되는 것이다. '드림의 은사'는 사랑과 자유의 열매이다. 그것은 사람의 마음속에서부터 우러나오는 움직임이며 사랑하는 사람과 도움을 필요로 하는 사람을 향한 움직임이다.

희생과 드림의 은사의 차이는 시한부 삶을 살고 있는 아들을 위해 비록 아무것도 할 수 없어도 그 옆에서 온밤을 지새우는 어머니의 예와 자러 가고 싶기는 하지만 급료를 받기 위해 환자 옆에서 희생하는 간호사의 경우를 예로 들어 비교하면 더욱 명확해진다.

'드림의 은사'를 지닌 채 사랑으로써 자유롭게 투쟁하는 자는 승리를 얻지 못했다는 사실로 투쟁이 가치 없다고 생각하지는 않는다. 투쟁을 위한 중요한 동기가 승리의 약속이 아니라 연대감과 인간의 존엄성에 대한 확신이기 때문이다. 그래서 투쟁의 경험이 쓰지만은 않다. 그러나 이것을 희생, 의무라고 받아들이는 자에게 있어 투쟁과 인생의 가혹함을 보상받을 방법은 오직 승리와 그에 대한 대가일 뿐이다. 그러므로 그런 자가 승리를 획득하지 못하면, 고통에 대해 아무 대가가 없는 희생으로 인해 절망만이 남는다.

'드림의 은사'에서 우리는 우리를 존귀하게 하는 하나님의 자비를 체험하고 "하나님은 사랑이다"라고 말하는 것이 무엇을 의미하는지 이해할 수 있다. '희생'에서는 법의 신(우상)에 대한 복종만을 체험할 수 있다.

"하나님의 영이 계신 곳에 자유가 있는"(고린도 후 3:17) 것이며, 율법(시장)에 대한 복종이 있는 것이 아니다.[42]

너희 스스로 그들에게
먹을 것을 주어라

우리는 어려운 시대에 살고 있다. 사회적 문제는 증가하고 사람들의 냉소 역시 커지고 있다. 마치 냉소가 이 시대의 특징인 것처럼 보인다. 더욱이 많은 기독교 공동체들이 오병이어의 기적에서 제자들이 경험한 것과 같은 유혹에 빠지고 있다. "목자를 잃은 양과 같은" 수많은 굶주린 민중을 보고(마가 6:34) 제자들은 예수에게 제의했다. "무리를 보내어 두루 촌과 마을로 가서 무엇을 사 먹게 하옵소서."(마가 6:36)

그러면 여자들과 어린아이들을 제외한 약 5000여 명의 사람들은 누구였는가? 아마도 대부분이 실업자 또는 그날 일자리를 구하지 못한 일일 노동자였기 때문에 이날 예수의 설교를 들으러 올 수 있었을 것이다. 만약 이것이 사실이기 때문에 "예수께서 그들을 불쌍히 여겼다"(마가 6:34)고 한다면, 제자들의 제안은 어떤 문제를 해결할 수 있는가? 아마도 먹을 것을 사기 위해 얼마간의 돈을 가진 소수의 사람들만이 문제를 해결할 수 있었겠지만, 대다수 사람들의 문제는 해결되지 않는다. 또한 민중들의 배고픔을 바라보면서 무기력해지는 제자들의 문제도 해결되지 않는다. 이러한 제자들의 제안은 마치 그들이 예수에게 이렇게 말하는 것처럼 들린다. '선생님, 우리가 더 이상 무기력함을 느끼지 않도록 하기 위해 그들이 우리 앞에서 배고픔을 참아 넘기는 것을 보지 않도록 멀리 보내소서.'

예수는 제자들에게 "너희들이 그들에게 먹을 것을 주어라"라고 말한다.(마가 6:37) 그러나 시장의 논리에서 벗어나지 못한 제자들은 그렇게 많은 양의 음식을 살 만큼 충분한 돈이 없다고 대답한다. 예수는 그들에게 돈이 없다는 것을 이미 알고 있었다. 왜냐하면 부자와 권력자들의 기부를 받기 위해 그들이 듣기 좋아하는 설교를 하지 않았기 때문이다. 그러나 가난한 자들을 소외시키는 논리(시장의 논리)가 빈곤한 자들의 배고픔을 해결하지 못한다는 중요한 사실을 알고 다른 대안을 찾았다.

우리는 여기서 예수가 그 대안으로 '빵의 늘어남'이라는 기적을 제의했다는 것을 논쟁하려는 것이 아니다. 설령 그 '기적'이 정말 어떻게 일어났느냐에 대해 어떠한 결론을 얻더라도 그것은 우리에게 아무런 의미가 없다. 왜냐하면 우리는 예수가 살던 세계와 너무나도 다른 세계에서 살고 있기 때문이다. 우리에게 필요한 것은 '보지 못하는 눈, 느끼지 못하는 마음'을 반복하며 가난한 자들의 배고픔과 고통에 대해 우리 공동체가 눈을 감으려는 유혹에 빠지지 않기 위해 깨어 있는 일이다.

생명의 하나님, 우리로 하여금 생명을 얻되 풍성히 얻도록 하기 위해 오신 예수, 사랑과 자유의 영이신 성령에 대한 우리의 믿음은 가난한 자들과 소외된 자들과의 연대를 통해 증거되어야 한다.

예수를 부활하게 한 하나님에 대한 희망은 민중 한가운데서 미래의 씨앗이 되기 위한 우리 영성의 바탕이 되어야 한다. 또한 시장체제의 원리인 소비의 욕망과 무제한적 축재는 실제로는 별 가치가 없는 것이라는 것을 온 세계에 밝혀야 한다. 이를 통해 좀 더 인간적인 세계, 더불어 살아가는 세계를 만들 수 있을 것이다.

이러한 동기에 감화받은 우리는 예수와 믿음의 선배들이 간 길을 따르고 생명의 편에 서서, 특히 '약한 자'들의 편에서 용기와 창의성을 갖고 싸워 나가야 한다. 우리의 싸움은 여러 차원에서 이뤄져야 한다. 즉각적인 연대를 통한 행동과 더불어 더 정의롭고 인도주의적인 경제적·사회적 질서를 이룩하기 위해 중장기적인 계획을 세우고 실행해야 한다. 우리의 순례는 평탄하지 않을 것이다. 그러나 그것은 즐거운 체험이 될 것이다. 왜냐하면 서로 떡을 떼어 나누는 연대성 속에서 우리와 함께 걷고 계신 '부활하신 예수'를 체험할 수 있을 것이기 때문이다.

2장

모방적 욕구와
사회적 소외
앞에 선 기독교

욕구 대 필요, 그리고
소득과 부의 재분배

나는 이 장을 빈곤 계층의 편에 서서 투쟁하는 사람들의 일상적인 실천에서 발견되는 공통적인 문제점을 언급하며 시작하고자 한다. 소수가 누리고 있는 부에 반해, 오늘날 '사회로부터의 소외'라고 불리는 엄청난 가난 속에서 우리는 소득의 재분배에 대한 호소를 자주 듣곤 한다. 전 세계에서 두 번째로 소득 분배가 불평등한 국가인 브라질에서 이러한 현상은 더욱 두드러진다.

소득 재분배에 대한 호소를 회복하는 일은 기독교 교회, 구체적으로 가톨릭교회 사회적 강론의 주된 특징 중 하나이다. 클라우디아 후세르(Claudia Fuser)는 브라질 주교들의 경제사상을 연구하면서 CNBB (브라질 기초공동체연합) 경제 프로그램의 가장 중요한 관심사 중 하나는 소득과 단기 소비성 재화의 분배라고 말한다.

전통에 충실한 태도와 함께 CNBB는 정부와 재력가들에게 더욱 공평한 부의 분배가 이루어지도록 하라고 요구하고 있다[1]

　　기초 공동체와 여러 사회단체와 사목단체가 참여하고 브라질 기초 공동체 연합체의 사회사목회가 주최한 브라질 사회 주간의 둘째 주 기간에도 역시 부의 재분배에 대한 문제가 강력히 거론되었다. 여기에서 그들은 "우리는 일치감, 자유 그리고 법 앞에서의 평등을 누리며, 그래서 당당한 시민으로서 권리를 쟁취하는 사람들이 이루는 참여적인 사회를 원한다"라고 말한다.[2]

　　이 호소는 탕진적인 부와 고통스러운 빈곤의 대립만이 아니라, 빈곤과 궁핍의 수준이 매우 심각하며 그 해결책이 시급하다는 것 때문에 정당화된다. 이 해결책은 긴급성을 요구하고 있으며, 단순히 많은 경제학자들이 요구하듯이 경제성장만을 기대하며 기다릴 수 있는 것이 아니다. 그것은 경제성장 자체가 반드시 부의 최적 분배를 의미하지 않는다는 것을 염두에 두지 않은 것이다. 왜냐하면 부의 축적을 목적으로 한 경제 모델은 빈곤 퇴치를 위한 경제 모델과는 매우 다르기 때문이다. 크리스토밤 보아르케가 말한 바와 같이 "브라질의 경제 이론은 지금까지 결코 빈곤의 문제를 향하지 않았다. 부를 증가시키기 위한 생산이 빈곤을 감소시키기 위한 생산과 동일하지 않다는 것을 잊었던 것이다. (…) 부유한 국가에서 도입한 이론인 브라질 경제학에서는 '배고픔'이라는 단어는 언급되지 않으며 '급료'와 '가격'도 거의 거론되지 않는다. '필요'라는 단어는 '수요'로 대체되고[3] 생산과정의 목적은 기본적 필요를 만족시키기 위함이 아니라 소비를 부추기기 위함이며, 효율성은 섭식의 향상이 아니라 수출을 위한 생산으로 여겨졌다"[4]

　　더욱이 염두에 두어야 할 것은 이 이론이 단지 시장 논리에 근거한 것이라면 시장으로부터 소외당한 사람들은 경제성장으로 인한 혜택을 받지 못한다는 것이다. 이에 덧붙이면, 우리 사회의 심각한 문제의 해결책은 우리의 경제에서 인간의 생산 능력으로는 증가시킬 수 없는 땅과 같은 기본적인 자원을 재분배하는 것에 달려 있다.

기독교교회와 여러 사회단체 사이에 매우 빈번하게 대두되는 소득과 부의 재분배에 대한 언급은 과다하게 필요 이상으로 부를 가진 사람이 있는 반면, 인간답게 살기 위한 필수적인 것조차 없는 사람이 많이 있다는 매우 당연해 보이는 사실을 전제로 한다. 이러한 심각한 사회적 불의의 해결책 역시 재화의 재분배 문제와 연관된다. 그러나 어떤 이들에게 당연한 일이라고 해서 모든 이들에게도 그렇지는 않다. 재분배가 바로 그런 경우 중 하나이다. 이러한 사실은 더 나은 분배와 경제적·사회적 소외를 경험하고 있는 사람들을 받아들이는 일에 대해 대화하기가 상당히 어렵다는 사실을 통해서도 알 수 있다.

실제적으로 거의 모든 사람들이 우리 국가들이 당면하고 있는 심각한 사회문제를 해결할 필요가 있다는 데 공감하고 있다. 그러나 이러한 문제를 해결하기 위한 방법에 대해 논쟁할 때 분열이 시작된다. 왜냐하면 거의 모든 사람들은 자신이 필요 이상의 것을 가지고 있다고 생각하지 않으므로 빈민들에게, 특히 시장에서 소외된 이들에게 혜택을 주기 위해 자신의 소득이나 부를 감소시키는 경제정책은 받아들일 수 없다는 의견에 동조하기 때문이다.

'필요 이상으로 가지고 있는 것'과 '필요 이하로 가지고 있는 것'의 차이는 두 진영을 갈라놓는 분계선이 된다. 소득의 재분배와 사회의 구조조정을 옹호하는 사람들에게 그 분계선은 인간답게 살기 위한 근본적인 필요성과도 같다. 이러한 그들의 생각은 인간의 필요성이란 개넘에 뿌리를 두고 있다.

　문제는 자본주의사회에서 필요와 욕구의 개념 사이에 생겨나는 큰 혼동으로 인해 발생한다. 예를 들어 마케팅 분야의 가장 저명한 학자 중 하나인 필립 코틀러(P. Kotler)는 "사람들은 필요성이 만족되지 못할 때, 그것을 충족시킬 수 있는 물건을 찾거나 그 목표를 줄이려고 시도할 것이다. 산업사회를 구성하는 개인들은 그들의 욕구를 만족시킬 수 있는 물건을 발견하거나 개발을 시도할 수 있을 것이다. 그리고 후발 사회의 사람들은 아마도 그들의 욕구를 줄이려 노력하거나 가지고 있는 것으로 만족하려고 노력할 것이다"[5]라고 말한다. 필요성이 너무나도 쉽게 욕구로 변화하는 것을 알 수 있다.

　자유주의와 신자유주의 경제 이론들과 개인 기업들의 생산은 소비자들의 욕구 만족에 그 목적을 두고 있다. 단지 그 욕구들은 때때로 필요성처럼 표현되며 혼동을 빚는다. 사제이자 경제학 박사인 자크 베르비에르(Jacques Vervier)와 같은 저술가는 경제와 기독교 신앙 사이의 대화를 시도하면서 "필요가 절대적이며 무한정한 형태로 나타날 수록"[6] 경제 자원은 항상 한정되어 있다고 말한다. 실제로 필요가 무한정한 것이 아니라 욕구가 무한정한 것이다. 이 혼동을 표면적으로 받아들이면서 그는 이렇듯 애매모호한 점을 피하기 위해서 필요의 개념은 일단 제쳐 두고 단지 욕구의 개념만 사용하겠다고 말한다. 그는 이와 함께 물리적 필요성에 대한 언급 없이 단지 욕구만을 갖고 있는 인간을 상정하는 현대적 경제 개념을 받아들이고 있다.

　프란츠 힌켈라메르트(Franz Hinkelammert)가 말한 바와 같이, 신고전주의와 신자유주의 경제사상은 "인간은 필요를 갖고 있는 것이 아니라 단지 취향을 가지고 있다고 가정한다. 이러한 관점에서 인간은 식료품이나 의복 같은 필수품의 만족을 요구하는 것이 아니라, 예를 들어 육류보다는 어류를, 고기 중에서도 생선을, 합성섬유보다는 면을 선호하는 등 자신의 취향과 선호도를 주장하는 것이다"[7]

기독교 신앙과 경제 관계를 연관시키는 시도를 하는 사제이자 경제학자인 그가 욕구와 필요성 사이의 동일성, 다시 말해 인간에게 있어 필요의 개념을 제거하는 의미의 동일성을 받아들이고 있다는 사실은 눈길을 끈다. 그러나 이와 반대로 기독교는 필요와 욕구의 개념 사이의 차이점에 근거를 둔, 인간에 대한 개념을 갖고 있다. 이러한 사실은 우리가 마태복음 25장 31-46절에 나타난 예수의 생각, 다시 말해 이웃의 기본적인 필요(음식, 음료수, 주택, 건강 등)에 대한 우리의 염려를 구원의 기준으로 삼는다거나, 사도행전 4장 32-35절에 나타난 예수 부활에 대한 실제적인 증언이 "그들 가운데 가난한 사람이 하나도 없었다"라고 표현되고 있음을 살펴보는 것으로 충분하다. 인용된 베르비에르의 말은 현 자본주의 사회에 존재하는 욕구와 필요성의 개념에 대한 혼동, 즉 둘 사이의 차이점을 부정하고 있는 오늘날 현실을 보여 주는 좋은 예문이다.

필요와 욕구를 구분 짓는 작업이 어려움으로 인한 것이든 경제 이론의 선택에 의한 것이든 필요성과 욕구 사이의 독특한 차이점이 망각되면 소득과 부의 재분배를 위한 대화의 시도는 매우 어려워진다. 예를 들어보자. 25만 달러짜리 집에 거주하고 해변에 10만 달러짜리 별장을 가지고 있으며 8만 달러짜리 수입차를 타면서 50만 달러에 해당하는 금융 투자를 하고 있는 사람은 필요 이상 혹은 필요 이하로 가지고 있는가? 그것은 어떤 기준을 사용하느냐에 달렸다. 만약 필요의 기준으로 보면 그 사람은 필요한 것보다 더 많이 가졌으므로 나누어 줄 것을 가지고 있다. 그러나 그 사람이 100만 달러짜리 집에서 거주하고 40만 달러짜리 수입차와 개인 제트기를 소유하고자 하는 욕구를 실현시키기 위해서는 아직도 많이 부족하다고 말하며 재분배에 반대할 수도 있다.

만일 우리가 무한한 욕구의 개념으로부터 출발하면 한계는 사라지고 무한정으로 어떤 것들을 원하게 된다. 우리가 끝없이 원할 때는 타인에게 나누어 주기 위한 것은 절대로 남지 않으며 항상 모자라게 된다. 그래서 그들은 소득과 부의 재분배에 대한 대화를 용납할 수 없는 것이다.

만약 우리가 더욱 정의롭고 인간적인 사회를 위해 우리의 투쟁을 전개시키기 원한다면 필요와 욕구의 차이, 그 둘 사이에 존재하는 관계 그리고 자본주의 경제에서 욕구의 기능을 이해하는 것이 근본적인 과제이다.

경제 발전과
모방적 욕구

소득과 부의 재분배 없이는 우리 사회의 심각한 문제를 해결할 수 없는 것이 사실이지만, 그렇다고 해서 우리의 생각이 단순히 이 분야에만 머물러 있어서는 안 된다. 소득의 분배 혹은 소득 편중 현상의 대부분은 이미 생산과정에서 결정된다.

제2차 세계대전부터 1970년대까지 라틴아메리카가 채택한 발전 모델은 발전주의 사상과 셀소 푸르타도가 명명한 '발전의 신화'[8]가 구 현된 '수입 대체 산업' 모델이다. 발전의 신화에 의하면 "공업혁명을 주 도한 국가들로부터 실행되어 온 경제 발전은 세계적인 것이 될 수 있 다"는 것이다. 그러나 실제로 노린 것은 부유한 국가의 소수 부유층의 소비 패턴을 제3세계 국가의 사람들이 받아들이게 하는 것이다. 중요 한 것은 이러한 소비 패턴이 인간의 양심을 약화시키기 위하여 자본주 의가 촉구하고 있는 소비 욕구에 의해서 이루어진 것임을 기억해야 한 다는 것이다. 또한 이 같은 소비 양식은 경제활동 뿐만 아니라 하나의 문명화 과정으로 이해되면서 더욱 병적으로 가속화되었음을 기억해야 한다.[9]

근대성의 특징 중 하나인 '진보의 신화'의 연장인 이러한 생각은 생산기술 발전의 도모 없이 지역 엘리트 계층의 소비 개혁으로 특징지 어진 근대화 모델을 생성해 냈다. 이 발전 모델은 "부의 수준이 매우 높 은 사회를 모방하는 소비 패턴의 도입이 사회 이원화를 불가피하게 한 다"[10]는 이론처럼 해당 지역에서의 수입대체공업화 과정에서 부와 소 득의 집중을 가중시켰다.

사회적·경제적인 면에서 '잃어버린 세대'를 초래했던 1980년대 초반의 외채 위기와 함께 경제 모델은 바뀌었다(발전주의에서 긴축경제 모 델로 넘어감). 그러나 부유한 국가 엘리트 계층의 소비 패턴을 모방하는 것에 근거한 근대성은 계속되었고 그와 동시에 국제시장의 수요에 대 한 경제의 '적응력'은 커져 갔다.

푸르타도는 "무익한 문화의 모방주의에 우리를 빠뜨리는 근대성의 환상을 버리고, 발전한 자들이라고 자칭하는 이들의 형상을 만들어내야 한다는 집착"에서 벗어나는 것이 매우 중요하며, 결과적으로 브라질의 사회적·경제적 이원화를 극복하기 위해 "우리 특유의 정체성을 받아들여야 한다"[11]고 말한다. 그는 생태계를 보존할 수 있고 모든 사람들이 누릴 수 있는 발전에 대한 새로운 개념을 우리가 창출해 내는 것이 매우 중요하다고 말한다.

그와 동일한 계열의 플리니오 삼파요(Plinio Sampaio Jr)는 기술 발전과 불균형적인 보급과 금융 종속 현상과 함께 문화적 종속은 새로운 종속의 중요한 특징을 만든다고 말한다. 그에 의하면 자본주의 발전 모델의 변화는 문화적 종속을 심화시켰다. "통신과 교통 분야의 기술 진보는 중상류층에게 중심 권력층의 소비 패턴과 생활양식을 광적으로 모방하려는 경향을 가져오면서 문화의 모방주의를 심화시켰다.[12]

이러한 현상은 앞서 본 바와 같이 소득의 집중과 사회적 소외 현상의 증가, 주변 사회에 기술 발달을 주입한 결과로 나타난 그릇된 결과이다. 그것은 기술적으로 앞서 있는 국가와 그렇지 않은 국가들 사이에 존재하는 노동생산성의 차이에 의한 것이다. 소득의 집중은 무분별한 엘리트 계층에게 있어서 중심부 경제체제의 풍요로운 삶에 접근하기 위해 필요한 평균 수입을 확보하는 유일한 길로 여겨진다.

선진국과 후진국과의 차이가 많이 날수록 사회의 불균형도 커질 것이다. 삼파요와 마찬가지로 푸르타도의 사회의 이원화 혹은 사회적 배척 현상에 대한 분석 가운데 우리는 경제 활동에서 모방 욕구의 문제를 발견할 수 있다. 우리 사회는 우리의 현실과 정체성을 외면한 채,

선진국을 자칭하는 국가들을 본보기로 받아들였다. 이 모방 욕구는 우리의 경제를 주도했고 소득의 편중적인 분배와 함께 사회적·경제적 이원화를 초래했다.

결과적으로 경제적·사회적 혜택을 받아야 할 많은 사람이 소외됨으로써 심각한 사회적 불균형을 가져왔을 뿐만 아니라, 기술 차이를 원인으로 생산과정에서 상호교류가 줄어드는 두 개의 브라질로 분열되었으며, 그 분열은 세계적인 기술혁명으로 더욱 가중되었다. 이러한 현상을 두고 어떤 학자들은 '사회의 분리'라는 개념을 사용하기도 한다. 문제는 소비의 모방 욕구 또는 르네 지라르(René Girard)의 말처럼 점유의 모방 욕구를 극복하는 것이 쉽지 않다는 데 있다.[13] 그런 종류의 모방 욕구는 우리가 살고 있는 근대성의 중심에 자리하고 있다.

근대성은 진보의 신화와 새로운 양식의 유토피아 건설이 특징이다. 유토피아 혹은 중세시대 종말론적 희망은 세속화되고 진보의 개념에서 출발하는 희망적 유토피아의 시작으로 변화했다.[14] 유토피아의 개념은 희망의 지평선 위 유토피아적 개시로 변화되었다. '낙원'은 사후 초월적 경험에서 기술의 진보를 통해 가능해진 미래로 이동했으며 그와 함께 인간의 활동에 한계가 있다는 개념은 사라졌다. 예를 들어 프랜시스 후쿠야마가 "기술은 부의 무한정한 축적을 가능케 하며 계속 증가하는 인간 욕구의 만족을 가능하게 한다"[15]고 말한 것은 역사와 인간의 가능성에 대한 개념의 혁명이다.

이와 같이 생각하는 이에게는 현재와 미래에 다가올 모든 욕구를 만족시킬 수 있는 열쇠는 자유시장체제 덕분에 가능하게 된 기술 발전이다. 그러나 소수의 사람들만이 기술 발전의 열쇠가 모방 욕구라는 사실을 인식했다. 신자유주의의 '아버지' 프리드리히 하이에크는 이 사실을 감지한 사람 중 하나이다. 그는 현대사회의 특징 중 하나는 개인이 얻고자 노력하는 것들의 대부분이 오직 기술 발전만으로 얻어질 수 있는 것이라고 했다. 이것은 진보의 원동력이다. "아무리 대다수의 사람들이 알고자 하더라도 아직은 소수의 사람밖에 접근할 수 없는"[16] 새로운 지식의 혜택은 단계적으로만 보급될 뿐이다. 그리고 엘리트 계층의 소비 욕구를 모방하는 대다수 사람이 새로운 상품을 소비하고자 원하는 현상은 기술의 진보가 대다수를 위해 상품 생산을 증가시키도록 하는 이유이다. 그래서 하이에크는 이렇게 말한다.

> 새로운 부 혹은 새로운 상품이 대중적 필수품이 되거나 생활에서 필요한 한 부분으로 형성되기 전 초기에는 일반적으로 소수의 선택된 자들만의 욕망을 이룬다. 오늘의 사치품은 내일의 필수품이 된다. 더욱이 일정 기간 동안 소수의 사치품이었던 새로운 물건들, 새로운 부는 대다수 사람들의 자산으로 변하게 된다.[17]

그는 '오늘의 사치품', 다시 말해 욕구의 물건들은 "내일의 필수품이 된다"고 말한다. 이 부분에 욕구가 필요로 가는 신비한 이동이 생긴다. 우리는 나중에 다시 이것에 대해 다룰 것이다.

이 같은 견해의 결과로 하이에크는 엘리트 계층의 욕구 만족을 겨냥하는 경제의 생산 개념을 지지한다. 왜냐하면 그것이 대중적 미래의 필요성이 될 것이기 때문이다. 그리고 그 상품의 생산을 대중화하기 위해서는 진보가 필수적이다.

생산의 확대를 가져올 진보의 필요성은 "우리가 얻고자 노력하는 대다수 물건들은 다른 사람들이 이미 갖고 있기 때문에 원하는 것이다"[18]라는 사실에서 비롯된다. 만약 이것이 사실이라면 하이에크에게 있어 모방 욕구는 진보의 촉진제이다. 하이에크는 "그래서 발전 단계에 있는 모든 사회는 배움과 모방의 과정의 여하에 따라서 모방 심리의 자극을 낳는 욕구만을 받아들인다. 하지만 개인에게 긍정적인 결과를 보장하지는 않는다"[19]고 말한다.

자본주의 사회의 모방 욕구에 대한 자극물은 추상적이지도 일반적이지도 않다. 반대로 사회는 시장의 '전쟁'에 투입되기 위해 시장이 만들어 낸 자극물 같은 욕구만을 받아들인다. 시장은 받아들일 수 있는 욕구와 받아들일 수 없는 욕구 사이를 해결하는 기준이 된다.

긍정적인 결과가 보장되지 않거나 혹은 모든 사람들이 긍정적인 결과를 얻는 것이 불가능하다는 사실은 모방 욕구의 구조와 현대 경제의 역동적 구조에서 발생한 당연한 결과이다. 모방 욕구의 기본적 구조는 내가 물건 그 자체를 매우 원해서라기보다 그것을 다른 사람이 갖고 있기에 원한다는 것이다. 만약 그렇다면 양측으로부터 요구된 물건은 욕구에 비례해서 항상 부족할 것이다. 왜냐하면 그것이 욕구의 물건으로 둔갑하기 때문이다. 이와 같은 형태로 똑같은 물건을 원하는 두 개인 사이에는 라이벌 의식이 생겨난다. 그 라이벌 의식 혹은 분쟁을 우리는 경쟁이라는 이름으로 받아들이는데, 이러한 경쟁심은 자유주의 경제학자들에게 있어 진보의 촉진제이다. 사회에서 라이벌 의식과 경쟁심은 연대의식에 반대되는 개념이다. 더욱이 항상 욕구의 대상이 되는 새로운 상품이 나오는 자본주의 경제 활동에서는 부족함(항상 욕구와 비례해서)은 중요한 요소가 될 것이다. 그리고 결과적으로 부족함에서 파생되어 나오는 라이벌 의식과 폭력이 항상 발생할 것이다. 이것은 모방 욕구의 원동력 안에서 항상 불만족한 사람들이 있음을 예상하게 한다.

하이에크는 이것을 인정하고 자본주의 사회가 "다른 사람과 비교하여 생겨난 욕구불만으로 인한 고통을 무시한다. 소수의 사람들에게만 혜택을 주는 부의 증가를 보면서 다른 이들의 욕구도 커져 가기 때문에 이것은 잔인해 보인다. 따라서 진보해 나가는 사회에서 어떤 이는 주도하고 나머지는 따라가는 것이 불가피하다"[20]고 말한다.

그러나 사실상 이러한 불만족은 모두가 가지고 있다. 아무리 시장에서 높은 구매력을 가진 사람이라도 영원한 불만족 속에서 살고 있다. 왜냐하면 욕구의 모델은 소비에서 지속적으로 새로운 것을 만들어 내고 그것은 더 큰 소비를 뒤쫓게 만들기 때문이다. 근본적으로 모든 욕구에 완벽하고 단호한 형태의 만족을 시도하기 위해 무한정한 소비를 향해 달려가는 끝없는 경주와도 같다. 문제는 모든 사람들의 욕구를 다 만족시키는 것이란 사실상 불가능하다는 점이다. 왜냐하면 그것은 공업 생산품의 부족, 천연자원과 생태계에 한계가 있기 때문이다. 더욱이 사람들이 원하는 물건은 항상 부족하고 그 대상 또한 지속적으로 변하기 때문이다. 하이에크가 말하는 불만족자들은 이들이 아니라 높은 소비 패턴을 유지할 만한 충분한 경쟁력도 없고 경쟁하는 과정에서 사회로부터 소외당한 이들이다.

어떤 이들은 이렇게 질문할 수도 있을 것이다. 많은 이들의 절망을 불가피하게 하는 결과를 가져온다면 진보·모방 욕구의 역동성을 유지할 이유가 있는가? 하이에크는 이것은 현대성의 진보라는 신화 속에서, 기술 진보가 우리에게 '지상낙원'을 가져다줄 것이라는 기대 속에서 이해해야 한다고 대답한다. 그는 이렇게 말한다.

> 세계에서 대중의 열망은 오로지 빠른 물질적 진보를 통해서만 충족될 수 있다. 현재 분위기에서는 대중적 희망의 좌절은 심각한 국제적 분쟁이나 전쟁을 초래할 수도 있을 것이다. 세계의 평화와 함께 그 문명은 빠른 속도의 지속적 진보에 달려 있다. 그 점에서 우리는 진보의 창조물일 뿐 아니라 그 진보의 노예이다. 우리가 원한다고 할지라도 그 길에 등을 돌릴 수 없을 것이며 우리가 얻은 것들을 여유 있게 즐기지도 못할 것이다. 우리의 과제는 우리로부터 자극받은 수많은 이들이 가고자 하는 길을 이끌고 그 길에 우리가 동참하는 것이다.[21]

여기서 우리는 문자적 의미의 신비적인 사고에 직면한다. 세계의 자본주의의 엘리트 계층들은 예언자로, 약속의 땅을 향한 인간의 안내자로 변했다. 그들 스스로 이러한 임무를 달가워하지 않기에 그 임무를 행하는 것이 쉬운 일은 아니나 그들은 자신들이 '전장한 예언자'들인 양 그러한 임무에 어쩔 수 없이 묶여 있음을 깨닫고 있다. 그들은 대중의 고통에 등을 돌리거나 그들이 얻은 것을 여유 있게 즐기는 것에 대해 그렇게 미안해하지 않는다.

그것은 마치 어떤 묘한 신비스러운 신적인 힘이 그들로 하여금 그들이 모범을 보임으로써 세계의 나머지 사람들을 진보의 '낙원'으로 인도하고 있는 것처럼 보이게 한다.

계속해서 커져만 가는 끊임없는 생산의 추구는 생태계의 균형을 위협할 것이고, '힘 있는 자들의 생존'을 뜻하는 경쟁력의 논리는 시장의 가장 '약한 자'들을 소외시켜 낙오자가 되게 할 것이 자명하다. 그러나 그들은 그것은 진보를 위한 필연적 희생이라고 말한다.

시장을 절대화시킬 때, 그 논리가 초인적 결과를 나타내며, 그 논리에 우리가 저항할 수도, 해서도 안 되는 전능한 것으로 받아들일 때, 결국 신자유주의자들도 그 시장체제 앞에서 무력함을 느낀다. 자본주의의 축적의 논리, 원가와 이윤의 합리성이 인간의 삶보다 우선적이라는 그 전능함은 우리가 시장에 대해 어떠한 저항도 할 수 없을 만큼 무력함에 빠지고 만다는 결론을 낳는다. 그 무력함은 우리가 더 많은 사람을 모으고 소외당한 자의 존재성을 회복하고 인간의 삶을 가능케 하는 목적을 가지고서도 우리가 시장에 대해 저항할 수도, 저항의 시도조차 할 수 없게 한다. 힌켈라메르트는 이것을 "전능함의 무력함"[22]이라고 부른다.

푸르다도는 우리에게 사회의 이원화와 위기를 낳는 모방주의가 없는 발전 개념을 찾을 것을 제시한다. 하지만 하이에크는 모방 욕구의 논리를 경제 발전의 중심축과 촉진제라고 변호한다. 푸르다도는 사회의 이원화에 대항하기를 시도하지만, 하이에크에게 있어 사회적 이원화는 진보의 역동성에 대한 논리적 필요성일 뿐이다. 푸르다도는 모든 사람의 기본적 필요성의 만족을 찾지만, 하이에크는 기본적 필요성의 기준을 '잊거나' 배제하면서 욕구의 만족이 필요성으로 변화하는 것을 찾는다. 이 두 저술가는 우리가 살고 있는 현대사회의 중산계급에 대해 상반된 태도를 대변한다.

그러나 현실의 이 상반된 두 주장을 떠나서 제2차 세계대전 이후 라틴아메리카의 경제성장은 미미한 사회 발전만을 이뤄냈을 뿐이라는 명백한 사실을 부인할 수는 없다. 이것이 사실이라면 모방성에 근거한 이러한 발전 모델을 지속해야 한다는 주장을 어떻게 설명할 것인가? 정치·경제·군사 엘리트 세력은 오늘도 여전히 그 힘을 유지하고 있는데 이들을 향한 대중의 지지 아니면 적어도 대중의 수동성은 어떻게 설명할 것인가?

낙원의 약속과
그에 따르는 희생

여기서 나는 서로 보완적인 세 개의 가설을 소개하고자 한다. 첫 번째 가설은 경제성장의 원동성과 관계가 있다. 1980년대 초반까지처럼 경제가 성장함에 따라서 성장을 바탕으로 대중의 필요와 필요성으로 변화된 욕구를 충족시킬 것이라는 약속이 실현 가능한 것처럼 보이게 된다. 진보와 발전의 신화는 약속이 훗날로 미루어지는 유리한 환경을 수반하게 마련이다. 이것은 그 신화 논리의 일부분이다. 여기서 유일한 요구 조건은 대중의 기대가 장차 실현될 것을 보여 줄 가시적인 징후뿐이다. "나눌 수 있을 만큼 파이가 커질 때까지 기다려야 한다." 그 당시 널리 회자되었던 이 문구는 브라질의 장관 델핀 네토(Delfin Neto)가 처음 한 말로 이러한 논리를 잘 반영하고 있다.

첫 번째 가설을 보완하는 두 번째 가설은 모방 욕구와 결부된 근대성의 특성과 연결된다. 전근대사회에서 이러한 욕구는 인류 공동체에 폭력적인 상황을 낳는다는 이유로 억압당하거나 제어되어 왔다. 금기와 신화와 종교의식은 내부 폭력으로부터 공동체를 보호하려는 목적을 가진 제도적 메커니즘이었지만 극단적인 경우에는 제도 자체를 아예 해체해 버리기도 했다.[23] 지라르에 따르면, "고대 사회에서는 사회적으로 금기시되는 것들이 어떠한 특정한 행동양식을 결정하고 그것이 곧 그 문화 구성원들에게 주어진 재화를 분배한다"[24]는 것이다. 그러나 이러한 분배는 만족스럽지 못하고 어느 누구의 욕구도 충족시키지 못한다. 또한 어떤 이가 다른 이들보다 더 큰 혜택을 받는 등 불평등하게 이루어지기도 하는데, 그 이유는 바로 사람들이 원하는 물질의 부족성 때문이다. 하지만 그런 분배 과정의 합법화는 어떤 특정한 그룹이나 공동체의 모든 구성원들에게 같은 제도적 방법을 통해 이루어지므로, 불만족의 연유는 개인의 입장에서 설명되는 것도 아니었고, 굴욕적이라고 말할 수도 없었다. 오히려 집단의 개념에 기초한 설명이 더 정확하다고 하겠다. 예를 들면, 어떤 사람이 하위 계급에 속해 있다는 이유로 부를 획득할 수 있는 기회를 잃는다면, 그것은 개인의 문제가 아니라 그 사람이 속한 계급의 공통된 문제이므로 그는 패배감을 느끼지 않는다는 것이다.

이런 식의 해결 방법은 재산 분배 과정에 필요한 공정성 문제를 제거하지 못할 것이 분명하지만, 적어도 개개인은 패배감을 느끼지 않게 될 것이다. 이러한 사회에서는 무한한 발전이라는 개념이 없기 때문에 한계의 개념이 더욱 명확해진다. 따라서 무의식적으로라도 의태적 욕구를 제어하는 메커니즘이 생성되는 것이다.

근대사회에 있어서 그러한 욕구는 진보의 신화와 함께 억압되기는커녕 오히려 자극을 받는다. 더구나 이 사회가 추구하는 것은 지상천국 혹은 자유 제국이므로 "근대의 사람들은 자신의 불안과 불행이 욕구를 얽매는 사법제도의 법적 보호까지도 포함시킨 종교적 혹은 문화적 금기에서 기인한다고 생각한다. 또한 그들은 그러한 장벽이 무너지면 욕구의 영역을 더 넓힐 수 있을 뿐 아니라 자신들의 놀라운 결백함이 결실을 맺게 되리라 믿는다."[25]

위 두 사회의 기본적인 차이점에 대해 코틀러는 이 같이 말했다.

덜 발전된 사회(전근대사회)의 사람들이 자신들의 욕구를 감소 또는 충족시키려 한 반면에, 산업사회의 개인은 자신의 욕구를 채워 줄 물건을 발견하거나 개발하려고 노력한다.[26]

이렇게 문화적 금기가 사라진다면, 다시 말하자면 문화적 금기가 뒤집어지면 오히려 아이러니하게도 그것은 모방적 욕구를 자극한다.

그러므로 금기를 지킴으로써 자신의 욕구를 실현시키지 못하는 데서 오는 좌절감, 다시 말하자면 자신을 모방 욕구의 동일한 논리적 관점으로부터 빠져나갈 수 없게 하는 사회의 한 부분으로서 느끼는 좌절감이 이제는 사회적 차원이 아닌 개인적 차원의 책임으로 귀결된다. 결과적으로 '좌절한 개인'(자본주의 사회의 경우에서는 가난한 사람)은 자신의 실패로 인한 것이라는 죄책감을 가지게 된다. 그는 자신의 상황을 사회가 받아들인 발전 모델의 필연적인 결과가 아니라 자신이 저지른 잘못의 결과로 받아들이게 된다. 또한 그는 이 모델에 대하여 저항하지 않

으며 이 모델만이 미래에 자신의 모방 욕구를 충족해 줄 수 있는 유일
한 길이라고 생각하기에 이른다.

사회의 상당수가 약속 이행이 지연되거나, 혹은 가난에 대해 개인
적 책임을 강조하는 것이 더 이상 받아들여지지 않을 경우, 발전의 이
익 배당을 요구하거나 혹은 필요와 욕망의 즉각적인 충족을 요구하는
등, 당면한 문제에 대한 '계급적' 시각을 제시하게 될 때, 위에서 분석
한 것처럼 자본주의적 정당화의 형태는 더 이상 유효하지 않게 된다.
더 심각한 경우는 급격한 위기 상황의 가능성에 직면하게 되며 사회적
지배층이 상황을 제어하기 위하여 과격한 정책을 채택할 수도 있다는
것이다.

발전 신화의 환영은 1970년대에 들어서면서 붕괴되기 시작한다.
1972년에 로마클럽이 연구한 내용이 〈성장의 한계〉[27]라는 이름으로 학
계에 발표되었는데, 그 연구는 제1세계의 경제성장 속도와 소비 수준
이 나머지 나라들 사이에 번지게 되면, 복구가 불가능한 자원과 환경오
염의 위기로 인해 경제 혼란이 야기될 것임을 명백히 하고 있다. 예를
들면 1973년에 이 연구가 울린 경종에 대한 역사적인 비준(ratification)
을 방불케한 석유 파동이 있었다. 이 자료는 우리에게 모든 사람의 모
방 욕구를 충족시키는 것은 불가능하다는 객관적인 사실을 명시하고
있다. 1982년에 브라질은 국제통화기금과 세계은행이 강요한 구조조
정으로 인해 '잃어버린 세대'의 위기를 맞이하게 된다.[28] 경제성장의 한
계와 시장의 법칙이라는 미명하에 강행된 혹독한 조치로 야기되는 사
회문제들로 인해 약속과 욕구 실현의 지연에 근거한 제어 메커니즘이
비효율적인 것으로 변해 버렸다.

다른 말로 하자면 한 사회의 고유한 메카니즘에 의해 자극된 욕구가 좌절되면서 야기된 혼란을 제어하기 위해 과격한 외부적 메커니즘이 필요했던 것이다. 사람들은 이미 기본적인 필요와 모방 욕구를 만족시키고자 하는 욕구를 자발적으로 제어하려고 하지 않게 된 것이다.

이렇게 해서 시장의 법칙이 요구하는 '발전을 위한 필연적 희생'[29]이라는, 이미 수동적인 형태로 잠재해 있던 논증이 통렬한 방법으로 모습을 드러낸다. 만약 발전이 모방 욕구의 역동성 안에서 가장 유능한 자들의 경쟁과 생존법칙의 결실이라고 한다면, 거기서 덜 유능한 자들의 희생이 그 발전의 역동성에 있어서 필수적인 요소로 변한다고 하는 논리를 추정해 낼 수 있다. 이것이 바로 세 번째 가설이다.

문제는 만약 약속과 지연에 근거한 자기 제어의 메커니즘이 제 기능을 발휘하지 않는다면, 정체 혹은 낮은 수준의 경제성장 속에서 모방 욕구의 자극이 위기를 낳는다는 것이다(사람들은 이미 욕구 실현을 위해 만들어진 규칙 따위는 존중하지 않는다). 이러한 방법으로 필연적인 희생이라는 논증이 모방 논리의 모순을 통제하는 역할을 맡게 되고, 그래서 심각한 위기를 모면할 수 있게 된다. 앞서 말한 바대로 빈민층은 가난을 자기 탓으로 돌리기 때문에 필연적 희생이라는 논리의 주장은 한층 더 효율적이 된다. 가난의 책임이 가난한 사람에게 있다고 믿는 한, 빈민층은 자신들이 필연적 희생의 제물임을 인정하게 되며, 그래서 이 메커니즘의 수혜자들은 그에 대해 양심의 가책을 전혀 느끼지 않게 된다. 우리 사회에 현존하는 '만족의 문화'를 분석함에 있어 존 케네스 갤브레이스는, 수혜자 그룹이 자신들에게 주어진 혜택을 정당한 공로로 받아들이며, "부가 노력의 소산이든지 개인의 공로에 대한 보상이라면, 공정성은 부를 추구하거나 누릴 수 있는 것을 감소시키는 어떤 행위도 정당화시키지 않는다"[30]고 말한다. 이러한 시각의 이면에는 가지지 못한 자들에게 강요되는 희생이 공정하다는 논리가 숨어 있다. 이것이 재분배의 신학이다.

정치인들이 펼치는 필연적 희생에 관한 연설은 우리에게 현대사회의 세속화라는 문제를 제기한다.[31] 이 책의 영역 안에서는 이러한 주제를 거론하기가 불가능하다. 그러나 이 희생의 논리(진보의 극대화와 지상 낙원의 실현, 그리고 사회질서 안정을 위해 필요한 논리)를 깊이 이해하기 위해서는, 현대사회의 세속화가 이루어지면 공적·정치적·경제적 영역의 신성함이란 존재하지 않을 것이라는 단순한 시각을 넘어서야 한다.

전통적 종교가 더 이상 사회질서의 기반이 될 수 없다는 사실이 반드시 현 사회의 새로운 기반이 예전처럼 종교적 특성을 갖지 않는다는 것을 의미하는 것은 아니다. 근대성의 기본적 특성이 중세의 종말론의 내재화라는 사실을 고려한다면 이 사실은 더욱 명확해진다. 이것은 신성한 교회의 중재에 의한 신적인 행동의 결과로서 기대되었던 낙원의 실현이 이제는 발전의 결과로 받아들여진다는 것이다.

자본주의 세계에서의 그 구원적 발전은 시장에서 그리고 시장을 통해 이루어지리라 믿어지게 되었다. 그리하여 이제 사회의 새로운 기반이 된 시장이 그의 열렬한 지지자들이 부여한 성스러운 특성을 되찾게 된다. 이런 의미에서 세속화의 과정은 사회가 신성함을 배제하는 것으로는 이해될 수 없으며, 전통적인 종교의 영역인 교회에서 시장으로의 이전으로 이해되어야 마땅하다. 이것이 바로 필연적 희생이라는 주장이 오늘날 전통적 종교의 영역보다 경제의 영역과 더 자주 연관되는

이유이다. 앞 장에서 이미 그 한 예로서, 자본주의 경제 의식이 그 (필연
적) 희생을 종교적인 희생으로 바꾸기 위한 종교적 논리와 용어로 가득
차 있다는 사실을 말했다.[32] 신성함과 폭력에 관련한 위대한 연구자 지
라르는 사회의 세속화를 비신성화의 개념으로 받아들이고 있으며, 그
래서 옛 시대와는 반대로 이것을 위기를 극복하기 위한 희생 메커니즘
으로 사용하지 않고 있다. 그는 현대의 사법 제도가 더 효율적인 형태
로 희생 제도를 대체했다고 믿고 있다. 문제는 현대 자본주의사회가 모
방 욕구를 자극하는 요인이 되며, 그래서 그 욕구가 야기하는 항구적인
혼란의 위협에 맞서 질서를 유지해야 하는 큰 도전을 유발한다는 것이
다. 더 이상 글을 전개하기에 앞서, 지라르가 그의 고대사회 연구에서
증명해 보였듯이, 희생 제도는 사회질서 유지에 있어 사회의 희생 계
층이 그 메커니즘을 인식하지 못하는 정도에 따라 효율적일 수도 있고
비효율적일 수도 있다. 희생 메커니즘이 효율적인 이유는 이것을 사람
들이 자각하지 못함으로써 모방 욕구의 자극에 근거한 사회질서의 유
지를 돕게 되기 때문이다. 이것은 사람들이 희생 메커니즘의 존재를 수
긍조차 하지 않도록 만드는 현대사회의 세속화라는 명목을 자양분으
로 하는 무의식이라 말할 수 있다. 또한 그 효율성을 위한 또 다른 중요
한 점은 희생 제도의 구성원들과 희생당하는 자들이 똑같이 가지는 희
생물의 유죄성에 대한 확신이다.

　　자본주의제도가 희생 메커니즘을 이용한다고 할 때, 그 메커니즘
이 고대사회의 것과 똑같다는 주장을 하려는 것은 아니다. 현대의 희
생적인 폭력이 뚜렷한 특성을 갖고 있다는 데는 의심의 여지가 없다.[33]
기독교와 더불어 서구사회에 새로운 개념이 도입되었는데, 그것은 모

든 욕구가 실현됨으로써 희생이 더 이상 필요 없는, 부족함이 없는 세계에 대한 개념이다. 이렇게 해서 예수의 '마지막 희생', 그리고 희생 없는 사회의 이론이 탄생하게 된다. 이 개념이 전근대사회에서 근대사회로 넘어오는 과도기에 발생했다는 사실을 잊어서는 안 된다.

이러한 학설과 역사적 미래에 이뤄질 낙원의 실현에도 불구하고, 사회는 여전히 궁핍의 문제에 시달리고 있으며, 그 결과로 모방의 욕구를 충족시키지 못하는 데서 오는 문제도 함께 겪고 있다. 오늘날에는 '속죄양'의 개념을 중심으로 희생 예식을 시행하던 예전의 고대사회처럼 메커니즘에 호소하기보다는, 희생의 개념을 재정립하는 것으로 대치되었다. 재림의 지연은 예수의 마지막 희생을 인정하지 않고 희생 의식을 지속하고 있는 이방인들의 존재에 그 원인이 있다고 본다. 그래도 낙원의 도래를 가속화시키기 위하여 희생 주도자들을 희생시키면서 강제적인 개종을 요구하게 된다. 오늘날에는 모방적 욕구를 절제하거나 억제심을 희생시키지 않는다. 오히려 절제와 억제를 실현시키려는 의도를 희생시키고 있다.

근대에서 낙원을 향한 길은 기술과 경제 발전의 모습으로 표현된다. 모방적 욕구를 자극하는 제도는 진보적·모방적 욕구 자체의 역동성이 만들어 내는 불안정과 위기 속에서 질서를 유지하기 위해서는 더욱더 많은 희생을 요구하게 된다. 이제 경쟁력이 떨어지는 자들의 희생과 경제의 역동성에서 소외된 자들의 희생은 발전을 위한 하나의 필요성이다. 좀더 구체적으로 말하면, 사적 재산의 권리와 구입·구매의 관계를 존중하지 않을뿐더러 삶에 있어서 자신의 필요성을 충족시키려는 시도를 하면서 시장의 법칙에 순종하지 않는 사람들의 희생을 의미하고 있다. 또한 시장의 '신성함'을 인정하지 않으면서 사회적 목표 달성 혹은 사회 정의라는 이름으로 시장에 개입하려는 자들도 희생시켜야 마땅하다. 왜냐하면 지라르가 말하는 것처럼 "희생은 분쟁의 폭발을 방지하면서 내부적인 폭력 사태를 제어하는 기능을 발휘하기"[34] 때문이다.

제3세계와 라틴아메리카의 수백만 민중들의 기근과 죽음은 희생이 더 필요 없는 사회를 건설하기 위한 필연적인 희생일 뿐이다. 인권과 가난한 자들의 존엄성을 수호하기 위해 투쟁하는 사람들을 향한 박해와 모욕은 이러한 희생 논리 과정의 일부분일 뿐이다.

금기와
인간의 존엄성

전근대사회의 종교적 희생을 해결하기 위한 중요한 특징 중 하나는 모방적 욕구를 발생하는 위기를 만들어 낼 수 있는 물건에 대한 욕구를 막고 사회 구성원들의 행동을 표준화하는 금기를 만드는 것이다. 금기의 고전적 예는 근친상간이다. 근친상간을 금지하는 인습은 금기가 '짐승'과 인간을 구분하기 위해 쓰이고 있음을 보여 주는 좋은 예다. 요즘에도 근친상간 같은 기본적인 금기를 어기는 사람들을 '금수'라 칭하는 것을 자주 보고 들을 수 있다. 그런데 금기는 반대의 과정으로 되풀이되기도 한다. 사회나 어떤 단체가 합리적인 이유에 근거하지 않은 채 어떤 개인이나 단체를 소외시키고자 할 때 그들에게 근친상간의 죄나 또 다른 사악한 죄를 뒤집어씌운다. 금기를 어기는 사람은 인간도 아니며, 결과적으로 권리도 존엄성도 없다.

앞서 본 바와 같이, 자본주의 현대사회의 시장이 만들어 내는 모방 욕구는 자극에 의해서 발생하는 욕구이다. 이것은 금기가 더 이상 존재하지 않는다는 것을 의미하는 것이 아니다. 모방 욕구가 단지 형태만 달리할 뿐 사라지지 않고 있기 때문에 금기 또한 사회에 잔존하고 있는 것이다. 오늘날 금기는 '하면 안 된다'는 식으로 반드시 금지의 형태를 띠고 있지만은 않다. 오히려 '해야 한다'는 식의 '의무적'인 것들이 많다. 가장 널리 알려진 금기의 전환은 '하면 안 된다'에서 '해야 한다'로 변해 버린 성에 관한 것이다. 경제 분야에서의 금기는 의심할 것 없이 '사시오!', '최신 유행하는 상품을 사시오!'이다.

유명한 광고 에이전시의 감독 니산 구아나에스(Nizan Guanaes)는 "나이키는 테니스화가 아니라 삶의 모델이다. 나이키는 하나의 스타일이며 세계의 비전이다. 나이키 광고는 복음서와도 같다. 단지 소비자에게 파는 것만이 아니라 그들을 교육한다. 또한 설득하는 것에만 그치지 않고 구매자를 변화시킨다"고 했다. 그의 말에 따르면 사람들이 나이키를 사서 몸에 걸치는 것만으로 자신이 우상이 된 것처럼 느낀다는 것이다.

나이키는 제3세계의 소년들에게 마치 본드를 흡입할 때와 같은 최상의 환각 효과를 일으킨다. 이것이 바로 나이키를 살 수 없는 소년들이 그것을 가지고 있는 이유인데, 그렇지 못하다면 그들은 죽은 목숨과 다름없기 때문이다.[35]

덧붙여 말하면, 그것이 바로 많은 거리의 소년들이 나이키를 가지기 위해 살인까지도 감행하며, 혹은 나이키 없이 집 밖으로 나가는 것보다 차라리 생명의 위협을 감수하는 것이 낫다고 여기는 이유이다.

'나이키를 사는 것' 혹은 유행을 일으켜서 모방 욕구의 대상이 되는 다른 메이커들은 그것을 통해 어느 인간 집단에 소속될 수 있는 조건의 금기로 변해 버렸다. 사람들은 테니스화를 사는 게 아니라 '누군가'가 되기를 원하며, 어떤 물건을 구입함으로써 같은 금기에 매여 있는 다른 사람들에게 나는 '이러이러한 제품을 쓰는 사람'이라는 인정을 받고 싶은 것이다. 그래서 이제 나이키는 더 이상 욕구의 대상이 아니라 필수품이 되어 버렸다.

이렇게 해서 우리는 드디어 하이에크가 말했던 필요성과 욕구의 개념과, 욕구에서 필요로 변하는 미묘한 이동이 혼돈스럽게 뒤엉킨 '고르디아스의 매듭'에 도달한다.

우리는 육체적 생명의 번식을 위한 객관적 필요, 금기와 모방적 욕구로 뒤섞인 필요, 그리고 사회나 사회집단에 소속되기 위한 필수 조건이 되어 버린 필요를 구분해야 한다. 나이키를 가지지 않았다고 죽는 사람은 없다. 그러나 먹고 마시지 않는 사람은 먹기를 원했든 원치 않았든 간에 죽을 수밖에 없다. 거식증이라는 극단적인 상황은 실질적인 필요와 문화의 문제(금기)나 심리적인 문제로 인해 필요로 변한 욕구가 다르다는 사실을 깨닫게 한다.

필요와 욕구의 관계에서 볼 수 있는 양상 중의 하나는 욕구의 대상 혹은 목표와 그것을 손에 넣을 수 있는 가능성의 조건과의 관계이다. "나는 이 집단의 구성원 중 하나가 되고 싶으며, 그러기 위해서는 수입 테니스화가 필요하다." 수입 테니스화를 가졌다는 사실이 반드시 그 집단에 소속된다는 것을 의미하지는 않지만 그렇게 될 가능성의 조건일 수 있다. 왜냐하면 그것이 그 집단으로부터 사전에 부과된 조건이기 때문이다.

필요를 가능성의 조건으로 논할 때 우리는 그것을 '기본적' 혹은 '사회적·심리적'인 두 종류의 필요로 구분해야 한다. 개인이 어떤 물건을 원하고 그것을 소유하기 위해 투쟁할 수 있는 첫 번째 조건은 그 사람이 살아 있어야 한다는 것이다. 생명이 없는 사람은 주체가 될 수 없으며 따라서 욕구의 주체가 되지 못한다. 이것은 생존을 가능하게 하는 기본적인 필요조건들을 충족시키는 일이 최우선적 조건이라는 것을 의미한다. 이 조건은 대중과 교회의 운동이 가장 우선적으로 제기하는 필요성이다. 그러나 살아 있다는 사실 이외에도 사람들은 '살아 있음을 느껴야' 한다. 다시 말하면 사회집단의 다른 구성원들로부터 사람으로 인정받고 소속감을 느끼는 것이 필요하다는 것이다. 여기서 하이에크와 마케팅 종사자들이 언급하고 있는 '사회적 혹은 심리적 필요'가 등장하는 것이다.

사람을 움직이는 원동력, 사람에게서 투지를 불러일으키는 것은 욕구이다. 욕구가 사람을 매혹시키는 반면에 필요성, 특히 기본적인 필요는 우리를 '밀어붙인다.'

우리가 짚고 넘어가야 할 또 다른 사항은 우리 사회가 상품에 부여하는 '신비성'이다. 이것이 마르크스가 말한 '상품의 물신숭배'이다. 예를 들어 오늘날 모방 욕구의 주요 대상이 된 수입차처럼, 사람들의 선망의 대상이 되는 신비하고 무한한 '존재'는 사람들이 소득의 재분배나 대대적인 구조조정의 이유를 인정하지 않고, 이해조차 못하게끔 만드는 '존재'이다. 그리고 그런 상품을 살 수도 없을 뿐더러 상품의 우상화를, 상품의 물신숭배를 초월하지도 못하는 빈민들은 '하류 계급'이라는 느낌과 열등감, 그리고 죄책감을 가지고 산다. 그래서 그들은 존엄성도 없고 쟁취할 수 있는 권리조차 없는 인간이 되어 버렸다.

그 금기를 내면화한 시장의 구성원들로 이루어진 사회는 난폭한 '짐승들', 즉 유행하는 상품을 사지도 않고, 개인의 소유 재산과 시장 법칙의 금기에 복종하지 않으면서 그들의 기본적 필요를 충족시키려 하는 빈민층에게 모든 형태의 '합법적' 폭력, 심지어 시장의 사상으로서는 '정당'하지만 실은 불법적인 폭력을 휘두를 수 있는 권리가 있다고 믿는다.

기독교를 위한
도전

빈민들과 사회적으로 소외당한 이들을 위한 투쟁은 소득과 부의 시급한 재분배, 더 공정한 소득의 분배를 낳는 생산 시스템의 변화, 그리고 정치·경제·사회 영역의 대대적인 구조개혁으로 이어진다. 그러나 이것을 위해서는 여기서 분석한 모방 욕구의 희생 메커니즘의 실체를 벗겨 내는 것이 필요하다. 그것 없이는 모든 인간의 기본적 필요를 충족시키는 일이 경제정책의 우선적 과제라고 말하기 어렵다. 나는 욕구의 존재와 그 영역을 부정하려는 것이 아니라 단지 사회의 역동성이 갖고 있는 좋은 의미를 회복하고자 할 뿐이다.

전근대사회에서는 전체적으로 무결한 사회에 위험을 가져올 수 있는 모방 욕구를 '길들이기' 위해 종교적 금기를 사용했다. 신학적으로 말하면, 오늘날 현대사회에서 그것은 가능하지도 않으며 바람직하지도 않다.

욕구는 인간을 구성하는 요소의 하나이며 모방적인 역동성을 가지고 있다. 이것은 사회 이원화의 이유 중 하나인 소비의 모방 심리가 어떠한 법령이나 혁명으로도 절대 사라지지 않을 것임을 의미한다. 만약 새롭게 창조된 남자들과 여자들만이 존재하는 새로운 사회를 건설하는 것이 가능했다면 어쩌면 모방적인 소비의 문제가 없는 경제를 생각해 볼 수도 있었을 것이다. 그러나 역사적으로는 '절대적으로 새로운' 현실이 가능하지 않으므로, 점유의 모방적 욕구는 우리가 맞서 싸우는 법을 배울 수밖에 없는 인류학적이고 사회적인 구성 요소이다. 사회적 계급 차별의 극복을 궁극적인 목적으로, 이 과정을 대하는 가능한 방법 중 하나는 우리의 과장된 소비문화 아래 숨어 있는 희생 메커니즘의 실체를 드러내는 것이다. 그리고 거기서부터 시작해 민주적인 방법과 새로운 사회 협정을 바탕으로, 사회 전체를 위한 경제 개발을 어렵게 하는 사치품 구매 같은 욕구의 만족을 제한하는 경제정책과 법을 정립해야 한다.

이런 종류의 사회로의 지향에 공감하거나 혹은 민주주의를 위한 기본 요건인 대다수의 지지를 받게 하기 위해서는 우리가 점유의 모방 욕구를 상대화하는 것이 중요하다. 자본주의에서 소유의 욕망은 삶의 중심을 넘어 삶의 전체적인 것으로 변화했다. 인간관계에서까지 "사람이 물건으로 보이고 그 상호관계는 소유의 특색을 가지게 되었다."[36]

점유의 모방 욕구를 길들이고자 하는 것은 그 욕구를 소멸시키는 것을 의미하는 것이 아니라 오히려 다른 형태의 모방 욕구, 다시 말해 우리가 모델로 삼은 이들을 닮고 싶어 하는 모방 욕구를 강조함으로써 점유의 모방 욕구를 제한시키고 완화시키려는 것이다. 지라르의 용어를 빌리자면 '대표성'에 대한 모방 욕구라 할 수 있다.

그리고 소유의 논리가 존재의 논리와 상대적으로 비교되기 위해서는, 즉 존재의 유일한 발원지가 소유가 아닌 것을 나타내기 위해서는 그 두 가지 논리 사이에 존재하는 차이점을 입증하는 것이 필요하다. 프롬이 말한 것처럼 "소유와 존재의 차이는 근본적으로 동양과 서양의 차이의 문제가 아니다. 그것은 사람에 편중한 사회와 물질에 편중한 사회에 차이이다."[37]

레오나르도 보프(Leonardo Boff)가 얘기했듯이 삶의 인간적·질적인 차원이 사회적으로 가치 상승을 하기 위해서는, 또 욕구가 소유로만 치우치지 않고 인간적인 삶의 의미를 발견한 사람을 닮는 방향으로 유도되기 위해서는 삶과 번민과 투쟁과 희망의 의미를 부여해 주는 실행과 가치의 원동력이 되는 꿈을 설득력 있는 방법으로 보여 주는 거울 역할을 하는 성 프란시스코 데 아시스(San Francisco de Asis)처럼 모범적인 인물,[38] 빈곤한 자들과 자연과 단결된 회합과 공감 속에서 소유의 본능으로부터 탈피한 경험을 한 사람이 필요하다.[39]

필요와 욕구의 개념을 구분하는 것 이외에 어떠한 사회적 목표를 우선화하기 위해서는 희생자들이 결백하다는 진실을 재정립할 필요가 있다. 만약 기독교가 아직도 역사적 탁월성을 갖고 있으며, 라틴아메리카에서 대안적 사회 건설을 위하여 공헌할 수 있다고 한다면, 기독교는 신앙의 핵심인 예수의 부활에 확고한 기초를 두어야 한다. 그리고 오늘날 사회에서 예수 부활의 의미 가운데는 희생체제의 피해자들의 무죄를 고백하는 것이 자리 잡고 있다. 이런 의미에서 아스만은 "복음이 본질적으로 새로운 이유는 희생자들이 결백하며 죄가 없고 그 희생을 정당화하는 구실도 없다는 데 있으며",⁴⁰ 우리 신앙의 중심적 요소가 우리에게 주변의 모든 희생자들에게 연대의식을 강하게 요구한다는 데 있다고 말한다.

시장체제로부터 희생이 요구되는 이들에 대한 보호는 우리로 하여금 희생체제의 실체를 벗기게 하고, 그 시장의 논리와 법의 사악함을 깨닫게 한다. 그리고 시장으로부터 혜택을 받고 시장을 숭배하는 모든 자들에게 책임감을 느끼게 한다. 왜냐하면 단지 초월화된 기구(우상)만이 미래 낙원의 이름으로 인간의 수많은 희생을 요구할 수 있고, 그들의 숭배자들과 지지자들에게 태평한 마음을 갖도록 해주기 때문이다.

희생자의 편에 서는 것, 그들에게 거부된 인간 존엄성의 회복을 도와주는 것은 우리에게(왜냐하면 우리에게 종말론적 혁명을 가능케 하기 때문이다) 신이 "희생을 원하는 것이 아니라 긍휼을 원한다"(마태 9:13)는 것을 이해하게 하고, 우리가 다른 사람이 원하는 상품을 구입함으로써 인간적이 되는 것이 아니라 우리 형제들과 연대적 만남을 통해 인간적이 되며, 죄는 정확히 말해서 (시장의) 법칙을 이행하는 것임을 이해하게 해야 한다.⁴¹

사회의 여러 분야에서 많은 사람들의 참여 없이는 불공정한 경제적·사회적 구조를 깊이 변화시킬 수 없을 것이다. 그것을 위해 우리는 시장의 모방 욕구 논리와 희생의 메커니즘을 극복하도록 도와야 한다. 우리는 자본주의 경제체제의 희생자들로 하여금 결백을 깨닫게 하고, 그들이 사회에서의 삶을 이어 가고 적응할 수 있도록 대책을 세워야 한다. 이와 같은 방법으로 우리는 함께 새로운 사회와 문명을 설계해 나갈 수 있을 것이다. 나는 우리 기독교인이 이 역사적 도전을 이행하는 데 있어 중요한 역할을 맡고 있다고 생각한다. 왜냐하면 우리의 신앙은 시장체제와 희생을 요구하는 희생적 신에 의해 피해를 당한 희생자들의 무죄함과 결백에 대한 확신으로부터 싹트고 있기 때문이다.

3장

반사회적 소외
투쟁을 위한
신학의 공헌

사회적
소외

작은 신용카드 크기에 불과하지만 2500만 개의 트랜지스터를 내장한 마이크로프로세서, 최첨단 음성 인식 시스템을 보유한 컴퓨터, 초당 10억 비트의 정보를 전송하는 전산 시스템, 광섬유의 광대한 전송망, 인공위성을 통한 무선 접속, 온 지구를 돌고 있는 디지털 영상 회로 등은 현대 과학문명의 빠른 변신을 보여 주는 예들이다. 첨단 과학기술과 경제의 세계화 과정이 현 세대를 또 다른 모습으로 만들어 가고 있다.

가상현실 속에서 무자비한 소비 행태를 보이고 있는 현 세계는 새로운 통계치에 따르면, 전 세계적으로 약 8억7000만 명 혹은 세계 인구의 8분의 1에 해당하는 사람들은 2010년부터 2012년에 이르는 기간 동안 최소 식이에너지 요구량을 충족시키는 규칙적이고 충분한 음식물 섭취를 하지 못한 것으로 나타났다. 반면에 군사비로 연간 1조 7000억 달러가 지출되고 있다. 2012년 말 기준으로 전 세계 약 4510만 명의 사람들이 분쟁 혹은 박해로 인해 난민이 되었다. 세계 최고 부자 85명의 재산 규모가 전 세계 인구 절반인 35억 명의 재산과 맞먹는

것으로 조사됐다고 CNBC가 2014년 1월 영국에 본부를 둔 구호기구
인 옥스팜 보고서를 인용해 보도했다. 옥스팜은 이날 〈소수를 위한 노
동〉이라는 보고서에서 2013년 한 해 동안 210명이 자산규모 10억 달
러 이상의 슈퍼 부자 대열에 진입해 전 세계 슈퍼 부자 수는 1426명
으로 늘었다고 발표했다. 부채 등을 제외한 이들의 순자산 합계는 5조
4000억 달러로 전 세계 소득 하위 35억 명의 자산과 같은 규모를 기록
했다. 보고서는 또 전 세계 소득 상위 1퍼센트의 자산 규모는 모두 110
조 달러로 전 세계 인구(소득 하위) 절반의 전체 자산보다 65배나 많았
다고 밝혔다.

이러한 극한 대조 현상은 우리 시대의 일부를 보여 주는 단편에
불과하다. 이 시대는 이러한 현상에 도덕적 불쾌감을 표현하는 능력을
아직까지 상실하지 않은 사람들이 말하는 '혼란의 시대'[1]이기도 하다.

우리 세대의 새로운 모습은 이 같은 사회계층의 극한 대조 현상만
은 아니다. 우고 아스만의 주장처럼 "현 세대의 특징은 사회적 소외의
논리가 확산되어 가고 있고, 그러한 현상에 대한 무관심이 지배하는 잔
인한 제국이라는 데 있다"[2] '진보의 신화'[3]를 출발점으로 모두가 부유
하고, 사회적 차별이 없는 사회를 약속했던 자유주의 사상은 여러 가지
이론 속에 늘 존재했지만, 이미 거짓되고 신뢰할 수 없는 사상인 것으
로 드러났다. 오늘날 주도적인 사상인 신자유주의는 더 이상 사회와 인
류의 문제를 해결할 수 있다고 말하지 않는다. 그들은 이미 평등함이라
는 가치관을 실현시켜야 할 가치로 고려하지 않고 있다. 크리스토밤 부
아르케에 의하면 "세계가 물리적으로 흩어져 있을 때는 평등의 가치관
을 실천하지 않은 채 유지할 수 있었다. 그러나 세계가 각종 교통수단

과 언론 매체들, 경제의 통합과 이민 등으로 인해 하나가 되어 가자 빈민은 부유층과 물리적으로 가까워지면서 소비 심리가 증가하게 되었으나, 사회계층의 격차는 날로 깊어 갔다. 이로 인해 평등사회의 논리는 상당한 모순에 부딪히게 되었다"[4] 그래서 신자유주의 사상가들은 사회적 차별을 받는 존재는 피할 수 없는 현실로 간주해 공개적으로 받아들이고 있으며 또 다른 한편으로 무감각한 문화의 시대를 만들어 가고 있다.

사회적 소외 혹은 사회적 차별(social apartheid)이라는 새로운 현실은 우리 사회에 새로운 변증법을 도입하고 있다. 이미 알려진 바 있는 자본 대 노동의 현실과 함께 경제시장에 합류한 사람과 격리된 사람, 그리고 이러한 현실에 만족하는 그룹과 다른 한편으로 격리사회의 논리에 만족하지 않는 이들로 이뤄지는 사회의 이원화가 형성된다.[5] 이러한 사회적 소외 현상은 제3세계에서만 발생하는 고유한 것이 아니다. 선진국에서도 볼 수 있는 현상이다. 단지 제3세계에서는 빈민이 다수를 이루며, 선진국에서는 빈민이 소수라는 데 차이가 있을 뿐이다.

신학의 역할

사회적 소외 문제에 대해 좀 더 심도 있게 다루기 전에, 우리는 현재의 사회적·경제적 현실에서 신학이 갖고 있는 역할에 대해 논해야 할 것이다. 이 주제에 대해 우리는 두 가지 질문으로부터 출발할 것이다. 첫째는 과연 거시경제적이고 사회적인 문제를 취급하는 일이 신학과 기독교의 사역에 포함될 수 있는가 하는 질문이다. 두 번째는 만일 그렇다고 한다면, 그 사역이 오직 기독교인과 그들의 공동체 혹은 기독교적 가치에 관심을 가진 사람들에게만 유효한 것인가, 아니면 현 정치적·학술적인 토론에서 실질적인 유효성을 가질 수 있는가 하는 질문이다.

종교와 정치

첫 번째 질문과 관련해 신앙의 사회적·정치적인 분야와의 연관성에 대해서는 이미 충분한 서적과 논문이 발표됨으로써 우리는 신앙을 단순히 개인적으로 혹은 대인 관계의 차원으로만 축소시키거나 신앙 공동체의 구성원들에 대한 신앙 교육, 공동체에서의 관계 혹은 교회의 재산을 관리하는 '세속적인' 활동 등 교회 내 문제에 대한 신학적 성찰로 국한해서는 안 된다는 사실을 이미 알고 있다.

그럼에도 불구하고 이러한 것이 우리의 질문을 고갈시키지는 않는다. 왜냐하면 우리는 소외된 자들과의 연대 활동, 여성, 토착민, 흑인들의 권리 회복을 위한 투쟁에 깊이 관여하고 있는 기독교 공동체 구성원들과 연합체를 구성해서 일할 때, 우리가 일상적이고 개별적인 주제를 강조하는 포스트모더니즘적인 사고방식의 영향으로 인해, 그리고 전략적인 행동을 통해 사회문제를 통합적으로 다루는 사고로부터 점점 멀어지고 있음을 깨닫게 된다. 나는 여기서 구체적이고 개별적인 운동의 중요성을 간과하는 것이 아니다. 다만 '가난한 자들을 위한 선택'과 같은 운동이 우리 사회에서 필연적으로 발생하고 있는 커다란 문제들과 신앙의 연관성을 확실히 해주는 것은 아니라는 점을 밝히고 싶다.

또 다른 한편, 우리는 신학자나 목회자들 사이에서 그리고 예전에 사회변혁운동에 깊숙이 관련되어 있던 사람들이 "이제 우리에게 필요한 것은 가능한 대안책을 제시하는 것이 아니라 구체적인 연대를 통한 행동이다"라고 말하는 것을 쉽게 들을 수 있다. 게다가 이성적인 논리 전개에서 신학을 포기해야 하며 신학이 사회변혁운동에 어떤 공헌을 할 수 있는지를 생각지 말고 단순히 심미적인 혹은 시적인 차원의 언어로 받아야 한다고 주장하는 사람들도 있다.

보아벤투라 산토스(Boaventura S. Santos)는 "자본주의사회에서 비이성과 불의를 받아들이거나 견뎌 내는 데 따르는 어려움은 현 사회와 전혀 다른, 혹은 더 나은 사회를 건설할 가능성을 용이하게 하는 것보다 더 어렵게 만들고 있다는 것을 깨닫게 된다"[6]고 말한다. 그것은 "새로운 현장화와 개별주의는 해방운동에 있어 전략적으로 생각하는 것을 어렵게 만들고 있으며, 지역적인 투쟁과 현장화된 정체성은 전략적인(strategic) 사고방식보다는 전술적인(tactical) 사고를 우선시하고 있기"[7] 때문이다. 여기서 우리는 자본의 세계화가 민중계급의 지역화와 개별적이고 현장화된 투쟁의 가치를 높이는 현상이 나타나는 시기와 동시적으로 발생하고 있음을 지적하고자 한다. 전략적이고 해방적인 사상의 위기가 반드시 인간 존재의 존엄성을 옹호하는 원리들(신학적인 용어로 '가난한 자들에 대한 선택')의 위기를 의미하는 것은 아니다. 원리의 위기라기보다는 이러한 원리를 해석해 만들어 내는 사회 모델과 그 실천에 관심을 갖고 있는 사회운동 주체자들의 위기라고 볼 수 있다.

한편 호세 콤블린은 그의 저서 《21세기를 향하는 기독교도인: 해방의 새로운 일정(Cristianos rumbo al siglo XXI: la nueva jornada de la lib-

eracion)》을 통해 또 다른 어려움을 말하고 있다. 그에 의하면 민중을 억압하고 있는 사회적 문제를 해결하기 위한 투쟁에 동참하는 교회와 기독교인의 참여가 종교와 정치의 이원화 현상의 완전한 극복을 의미하지는 않는다. 많은 사역 속에서 종교적 교리와 사회적 교리, 또한 구원과 인간 해방이라는 주제는 서로 이원화되어 있었다. 그는 "첫 번째 교리는 고정적이고 불변하는 것인 반면 두 번째 교리는 새로운 도전과 그에 대한 응답을 창출해 내는 새로운 사회적 제도의 출현과 더불어 점차 풍요로워지는 것이라고 생각해 왔다"[8]며 이 같은 현상은 바로 "복음에 대한 이원론적인 태도이며 해방신학 역시 거기서 벗어나지 못하고 있다"[9]고 말한다. 그는 계속해서 "현재 가장 시급한 과제는 오랫동안 분리되어 왔던 정치적인 것과 종교적인 것에 대한 생각, 사회적인 것과 신비적인 것에 대한 생각의 분리를 극복하고 다시 한 번 통합을 이루는 일이다"[10]라고 말한다.

콤블린의 말을 인용하는 것이 '해방신학에 이원론이 지속적으로 존재하고 있다'고 일반화하는 그의 의견에 우리가 객관적인 비판 없이 전적으로 동감하는 것을 의미하지는 않는다. 그럼에도 불구하고 그의 의견이 우리의 관심을 불러일으키는 이유는 적어도 해방신학 내에서 신학을 전개했던 사람으로서, 해방신학과 가까운 위치에 있었던 사람으로부터 나온 해방신학에 대한 비판이기 때문이다. 즉 정치적·경제적 도전과 문제 그리고 실천에 대한 신학적인 성찰을 하기 위해서는 아직도 우리가 걸어야 할 길을 많이 남아 있다는 사실을 깨닫게 한다. 그러므로 같은 문제를 취급하는 다른 학문들과 충분한 대화를 계속해야 한다는 과제를 우리에게 남겨 주고 있다.

결론적으로 우리는 이론과 실천이라는 두 영역의 도전에 대해 지속적으로 응답해야 한다. 첫째, 장기적인 계획 속에서 지역적이고 개별적인 행동들을 통합해 갈 수 있는 전략적인 이론을 개발해야 한다. 둘째, 인간 해방과 구원 사이에 존재하는 관계에 대한 신학적 성찰을 완성해 나가야 할 것이다.

신학의 독특한 공헌

두 번째 질문은 '신학적 성찰을 수취하는 대중은 누구인가'라는 것이다. 무엇보다도 신학적 공동체와 성도들의 공동체(교회와 기독교인)가 그 대상이다. 이것은 매우 명백한 사실이다. 그럼에도 불구하고 이 질문의 본질은 이렇다. 신학이 학문적·정치적 그리고 사회운동의 영역 같은 교회 외부적인 영역에서 발생하는 경제적·사회적인 문제에 관련한 논쟁에서 독특하고 탁월한 공헌을 할 수 있는가 하는 물음이다. 다른 말로 하면 새로운 사회 모델의 건설과 형성을 위한 논쟁에서 실제로 독특한 형태로 신학이 관련되어야 할 분야가 있는가 하는 것이다. 이 말은 만일 신학이 이 논쟁에 참여하지 않는다면 그 논쟁의 결론이 약화될 수도 있는가 하는 물음이다. 혹은 신학적 성찰이 사회문제와 그 대안을 제안하는 데 있어 기독교인들로 하여금 그 투쟁에 참여하도록 인도하는 단순한 기능을 갖고 있는가 하는 물음이다.

나는 이 질문에 대한 답변은 간단하게 몇 줄로 설명할 수 있는 것이 아니라는 점을 충분히 인식하고 있다.[11] 그럼에도 불구하고 이 질문에 대한 답변의 중요성 때문에 비록 이 책의 한계가 있기는 하지만 나름대로 답변을 시도해야 한다고 본다.

마르크스는 "종교는 민중의 아편이다"라는 말이 기록된 그의 저서를 다음과 같은 말로 시작하고 있다.

독일의 경우, 종교에 대한 비판은 가장 근본적인 것이다. 그리고 종교에 대한 비판은 모든 비판의 전제조건이다.[12]

즉 신성시된 사회를 비판하기 위해서는 먼저 신성화 자체에 대한 비판이 전제되어야 한다는 것이다. 다른 말로 하자면, 현상 유지(status quo)에 대한 비신성화 없이는 어떠한 비판도 가능하지 않다는 것이다. 이 같은 마르크스의 주장은 오늘날에도 유효하다. 우리가 착각하고 있는 것은 근대사회의 세속화 현상과 함께 이제 더 이상 신성화 과정 혹은 사회에 대한 자연화(우리의 경우에는 시장체제)는 존재하지 않는다고 믿는 것이다.

세속화는 신들과 종교의 종말을 의미하지 않는다. 그러나 인간사회와 종말론적인 약속에 있어 하나님의 주권이 시민들의 주권으로 이양되었고, 후일에는 사회 형성의 기반과 진보의 신화적인 약속이 시장의 경제적 이성체제로 이양되었던 것이다. 중세의 유토피아와 종말론적 희망은 세속화되었고 진보의 개념에 기초하는 희망의 지평을 향한 유토피아적 열림으로 변천되었다. 자코모 마라몽(Giacomo Marramao)은 다음과 같이 말한다.

18세기 유럽의 세속화 과정에 의해서 유발된 새로운 결과는 종말론이 유토피아로 변천되었다는 것이다. 역사를 계획하는 것은 자연을 정복하는 것만큼 중요하게 되었다. 이러한 변천의 메커니즘 혹은 논리는 진보 개념을 중심으로 전개되는 새로운 역사철학에서 두드러지게 나타난다.[13]

이렇게 해서 '낙원'은 죽음 이후라는 초월적인 차원에서 역사 내부의 미래라는 영역으로 이동해 가고, 이런 과정을 통해 인간 행동의 한계 개념도 점차 사라져 갔다. 이 같은 역사, 시간과 인간 한계의 개념의 변천은 자본주의를 비판하는 지성인을 겨냥한 조지 길더(George Gilder)의 "인간은 유한 존재가 아니다"[14]라는 발언과 프랜시스 후쿠야마의 "자본주의는 그 기술적 발전을 통해 부의 무한정한 축적을 가능케 함으로써 결과적으로 점차 증가하는 인간 욕구의 충족을 가능케 해주고 있다"[15]라는 발언을 지탱해 주고 있다. 위에서 본 것처럼 신자유주의 사상은 이미 욕구 충족에 있어 모든 사람이 평등하게 참여해야 하거나 혹은 할 수 있다는 생각은 포기한 반면, 시장경쟁체제에서 살아남은 승리자만을 위한 가능성임은 포기하지 않고 있다.

시장의 능력과 인간의 욕구 충족이라는 꿈을 현실화할 수 있는 기술 능력에 대한 신비적인 비전은 두 가지 근본적인 문제를 안고 있다. 첫째는 자연적 재화와 환경체제의 한계성을 거부하고 있다는 점이고, 둘째는 무한정한 축적의 불가능성이 명백함에도 그 근본적인 한계를 부정하고 있다는 점이다.[16]

위에서 지적한 두 번째 문제점은 욕구의 개념을 그 대상과 주체자 그리고 욕구 만족을 위한 유일한 장애물인 재화가 부족한 현상을 발생케 하는 관계로 축소하여 살펴보자는 데 있다. 후쿠야마가 증가하는 인간의 욕구 만족과 재화의 축적을 연결시킬 때, 그는 인간 욕구의 구조를 그 욕구의 대상과 주체자의 관계로 축소시키고 있다. 따라서 그는 재화의 부족을 기술 발전의 후진과 또 다른 한편으로 자본주의체제가 전면적으로 이루어지지 않았다는 데서 출발해 설명하고 있다.[17] 그럼에도 불구하고 그는 후에 욕망의 구조가 단순히 주체와 대상의 관계로만 축소할 수 있는 객관적인 것이 아님을 인정하고 있다.

헤겔을 인용하면서 그는 모든 인간은(그도 한 동물로서) 먹을 것, 마실 것, 입을 것 등 물리적이고 자연적인 필요를 충족해야만 한다고 말한다. 그러나 "인간이 근본적으로 동물들로부터 구별되는 점은 다른 사람의 바람을 바라는 것, 즉 '다른 사람으로부터 인정받기를 원한다'는 것, 특히 인간으로서의 인정받기를, 즉 존엄성 혹은 가치 있는 존재가 되기를 원한다는 것이다"[18]라고 말한다. 인정받기를 추구함으로써 "인간이 재화를 소유함으로써 만족을 느끼는 것은 단순히 재화가 인간의 필요를 충족시키는 것뿐 아니라 재화로 인해 다른 사람들로부터 인정을 받기 때문이다. (…) 헤겔은 소유권을 인정받는 것을 역사적 투쟁의 한 측면 혹은 상태이며, 그것은 티모스(thymos, 자기 인정을 원하는 심리적인 장소)와 욕망을 만족시키는 것이라고 보고 있다."[19]

후쿠야마는 '특정한 재화를 소유하는 일이 어떻게 해서 다른 사람들로부터의 인정을 이끌어 내는가?'라는 질문을 하지 않는다. 그러나 우리에게는 이 질문이 상당히 중요하기 때문에 여기에서 제기해 보고자 한다. 이에 대한 그럴싸한 답변은 어떤 재화에 대한 소유권에 대해 다른 사람이 그 소유권을 원하고 있고, 그것을 가치 있게 생각함으로써 현재 소유권을 가진 사람을 인정하게 된다는 것이다. 결과적으로 내가 만일 다른 사람들로부터 인정받기를 원한다면, 그 방법은 다른 사람이 갖기 원하는 대상을 원하고 소유하는 것이다. 그렇게 함으로써 나를 인정하게 만드는 방법이다. 이것이 바로 르네 지라르가 말하는 '점유의 모방 욕구'이다.

인정받기에 대한 욕구는 단순히 경제적 분야나 물질적 재화에만 국한된 것이 아니라는 점은 명백하다. 지라르의 용어를 빌리면, 인정받음에 대한 추구는 대표성 혹은 점유의 모방 욕구를 통해 이루어진다. 후쿠야마는 자본주의사회가 이러한 점유의 모방 욕구가 강조되는 것을 인정하면서, 예전에 "군사적·종교적·민족적인 차원에서 이루어지던 인정받기를 향한 투쟁이 이제 경제 분야에서 가장 치열하게 나타나고 있다. 예전에 피를 흘리며 생명의 위험을 무릅쓰고 상대방을 이기려고 했던 군주들은 이제 산업제국을 건설하기 위해 자본의 위험을 무릅쓰고 있다"[20]고 말한다. 이렇게 해서 "일반적으로 경제적 동기라고 간주되는 것들은 실상은 이성적 요구의 문제가 아니라 인정받음에 대한 욕구의 표현이라는 사실이 드러난다. 욕구와 자연적인 필요는 양적으로 그렇게 많은 것이 아니며, 근대적 산업 경제의 상황에서 대체로 쉽게 충족될 수 있다. 노동과 많은 소득을 얻기 위한 우리의 동기는 근본적으로 이 활동이 우리에게 주는 인정의 상징과 깊은 연관을 맺고 있다. 이 경우, 우리가 얻는 돈은 물리적 재화가 아닌 사회적 위치와 그에 대한 인정을 상징하는 것으로 변화되는 것이다."[21]

만일 인간이 다른 사람의 모델을 따라가거나 혹은 다른 사람이 원하는 것을 원함으로써 인정받기를 추구하고 있다면, 다시 말해 그의 욕구가 모방적이라고 한다면, 재화의 무한정한 축적(그것이 비록 가능하다고 가정할지라도)을 통해 그의 모든 욕구를 실현시킬 수 없다는 것은 분명하다.

왜냐하면 모방적 욕구의 기본 구조가 한 사람이 한 대상 자체를 원하는 것이 아니라 다른 사람이 그것을 갖기 원하고 있다는 데서 출발하기 때문이다. 만일 그렇다면 양쪽 모두가 원하는 그 대상은 그것을 원하는 주체자들과의 연관성 속에서 늘 부족할 것이다. 그럼으로써 똑같은 물건을 원하는 두 사람 사이에 라이벌 의식이 생겨난다. 그 라이벌 의식 혹은 분쟁은 현대사회에서 경쟁이라는 이름으로 불린다. 그리고 그 경쟁심은 자유주의 경제학자들에게는 진보를 위한 촉진제이다. 더욱이 항상 욕구의 대상이 되는 새로운 상품이 생산되는 자본주의 경제의 역동성은 부족(항상 욕구와 비례해서)이라는 개념을 매번 확대 재생산하게 된다. 그 결과, 부족에서 파생된 라이벌 의식과 폭력이 항상 발생할 것이다.

이처럼 후쿠야마의 논리의 취약성은 그가 욕구에 대해 서로 모순되는 두 가지 개념을 동시에 사용함으로써 더욱 두드러지게 나타난다. 객관적인 욕구와 모방적 욕구의 개념이 그것이다. 그에게서 나타나는 논리적 모순은 재화(객관적 욕구)의 무한정한 축적을 가능케 한다고 믿는 시장체제와 인정받기에 대한 욕구를 가능케 한다고 믿는 자유민주체제를 동시에 옹호하는 데서 발생한다. 이러한 그의 모순된 논리의 배경에는 우리의 모든 욕구를 충족시켜 준다는 근대적 신화에 대한 환상이 자리 잡고 있다.

그는 이 신화에 대한 환상을 포기하지 않으면서 욕구를 두 가지 형태로 구분하고 있다. 첫 번째는 무한정한 축적을 통해 충족시킬 수 있는 물질에 대한 욕구이다. 두 번째는 모방적 구조를 가지고 있는 인정받음에 대한 욕구이다. 그러나 이러한 구분을 통해서도 그는 왜 인간이 생존을 위해 그다지 필요치 않는 특정한 물건들을 원하며, 또한 그것을 무한정으로 원하는지에 대해서는 설명하지 못하고 있다.

여기에 대해 지라르는 "기본적인 욕구가 충족된 사람들은 무엇을 원하는지도 모르면서 계속해서 욕구를 갖게 된다. 왜냐하면 그는 욕구의 존재이기 때문이다. 또한 사람은 다른 사람이 가지고 있는 것을 자신이 갖고 있지 않다고 느끼는 존재이기 때문이다. 그는 다른 사람이 자신을 향해 어떤 존재가 되기 위해서는 무엇을 원해야 하는가를 말해 주기를 기다린다. 누군가가 자신이 이루고자 하는 최고 존재의 삶에 도달한 상태에서 무엇인가를 원하고 있다면 그것은 그의 존재의 절정을 더욱 위대하게 해줄 수 있는 능력을 갖고 있는 그 어떤 것이어야 한다. 우리의 모델은 말을 통해서가 아니라 그 자신의 욕구를 통해 우리에게 가장 원해야 할 것이 무엇인가를 지정해 줄 것이다"[22]라고 말한다.

이미 언급한 것처럼 이 문제에 대해 프리드리히 하이에크는 후쿠야마보다 더 뛰어난 답변을 시도하고 있다. 그에 의하면 경제 발전의 추진력은 모방 욕구에 있다. 왜냐하면 발전의 역동성 자체로 인해 새로운 지식으로 얻어지는 혜택은 단계적으로 확산될 수밖에 없으며, 이에 따라 엘리트 계층의 소비 형태를 모방하려는 대중의 모방 욕구야말로 기술발전을 촉진시키고, 경제적 생산체제를 모방적 소비 욕구를 충족시키기 위한 체제로 이끌어 갈 수 있기 때문이다.

기술 발전과 생산체제의 방향 제시에 대한 이론의 결정력의 도(度)는 하이에크에 의하면 "새로운 재화 혹은 새로운 상품이 대중적 필수품이 되거나 생활에서 필요한 한 부분으로 형성되기 전 초기에는 일반적으로 '소수의 선택된 자들만의 욕망을 만족시켜 준다.' '오늘의 사치품은 내일의 필수품이 된다.' 더욱이 일정 기간 동안 소수를 위한 사치품이었다는 이유만으로 새로운 물건들과 새로운 재화는 대부분의 사람들의 일상적 자산으로 변하게 된다"[23]라는 사실에 달려 있다.

여기에서 '오늘의 사치품'(어떤 사람들은 공허한 재화라고 부를 것이다)의 욕구가 모방 욕구의 역동성에 의해 대중의 필요로 변해 가는 전이가 발생한다. 이 전이는 우리의 모델, 즉 엘리트 계층들이 원하고 소유하고 있는 것을 갖고자 하는 욕구를 추구하는 존재로서 우리 모습을 드러내고 있다. 만일 그렇다면 우리는 욕구의 물건(공허한 것으로 간주되는 것들)과 필요한 물건을 확고하게 구별할 수 없을 것이다. 왜냐하면 생물학적인 생존에 필요한 물건의 최저 한계와는 별도로, '사회적' 필요성은 사회적 모델들을 모방하려는 과정에 의해 규정되기 때문이다.

이로써 이제 적당한 욕구의 대상과 부적당한 대상에 대한 분별력과 관련된 문제를 언급하지 않을 수 없게 된다. 다시 말해 욕구의 '조정'에 관한 문제이다. 하이에크에 의하면 "발전의 단계에 있는 모든 사회는 배움과 모방의 과정의 여하에 따라서 모방 심리의 자극을 낳는 욕구만을 받아들인다. 하지만 그것이 각 개인에게 긍정적인 결과를 보장해 주지는 않는다."[24] 자본주의사회는 시장의 '전쟁'에 투입되기 위해 시장이 만들어 내는 자극물과 같은 욕구만을 받아들인다. 시장은 받아들일 수 있는 욕구와 받아들일 수 없는 욕구 사이를 구별하는 기준이다. 더욱이 시장은 이제 유익한 폭력(결과적으로 이러한 폭력은 경쟁 혹은 필연적인 희생이라고 간주된다)과 폭력적으로 제지되어야만 하는 폭력을 구별하는 가치 기준으로 자리 잡게 된다. 우리는 후쿠야마의 다음과 같은 발언을 통해 이에 대한 가장 좋은 예를 찾을 수 있을 것이다.

> 절대주의적 사상(20세기 이전의 절대 권력)에 의해서 발생한 전쟁들은 수많
> 은 시민과 경제적 자원에 대한 대량 파괴를 목적으로 하고 있었다는 점
> 에서 색다른 양상을 보여 왔다. '전면전'이라는 개념이 거기에서 발생했
> 다. 이러한 위협으로부터 자신을 보호하기 위해 자유민주주의사회는 예
> 전에는 민족대량학살로 간주될 수도 있는 드레스덴이나 히로시마 폭격
> 과 같은 군사적인 전략을 채택해야만 했다.[25]

드레스덴과 히로시마에 대한 폭격이 역사적으로 민족대량학살
(Genocide)로 입증되었음에도 불구하고 시장과 민주주의의 이름으로
이루어졌다는 이유로 민족대량학살로 간주되지 않고 있다. 그것은 단
지 전 자본주의적 사회와 공산사회에 의해 저질러진 폭력(시장의 법칙을
거부하기 때문이다)에 대항하기 위해 행한 폭력일 뿐이다. 시장과 그의 이
름으로 자행되는 폭력은 전 자본주의적·공산주의적 폭력이 횡행하는
불순한 사회를 순화시키는 '거룩한' 폭력으로 여겨지기 때문에 더 이상
으로 폭력으로 간주되지 않는다. 어떤 폭력적인 행동이 순화적이라는
가치를 부여받을 때, 그 폭력은 더 이상 폭력이 아니다. 그런 연유로 민
족대량학살은 더 이상 대량학살이 아닌 것이다.

이러한 변신이 시도하는 것은 다름 아닌 시장과 그의 잠재적인 폭
력성(경쟁체제)의 초월화다. 그렇게 함으로써 시장은 더 우월하고 초월
적인 위치에 자리 잡게 되며, 그로 인해 한 사회에서 순수한 것과 불순
한 것을 분별하는 최고의 가치 기준으로 자리매김하게 된다. 지라르의

용어를 빌리자면 '거룩성'을 부여받게 된다.

여기서 다시 하이에크가 언급했던 욕구에 대한 문제로 돌아가 보자. 긍정적인 결과에 대한 보장이 부재하다는 문제, 좀 더 자세히 말한다면, 모든 사람들이 다 함께 긍정적인 결과를 얻는 것이 불가능하다는 것은 모방 욕구의 구조와 현대경제의 역동성이 빚어낸 당연한 결과이다. 즉 모방 욕구의 역동성 안에서는 늘 불만족한 사람들이 있게 마련이라는 의미이다. 하이에크는 그것을 인정하고 있다. 그러나 그는 자본주의사회는 "다른 사람과의 비교 때문에 생겨난 욕구불만으로 인한 고통을 무시한다. 소수의 사람들에게만 혜택을 주는 재화의 증가를 보면서 다른 사람들의 만족되지 않은 욕구도 확산되어 간다는 사실은 우리 모두에게 잔인한 현실로 보인다. 그러므로 이러한 상황에서 한 사회가 지속적으로 발전하기 위해서는 몇몇 사람은 주도권을 갖고 사회를 이끌어 나가고, 나머지는 그 뒤를 따라가야 하는 것은 어쩔 수 없다"[26]고 주장하고 있다.

우리 사회에서 발전(진보)이라는 개념은 어느 누구도 건드릴 수 없는 금기 사항이므로 시장체제로부터 발생하는 효율성이 부동의 교리가 된 사실을 염두에 둘 때, 하이에크뿐만 아니라 자본주의적 신자유주의 경제 모델을 열렬히 지지하는 사람들이 모두들 왜 '어쩔 수 없는 상황'이라고 주장하는지 쉽게 이해하게 된다.

'강한 자의 생존'과 경쟁의 논리가 확고해지자, 수많은 '약한 자'들은 그 와중에 희생되어 시장에서 소외되고 말았다. 인간이 가진 부동의 존엄성과 생명에 대해 권리를 주장하고 옹호하는 사람들을 향해 시장체제 옹호자들은 이것은 발전을 위한 필연적인 희생일 뿐이라고 주장한다. 오랫동안 서구 신학의 희생을 특징짓던 희생의 신학이란 전통이 어떠했는지 진지하게 성찰하지 않는다면, 오늘날 이들이 주장하고 있는 논리가 얼마나 뿌리 깊은 것인지를 실감하지 못할 것이다. 신학자이자 시장체제의 전도사인 마이클 노박은 이러한 신학적 전통에 기준하여 현 소외체제를 옹호하며 이렇게 말한다.

> 하나님이 그의 사랑하는 아들이 고난을 당하는 것을 원하셨는데, 우리에게는 그렇게 하지 않으실 이유가 어디 있는가?[27]

이러한 생각은 세계의 세속화와 이성화가 초월성의 개념을 가지고 있는 종교의 종말을 의미한 것이 아니라, 새로운 신화로 기존의 신화를 대치했다는 점을 증명해 주고 있다. 이에 대해 프란츠 힌켈라메르트는 "기독교적 신비의 세속화는 신비의 영역이 존재한다는 사실을 변화시키지 않았다. 사회구조는 여전히 무한의 세계를 향해 나아가고 있다. 그리고 이 구조들은 무한의 세계를 향한 목적으로부터 그들의 법칙과 행동을 계속 만들어 내고 있다"[28]고 말한다.

같은 입장에서 아스만은 "근대성은 몇 가지 사상들(다원주의, 특정한 과학, 주관성, 개인의 자유, 개인의 이익 추구, 개인적 노력)을 분산시키거나 확산시키는 방법을 통해 세계를 세속적으로 만들기도 하고, 또 한편으로는 비세속화를 이루기도 한다. 또 다른 측면으로 근대성은 마르크스가 명명했던 '끝이 없는 타락성'(무한정한 시장체제, 자본의 축적, 과학주의, 시장의 우상화, 과학의 우상화)을 재신학화하기도 한다"[29]라고 말한다.

이 같은 시장의 초월화는 기본적으로 폭력(모든 사람을 대상으로 하는 초경쟁체제)을 기반으로 하고 있는 시장체제 안에서의 관계성을 '시민문화'화하는 요소로 작용하고 있다. 또한 '능력 부재'의 사람들을 향해 이루어지고 있는 모든 폭력에도 불구하고 한 사회가 어느 정도 '조화'를 유지하도록 하고 있다. 그러나 여기서 말하는 '시민문화'는 시장의 필연적인 요구 사항으로서 인간 생명의 희생을 정당화시켜 주고 있을 뿐이다. 시장의 폭력의 초월화 현상은 지라르가 언급했던 종교의 개념을 또다시 연상시킨다.

그에 의하면 근대사상은 종교를 그 본질적인 면으로부터 이해하지 못하고 있다. 근대 이론들은 인류 역사상 긴 역사를 가지고 있음에도 불구하고 종교 기구의 사회적인 기능을 제대로 설명하지 못하고 있다. 그는 근대 이론들은 종교로부터 소외와 왜곡 현상만을 들추고 있다고 말한다. 지라르에게 종교는 동떨어진 것이거나 혹은 '무유익한' 것이 아니다. 왜냐하면 "종교는 폭력을 비인간화하고 또 인간을 그의 폭력성으로부터 이끌어 내 그것으로부터 보호한다. 그뿐만 아니라 폭력을 초월적인 위협으로 변화시키고 또 다른 한편으로는 정숙하고 의젓한 행동 같은 몇 가지 의식을 통해 조절돼야만 하는 것으로 만들고 있다. 종교적으로 사고한다는 것은 인간을 지배하고 있고, 또 지배 능력이 있다고 생각함으로써 더욱더 인간을 지배하고 있는 폭력의 기능으로부터 시작해 사회의 미래를 계획하는 것을 의미한다. 그러므로 이 폭력을 멀리하거나 혹은 포기해야만 하는 초인간적인 것으로 간주해야만 한다"[30] 그래서 지라르에 의하면 폭력을 초월화시키고 생존을 위협하는 '불순한 폭력'에 지배당하는 사회를 해방시키는 '순화적 폭력'에 대한 믿음을 심어 주는 종교적 메커니즘 없이는 어떤 사회도 욕구의 모방적 구조로부터 발생하는 경쟁심과 조절되지 않은 폭력의 순환 앞에서 생존할 수 없다.

다른 말로 하면, 초월화된 시장은 그의 법의 이름으로 행한 폭력을 긍정적이고 창조적인 순수한 것으로 받아들이게 하고 있다. 시장의 초월화와 그로부터 파생되는 희생주의는 시장의 우상화 과정을 거부하는 해방신학자들의 주된 비판의 대상이 되어 왔다.[31]

이러한 의미에서 세계의 세속화는 결코 종교의 종말을 의미한 것이 아니라 또 다른 형태의 종교, 즉 경제적 종교의 출현을 의미한다고 말할 수 있다. 이 주장은 "종교 없는 사회는 존재하지 않는다. 왜냐하면 어떠한 형태라도 종교 없는 사회는 가능하지 않기 때문이다"[32]라는 지라르의 발언과 같은 선상에 있다.

이러한 개념을 바탕으로 한 세계의 '세속화'에 대한 이해는 사회를 향해 대안적인 프로젝트를 제안하고 실현시키는 데 있어 신학의 공헌에 대한 문제를 해결해 주지는 않는다. 종교와 신성함과 초월성에 대한 분별, 그리고 우리의 경우에는 시장의 초월성과 그의 희생적인 메커니즘에 대한 비판의 사역이 신학의 참여 없이 다른 철학적·사회적 이론에 의해 전개될 수도 있기 때문이다. 물론 이 같은 방향으로 조직적으로 이론을 전개하는 경제학과 정치철학 분야의 학자들을 발견하는 것은 매우 어려운 일임에도 불구하고 신학을 배제할 위험은 존재한다.[33] 최근 신자유주의와 자본주의적 근대성을 비판하는 학자들의 논문 가운데서 '근본주의', '교조주의', '방임주의(Laisse-faire)의 신학' 외에도 여러 신학 용어를 발견하는 것은 어려운 일이 아니다. 예를 들자면 벤추라 사우사산토스(Boaventura Souza Santos)의 발언이 그것이다.

원하는 것을 획득하는 것이 불가능해질 때 우리는 그것을 하나님의 손에 맡겼다. 원하는 것을 획득하는 것이 가능해졌을 때, 우리는 그것을 과학의 손에 맡겨 놓았다. 오늘날 우리가 원하는 것들 중 많은 것이 원치 않는 것으로 변하고 또 불가능한 것이 우리가 원하는 것으로 보일 때, 우리는 그것을 하나님과 과학의 손에 절반씩 맡겨 놓는다. 포스트모더니즘의 비판 이론들의 특성은 바로 여기에 있다. 즉 그에게는 과격한 필요성(그것이 아무리 급진성을 띠고 있더라고 하더라도)은 더 이상 단순한 철학적 사유에 의해 추정될 수 있지 않다. 오히려 그것은 구체적인 자유의 실천 능력에서 비롯되는 미학적이고 사회적인 상상력에 의해 분출된다. 세계의 재발견은 우리에게 좀 더 가까운 것으로 보이는 유토피아적인 새로운 세계의 창조적인 도입을 전제하고 있다.[34]

실제적으로 근대성은 우리로 하여금 모든 원하는 것을 획득하는 것이 가능하다고 믿게 만들었고, 그 실현을 과학과 시장에 위임했으며, 과학과 시장의 이름으로 인간의 희생을 요구했다. 위에서 언급된 내용 중 "가능한 것들의 많은 부분이 원치 않는 것이며 불가능한 것의 많은 부분이 우리의 원하는 것이 되고 있다"는 사실에 동의하면서도 바로 이것이 우리에게 또다시 하나님에 대한 새로운 질문을 제기하고 있다는 점을 지적하지 않을 수 없다.[35] 인간의 제도와 세계의 법칙을 초월하지 못하는 신이 아니라 세상을 넘어서 있는 하나님, 불의와 희생적인 요구와 자신을 동일시하지 않음으로써 확신의 대상이 아니라 희망의 대상이신 그 하나님에 대해 말해야 한다. 이성과 인간 행위의 한계에 대한 인정은 하나님을 향한 희망으로 우리를 인도하며 또 다른 한편으로 우리로 하여금 산토스가 언급하는 것처럼 미학적이고 사회적인 상상력을 기초로 하여 만들어진 하나님에 대한 여러 가지 가능한 형상들을 분별하는 어려운 작업을 하도록 요구하고 있다. 신학적 작업이 바로 그것이다.

이 같은 신학적 작업은 현재의 사회적 이데올로기와 사상들이 내재하고 있는 하나님의 절대적인 형상에 대한 성찰로 축소되어서는 안 된다. 왜냐하면 앞서 지적한 것처럼 신자유주의의 사상적 기초 중 하나가 기독교 신학, 다시 말해 신학의 일부분, 즉 하나님이 요구하는 필연적인 희생의 개념에 중점을 둔 구원의 신학이기 때문이다. 후안 루이스 세군도(Juan Luis Segundo)가 지적했듯이 신학을 해방시키지 않고서는 다시 말해 신학적인 전통과 기독교도 역사에 대한 자아비판 없이는 올바른 해방신학을 전개할 수 없을 것이다.

나는 이러한 논의와 관련해 이 외에도 토론할 주제가 다양하다는 사실을 알고 있다. 그러나 이러한 다양한 주제에 매달려 있지는 않을 것이다. 그 대신 나는 사회적 소외 문제에 무감각한 문화가 늘어 가는 현실에 대해 다시 논할 것이다.

구조적 실업과
소외 현상

이 장의 목적은 소외의 논리와 현 상황에 대한 분석을 시도하고자 하는 것이 아니라, 이 주제와 관련해 신학의 가능이나 공헌은 무엇인지를

토론하고자 하는 것이다. 여기에서 출발해 사회적 소외 현상에 대한 좀
더 구체적인 분석은 정밀하게 이뤄지지 않을 것이며, 다만 우리의 목적
을 달성하기 위한 도구로서 분석할 것이다.

　　여기서 우리가 분명히 지적하고 넘어가야 할 것은 사회적 소외 현
상을 단순히 제3세계의 문제라고만 치부해서는 안 된다는 점이다. 아
메리카 대륙의 경우, 우선적으로 두 형태의 블록이 형성되어 있음을 볼
수 있다. 북아메리카(미국과 캐나다)와 라틴아메리카가 그것이다. 양 블록
에서 우리는 비슷한 양상을 발견할 수 있다. 그중에서 우리 눈에 두드
러지는 것은 무엇보다도 부의 집중 현상과[36] 또 다른 한편으로 빈곤한
환경 속에서의 부(라틴아메리카 대륙의 경우)와 부유한 환경 속에서의 가난
(북아메리카의 경우)이 보여 주는 대조적 현상이다.

　　사실 이런저런 모양으로 이미 라틴아메리카 대륙에서 존재해 온
이러한 사회적 대조 현상은 점차 두 그룹 사이에서 발생하는 심한 격
차에 의해 새롭게 심화되어 가고 있다. 예전에는 두 그룹(가난한 자와 부
유한 자) 사이에 지리적 혹은 경제적인 의미에서든지 서로 간의 소통을
위한 맥이 존재하고 있었다. 그러나 지금에 와서는 폐쇄된 거주 지역,
가입이 엄격히 통제되는 사교 클럽 등의 형성으로 인해 두 그룹 간의
소통의 맥이 끊어져 있어 두 그룹 사이의 경제적 관계는 희소해지거나
거의 사라져 버리게 되었다.

　　시장체제에서 소외되는 사람의 숫자는 미국과 라틴아메리카 대
륙에서 점차 증가 일로에 있다. 결과적으로 이들은 발전의 열매로부터,
인간다운 삶의 조건으로부터 그리고 최악의 경우에는 생존의 기회로
부터 소외되고 있다. 그러나 시장체제로부터의 소외는 반드시 사회 자

체로부터의 소외 혹은 소비의 욕구를 사회화시키는 대중 미디어로부터의 소외를 의미하지는 않는다. 불행하게도 가난한 사람들, 젊은이들, 성인들 모두는 대중미디어를 통해 사치스럽고 헛된 상품 소비에 대한 자극을 늘 받고 있으며, 이로 인해 인간다운 생존을 위한 기본적인 필요를 충족할 가능성도 거부당하고 만다.

이러한 소외 과정의 근본적인 원인 중 하나는 의심할 여지 없이 현재 우리의 대륙과 세계를 괴롭히고 있는 구조적 실업 문제이다. 현재의 실업 문제는 구조적이라는 평가를 받는다. 왜냐하면 그것이 경제 발전을 통해 극복되거나 순화될 수 있는 일시적인 상황이 아니기 때문이다. 그와는 반대로 거대한 기업들은 그들의 순이익을 증가시키고 있으며, 노동자를 해고시키는 구조조정 등을 통해 주식 시장에서 그들의 주식 가치는 더욱 높아지고 있다. OECD의 부유한 나라만 봐도 평균 실업률은 2013년 5월 현재 8퍼센트에 도달했고 2013년 7월 말 통계로 그들 국가 내에 약 4790만 명의 실업자가 존재하고 있다.

이러한 구조적 실업은 현대 경제의 세계화, 기술적 혁명과 부의 금융화로 인한 당연한 결과이다. 피터 드러커에 의하면, 이러한 요소들은 "생산이 노동과 연결되어 있는 것을 벗어나게 된 것을 의미한다. 또한 이제는 세계 경제를 촉진시키는 힘이 상업(재화는 물론 서비스 계통도 마찬가지이다)이 아니라 자본의 유통이라는 것을 확인시키고 있다."[37]

이러한 현상은 막스 베버(Max Wever)가 그의 저서《기독교 윤리와 자본주의 정신(The Protestant Ethic and the Spirit Capitalism)》에서 묘사한 것과 마찬가지로 도치 과정의 절정이라고 간주될 수 있다. 그는 이렇게 말한다.

(자본주의에서) 인간 존재는 돈의 생산력에 의해 지배당한다. 구매는 그의 삶에 있어 최종 목표로 제시된다. 경제적 구매는 인간의 물질적 필요를 충족시키는 도구로서 이미 인간 존재에 종속되어 있지 않다. 우리가 자연스러운 관계라 부를 수 있는 이러한 도치 현상은 천진한 시각에서 볼 때는 비이성적으로 보이겠지만 그러나 이것은 분명한 자본주의의 원리이다.[38]

전근대사회에서 인간은 생존하기 위해 노동했다. 자본주의사회에서 사람은 부를 축적하기 위해서 살고 있다. 현대는 경제 세계화, 기술혁명 그리고 생산력을 크게 향상시킨 생산 경영의 새로운 형태와 함께 노동 축소 프로그램을 통해 기업 자체와 주식 투자가, 기업 임원에게 엄청난 수익을 발생케 하고 있다. 게다가 생산을 위한 직접적인 연관성 속에 존재하던 금융체제와 생산체제의 결별이 더욱 심화되고 있다. 부는 금융화되었고 그 대부분은 '가상적'인 부가 되고 말았다. 오늘날 부는 기본적으로 우리가 만질 수 있는 재화로 이루어져 있지 않고, 단지 화면에 나타나는 숫자로 나타나고 있다. 문제는 이러한 논리를 비이성적이라고 비판하는 행위가 베버 자신이 말한 것처럼 '순진한 시각'으로 치부되고 있다는 데 있다.

프랑스의 유명한 기업가이자 파리의 미래연구와국제정보센터 (Center of Prospective Studies and International Information) 회장인 미셸 알베르(Michel Albert)는 현 자본주의체제를 비판하면서 이렇게 쓰고 있다.

수익, 무엇을 위한 것인가? 이러한 질문은 절대로 하지 마라. 성전에서

추방당하고 말 것이다. 왜냐하면 이러한 질문은 수익의 목표는 수익이라고 하는 새로운 신조의 첫 번째 조항에 대한 불신앙을 보여 주기 때문이다. 이것은 절대 양해될 수 없다.[39]

문제는 이러한 부를 통해 무한정한 부를 축적하겠다는 시도가 의도적인 게 아닐지라도 매우 심각한 두 가지 결과를 초래한다는 데 있다. 첫 번째는 환경체제가 맞는 위기이다. 좀 더 나은 수익을 얻기 위한 게걸스러운 탐욕은 현재 인류의 삶을 가능케 하기 위해 수억 년 동안 형성되었던 환경체제를 일시에 파괴하고 있다. 두 번째는 브라질과 같은 여러 국가에서 관찰할 수 있는 심각한 사회 위기를 초래하고 있다는 것이다. 이 위기는 부자와 가난한 자와의 사이에 존재하는 사회적 대조 현상만을 의미하는 것이 아니다. 우리 사회에 걷잡을 수 없이 증가하고 있는 폭력 사태와 마약 사용은 이러한 사회적 위기를 드러내고 있다. 이러한 상황은 우리로 하여금 넘쳐나는 황금 사이에서 먹을 것이 없어서 굶어죽은 '마이더스의 신화'를 연상케 하고 있다. 아리스토텔레스(Aristoteles)가 말했듯이 돈으로 끝없는 삶을 가능케 하는 방법을 살 수 있다는 환상을 지닌 채 부를 축적하겠다는 탐욕은 결국 우리의 '살기 좋은 삶', 즉 '공동체의 삶'[40]을 파괴하고 만다. 왜냐하면 인간의 삶은 오직 공동체와 자연환경의 구체적인 한계 속에서만 보존되고 재생산될 수 있기 때문이다.

라틴아메리카의 참혹한 현실을 제대로 이해하기 위해 두 가지 중요한 요소를 언급하고자 한다. 첫 번째, 사회보장제도가 운영되는 국가에서 실업자나 가난한 사람으로 살아간다는 의미와 신자유주의의 영향으로 경제 구조 조정을 진행함에 따라 그나마 운영되던 미약한 사회 복지기금마저 삭감하는 정책을 펼치는 국가에서 실업자나 가난한 사람으로 살아간다는 데는 큰 차이가 있음을 이해해야 한다. 두 번째, 대부분의 라틴아메리카 국가는 '서로 다른 시대와 공간이 혼합되어 나타나고' 있다는 현실에 주목해야 한다. 같은 국가 내에서도 서로 역사적으로 다른 시대에 살고 있는 사회적 그룹이 존재하고 있다. 어떤 그룹은 농업혁명시대의 생산기술을 사용하면서 전근대적인 문화적 환경 속에서 살고 있으며, 이들은 산업화·도시화된 사회에서 제공하는 교육을 받지 못하고 있다. 또 다른 그룹은 산업혁명의 시대적 환경에서 살고 있다. 그러나 이들 외에도 제3의 그룹이 존재하고 있는데, 이들은 포스트모너니즘 문화 속에서 살고 있다. 그들은 첨단 기술과 교육을 접하고 있다. 이러한 현장은 라틴아메리카 사회 내에서 매우 심각한 경제 문제를 제기하고 있다. 많은 사람이 일하고 싶어 하나 시장체제의 압박 속에서 날마다 새롭게 변화되는 기업들이 제공하는 일자리를 수행할 능력을 갖추지 못하고 있다.

이러한 문제 외에도 '문화적 차이'라는 매우 심각한 문제가 존재하고 있다. 대부분의 사람들이 가난한 라틴아메리카 국가들의 엘리트 계층은 부유한 국가의 엘리트 계층과 흡사하거나 그들과 동일시되고 있다. 어떤 의미에서는 엘리트 계층과 몇몇 중산층들은 자신들을 라틴아메리카 국가나 사회의 일원이 아니라 세계 시장의 소비자의 일원이라고 간주하기도 한다.[41] 이러한 상황에서 라틴아메리카 국가들의 사회적 문제를 해결하기 위한 정치적·경제적 프로그램에 대한 상류층과 중산층의 협조와 참여를 기대하기는 너무나 어렵다.

무감각의
문화

일반적인 소외 현상에 기초를 두고 있는 사회는 무감각의 문화에 의해서 점차 정당성을 더해 간다. 불행하게도 우리는 다른 사람의 고통, 특히 가난한 사람들의 고통 앞에서 무감각의 도가 점차 심해지고 있는 사실을 매일매일 목격하고 있다. 거리의 아이들이 수없이 살해되는 사건 앞에서도 우리는 무감각해지고 있다. 어차피 그들은 이 사회가 필요로 하지 않는 가난한 자들이기 때문 아니겠는가!⁴²

이러한 냉소적인 무감각의 문화는 우연하게 발생하는 것이 아니다. 그것은 인류학적인 요인 외에도 역사적·사회적 여러 가지 요인으로 인한 것이다. 여기서 우리의 관심을 끄는 몇 가지 요인에 대하여 언급하겠다.

우리 사회에 사회적 소외와 불평의 발생은 피할 수 없는 현실이라는 생각이 존재한다. 이러한 생각은 공산 진영의 몰락과 더불어 더욱 힘을 얻게 되었다. 대안적인 모델의 몰락과 함께 신자유주의적인 자본주의가 '역사의 종말'⁴³을 대변한다는 생각에 예전에는 상상할 수 없었던 커다란 힘을 얻게 되었다. 더 이상 대안적인 모델이 존재할 수 없다는 이론과 함께 현 사회현상은 이제는 피할 수 없는 현실로 받아들여지게 되었다.

피할 수 없는 현실일 뿐 아니라 그것은 정당한 현실로 받아들여지고 있다. 존 케네스 갤브레이스가 언급한 '만족의 문화'가 점차 증가하고 있다. 이 같은 생각은 시장체제에 '훌륭하게' 참여하고 있는 사람들은 정당하고 당연한 자신의 몫을 받고 있는 것이며, 따라서 "높은 수익과 부는 획득되는 것이거나 개인적인 공로에 대한 보상이다. 공평함이라는 개념이 결코 한 개인의 공로에 의해서 그가 취할 수 있거나 누릴 수 있는 보상을 과소평가하거나 감소시키는 어떠한 행동도 정당화시킬 수는 없다"[44]는 이론에서 출발하고 있다. 이 같은 생각의 또 다른 면은 가난한 자들은 자신의 가난에 대하여 책임이 있으며 당연한 결과라는 이론이다. 이 같은 방법으로 부를 집중시키고 소외 현상을 발생시키는 시장의 메커니즘은 초월적인 법관과 정의의 '성육식'으로 간주된다. 이것이 바로 보상 신학(theology of retribution)의 세속화이다. 이러한 생각은 "이 세상에서 거대한 부를 소유하고 있는 사람들을 안심시키고 편안하게 만드는 교리인 한편, 재회의 부적을 경험하고 있는 가난한 자들로 하여금 스스로 죄인으로서 부를 포기하도록 만드는 이론이다."[45] 이 이론은 예수에 의해 그토록 비판받았던 신학이다. 이 보상의 신학은 오늘날 번영의 신학에서 재현되고 있다.

사회적 불평등은 몇몇 사람들에 의해서 피할 수 없는 정당한 현실로서뿐만 아니라 매우 유익한 상황으로 간주되고 있다.[46] 바로 여기에서 신자유주의가 오늘날 우리 시대의 주도적인 이데올로기로서 어느 선까지 자리 잡고 있는가가 증명되고 있다. 시장체제의 '보이지 않는 손'[47]이 현재의 모든 사회적·경제적인 문제를 해결할 능력이 있다는 점에 대하여 확고한 신념을 갖고 있는 신자유주의자들은 사회적 소외와 불평등 현상의 증가를 오히려 청신호로 받아들이고 있다. 그들에게 있어서 사회적 불평등은 경제적 발전을 위한 촉진제이다. 왜냐하면 사람들 사이의 경쟁을 독려하는 것뿐만 아니라 동시에 경쟁에 기초를 둔 사회를 형성하기 때문이다. 게다가 사회적 위기는(그들은 위기를 늘 일시적인 것으로 간주한다) 그들에게는 경제 구조 조정과 사회적 복지 목표 달성을 주장하는 정부의 관여가 종료되었음을 의미하며, 이것을 통해서 경제가 발전을 위하여 올바른 길을 채택하였다는 지표가 되기 때문이다.

경제적 성장을 사회적 혹은 인간적인 삶의 조건의 향상과 동일시하는 착각 속에서 현재의 경제·문화 성장의 인도자들은 유일한 해결 방법으로 경제와 모든 사회의 근대화를 제시하고 있다. 근대화한다는 것은 정치·경제적인 영역에서의 모든 논쟁과 행위를 기계적인 이성의 영역으로 축소시키는 것을 의미한다. 말하자면 사회 인간적인 가치관, 인권, 인간의 의무와 시장체제에 앞서는 국가 개념과 같은 주제에 대한 논쟁에서 탈피하여 모든 것을 부족한 재화와 무한한 부의 축적을 추구하는 경제적 목표 사이의 관련성 속에서 효율성의 문제로 제한시키자는 근대화를 의미한다.[48]

이러한 이유에서 브라질의 전 경제 장관이며 신자유주의의 열렬한 신봉자인 로베르토 캄포스(Roberto Campos)는 라틴아메리카가 택할 수 있는 유일한 방법으로서의 근대화는 "실행의 잔인한 신비와 효율성에 대한 숭배를 전제한다"[49]고 주장한다.

'잔인한 신비'라는 표현은 신자유주의의 신비에 공감하지 않는 사람들에게는 매우 이해하기 어려운 말이다. 어떻게 신비성이 잔인할 수 있단 말인가? 그리고 어떻게 잔인한 신비가 선한 것일 수 있는가? 신비라는 것은 레오나르도 보프가 지적한 것처럼 "모든 운동가들에게 끊임없이 용기를 불어넣어 주는 생기이며, 모든 투쟁을 추진하는 비밀스러운 원동력이다."[50] 신비는 선한 일을 행하는 데 있어서 우리를 도와 주고, 죄의 유혹을 이기게 해주는 힘이다. 그렇다면 신자유주의자들에게 있어서 죄란 무엇일까?

그들에게 있어서 경제적·사회적 악의 가장 근본적인 원인은(신학적인 용어를 사용하여 다시 표현하자면 그러한 악의 원죄는) 정부와 사회운동가들의 시장체제에 대한 모든 간섭과 이와 관련된 경제학자들의 '알고자 하는 시도'[51]이다. 하이에크와 그의 추종자들에 의하면, 시장체제를 형성하고 있는 모든 요소들과 그들의 상관성에 대한 완전무결한 지식 소유의 불가능성은 결론적으로 모든 사회적·경제적 문제에 대한 의식적인 해결 모색 또한 불가능하다는 사실을 상정하고 있다. 이것을 통해서 이들이 말하고자 하는 것은 우리가 선한 일을 하려는 의도로 행동하지만 결국에는 그것이 사회적 불평등과 실업을 감소시키기 위한 시도로서의 시민 행동과 정부 정책을 통하여 시장체제에 관여하려는 셈이 되고 말았다는 것이다. 이어서 그들은 시장에 대한 모든 제재나 간섭은 효율성 감소라는 결과를 낳음으로써 결과적으로 사회적·경제적 위기를 초래하게 된다고 주장한다.

그들의 주장에 의하면 이제 우리에게 남은 유일한 방법은 시장의 '보이지 않는 손'의 필연적이고 항시적인 유익성에 대하여 굳은 믿음을 갖는 것이며, 실업자들과 사회적 소외자들의 고통을 시장체제가 요구하는 '필연적인 희생'으로 간주하는 것이다. 그러므로 우리로 하여금 '선한 일을 행하려는 유혹'[52]을 극복하도록 도와주는 이 신비는 '잔인한' 모습을 띨 수밖에 없다. 잔인한 신비는 신자유주의의 원동력이 되며, 이 신비는 자비와 생명의 하나님이 아닌 시장체제와 그 체제로부터 유발되는 효율성을 숭배하는 모습으로 나타난다.

좋은 소식:
사랑의 하나님

그렇다면 시장의 법칙을 지킴으로써 구원과 정의를 구현하겠다는 시장체제를 우상 숭배하는 이 세상에서 기독교회의 선교는 어떠한 것이 되어야 하는가? 복음에 신실하기 위하여 우리가 선포해야 할 '좋은 소식'은 어떤 것이 되어야 하는가? 신학과 교회가 새로운 대안적 모델의 제안과 형성을 위하여 할 수 있는 일들은 무엇인가? 어떤 생각들은 이미 앞서 거론되기도 하였다. 이제 우리는 그것 외에도 이 주제와 관련된 토론을 벌이기 위하여 또 다른 몇 가지 생각들에 대하여 언급해 보겠다.

우리는 무엇보다도 먼저 시장에 대한 비판은 시장 자체에 대한 비판이라기보다는 시장의 신성화와 법칙의 절대화에 대한 비판임을 상기할 필요가 있다. 시장의 법칙의 신성화에 대한 비판이 자칫하면 또 다른 극단인 시장체제의 사탄화 규정으로 흐르지 않도록 유의해야 한다. 오늘날과 같이 복잡한 사회구조 속에서 상업적인 관계를 배제한 경제체제를 상정하는 것은 불가능하다. 아스만이 지적한 것처럼 "복잡한 사회구조 속에서 우리가 부인할 수 없는 여러 가지 인간관계 중에서 인간 행위를 부분적으로 자가 조정하는 역동성의 체제를 말할 수 있다. 경제 분야에서는 시장이 바로 그것이다."[53]

바로 이러한 점을 염두에 두고, 다시 우상 숭배의 주제로 돌아가 보자. 우리의 신학과 목회와 사회 실천을 통하여, 부의 축적과 한없는 소비의 명목하에 인간 생명의 희생을 요구하고, 신격화되어 있는 모든 사회·인간관계와 행동 등으로 표현되는 우상 숭배 정신의 실체를 드러내야 한다. 우리는 모든 사회적·경제적 악의 뿌리는 좀 더 인간적이고 정의로운 사회를 만들기 위한 투쟁에 있는 것이 아니라 사도 바울이 말한 것처럼 "돈을 사랑하는 것이 모든 악의 뿌리"(디모데 전 6: 10)라는 것을 밝혀내야만 한다.

우상 숭배의 개념은 에리히 프롬과 막스 호르크하이머 같은 학자들에 의해 근대의 세계, 즉 현재의 모순적인 상황(경건함, 약속과 인간 생명의 희생 등이 세속화되었다고 간주되는 세계에서 혼합적으로 발생하고 있는 상황을 의미한다)을 설명하기 위해 사용되기도 했던 신학적인 개념이다. 성서적·신학적 전통으로부터 유래한 개념인 까닭에 사회학자나 경제학자들에게는 약간의 어려움이 있기도 하다. 왜냐하면 우상이라는 개념은 다른 한편으로 인간의 모든 한계를 넘어서고 있는 참 하나님의 존재, 적어도 어떤 초월적인 것의 존재 개념을 전제하고 있기 때문이다. 그럼에도 불구하고 이 개념을 이용하는 것은 구원의 약속을 대가로 인간 생명의 희생을 요구하는 특정한 인간적 제도의 신성화와 절대화의 과정을 드러내 보일 수 있다는 이점을 갖고 있기 때문이다.

에밀 뒤르켐(Emile Durkheim)이 토템체제와 연관하여 주장했으며, 일명 '경제적 근본주의' 혹은 '신자유주의 교리'를 분석하는 데 유효한 사회의 신성화 개념은 한편으로 진정한 초월적 존재 혹은 신성을 전제하지 않는다는 점에서 이점이 있다. 반면에 인간 생명의 희생에 대한 개념을 분석하는 데는 아무런 도움도 주지 못하고 있다는 약점도 안고 있다. 그러나 나의 의견으로는, 우상 숭배의 개념은 한 사회체제의 신성화를 전제하고 있고, 또한 인간 제도와 행위의 신성화 과정에 숨어 있는 희생의 논리를 드러나게 하고 있다. 희생의 논리는 우리가 이미 앞에서 보아온 것같이, 선과 악의 개념을 도치시킬 수 있는 능력을 갖고 있다. 그러한 의미에서 시장의 우상 숭배에 대한 비판은 신자유주의와 관련한 최근의 논쟁에서 신학이 할 수 있는 근본적인 공헌이라고 볼 수 있다.

이렇게 하여 우리는 간단하면서도 무시할 수 없는 한 진리를 확정지을 수 있다. 그것은 경제는 모든 생명을 위한 기능 면에서 존재하는 것이지 부의 축적을 목표로 하는 경제 법칙의 기능을 위하여 존재하는 것이 아니라는 진리이다. 다른 말로 표현하자면, 부의 축적을 목표로 하는 경제와 가난을 극복하고 모든 인간들의 유익하고 존엄한 삶을 가능케 하는 경제를 분별할 수 있어야 한다는 것이다. 이것이 바로 "안식일이 사람을 위하여 있는 것이지 사람이 안식일을 위하여 있는 것이 아니다."(마가 2:27)라는 예수의 가르침을 현대 언어로 번역해 놓은 것이다.

아메리카 대륙의 가난한 사람들, 우리 사회에서 소외된 사람들은 빵의 부족으로 인한 배고픔만이 아니라 거부된 인간성과 하나님에 대한 배고픔을 가지고 있다. "어떤 사람도 소외시키지 않는 하나님"(사도 10:35, 로마서 2:11), 인간들 사이에 계셔서 그들로 하여금 "생명을 얻고 더 얻어서 풍성하게 하려는"(요한 10:10) 하나님에 대한 배고픔이다. 그 좋은 소식이 우리 사회에서 많은 열매를 맺게 하기 위해서, 우리는 우리 사회의 가장 근본적인 문제 중 하나이며 교회의 가장 기본적인 신학적 과제인 보상의 신학과 그 아류인 '만족과 문화', 번영의 신학에 대한 비판을 멈추지 말아야 한다. 왜냐하면 이러한 신학은 무감각의 문화를 정당화시키고 사회적 소외의 책임을 가난한 자들에게 전가하는 우상을 부각시킴으로써 '세상'의 불의를 신성화하고 있기 때문이다. 이에 대항하여 우리는 은혜의 신학을 명확히 보여 주어야 한다. 또한 인간의 고통과 불의 뒤에 서 계시지 않는 하나님, 소수의 부의 제공자로 계시지 않는 하나님을 보여 주어야 한다. 하나님의 이름으로 불의와 냉소주의를 정당화시킬 수 없다는 것을 널리 알려야 한다. 왜냐하면 우리의 하나님은 우리의 공적이 아니라 은혜로 우리를 구원하시는 하나님이기 때문이다. 또한 우리가 만일 하나님의 은혜에 의지하여 살고자 한다면, 시장의 논리를 넘어서는 은혜의 현장 속에서 모든 사람들의 윤택하고 존엄한 삶에 대한 가능성을 인정해야만 한다. 다른 말로 하면, 연대와 평등의 가치를 회복해야만 할 것이다.

사회적 용어를 빌린다면, 우리는 모든 사람이 들어갈 수 있는 세계, 서로 다른 세상이 한 세상에 들어갈 수 있는 세계, 서로 다른 사람, 이를테면 '유대인과 이방인'이 서로의 차이를 존중하고, 모든 사람이 멋지고 존엄한 삶을 누릴 평등한 권리가 존재하는 세계에 대하여 말하고 있는 것이다. 의심할 여지 없이 우리는 전능하거나 신성화된 시장이 아닌 시장체제를 그의 경제체제 안에 중요한 요소 중 하나로 포함하고 있는 사회에 대하여 말하고 있다. 또한 우리는 모든 사람이 존중받고 자연환경이 보존될 수 있도록 시장의 메커니즘을 적절히 조정할 수 있는 민주적인 사회적 메커니즘을 보유한 사회에 대하여 말하고 있다.

연대적인 목표를 무시하지 않는 긍정적인 면에서의 시장에 대한 이 같은 비판적 수용에는 아스만이 지적한 것처럼 "윤리적이고 개인적이며 집합적인 주체 개념 자체에 대한 새로운 성찰"이 요구된다. "이것은 강한 자가 조절에 대한 강조와 함께 인간적 공생의 규정화의 형태하에서 가치의 기구적이고 물리적인 목적과 개인적인 윤리의 선택에 대하여 함께 성찰하는 것을 의미한다."⁵⁴ 이러한 생각은 시장의 부분적인 자가 조절의 메커니즘과 함께 윤리적 결단을 생각하는 것에 대한 도전이기도 하다. 이 같은 입장은 재화를 선천적인 것의 일종으로 보면서 시장체제에 이러한 재화를 생산해 내는 능력을 부여하고 있는 자유주의와 신자유주의는 물론 아직도 메시아적인 이원론을 주장하면서 모든 사회적 결정이 소수의 손에 집중되어야 한다는 몇몇 사회적 계층과 갈등을 유발시킨다.

모든 사람이 자신의 위치를 차지하는 사회를 향한 투쟁은 선천적인(a priori) 정치적·경제적 프로젝트를 보유하지 않는 것을 의미한다. 그러나 이 원리가 전체적이거나 부분적인 다양한 프로젝트를 분별하는 가치 기준으로 사용된다는 의미에서는 그것이 가능하다. 좀 더 단순하게 표현해 보자면, 좀 더 많은 일자리의 창출과 사회적 소외 계층의 소득원 창출의 경제적 메커니즘을 형성하기 위한 투쟁을 의미한다. 이 투쟁은 두 가지 서로 다른 전선을 상정하고 있다.

첫 번째 전선은 정부 기구 조정과 관련된 투쟁이다. 이 투쟁은 정부가 사회문제를 해결하겠다는 정치적 의지를 회복하는 동시에 사회적 프로그램과 관련된 경제정책의 수립 능력과 경제에 대한 관여, 방향 제시를 하는 데 있어 능력 회복을 위한 것이다. 이 같은 정치적 투쟁에서 우리가 잊지 말아야 할 것은 시민 사회의 강화이다. 시민 사회의 강화는 정부의 관료주의화와 부패, 그리고 지배 엘리트 계층을 선호하는 경향에 대항하기 위한 방어 수단이 될 것이다.

두 번째 전선은 새로운 생산 기술에 적용하기 위한 목적, 혹은 노동조합이나 기타 사회기관 등 또 다른 경제활동을 만들어 내기 위한 목적을 가진 노동자들에 대한 교육 강화와 연관이 있다. 이 교육은 공식적인 교육 체제를 통하여 이루어져야 할 것이다. 이러한 교육이 예전에는 민중 교육이나 비공식적인 교육을 통해서 이루어졌던 바 있다.

그러나 이러한 투쟁이 좀 더 많은 사람들로부터 수용되고 지지를 얻기 위해서는 신자유주의의 냉소적이며 잔인한 신비를 거부할 수 있는 연대적 영성을 창출하고 강화시켜야 한다. 우리는 사람들로 하여금 자본주의적 엘리트의 욕구, 다시 말하면 제1세계 엘리트 계층의 소비 형태를 모방하고자 하는 단순한 욕구가 아니라, 그와는 반대로 삶의 질을 소비의 양과 혼동함 없이 "모든 사람이 생명을 갖되 풍성하게 갖기를 바라는" 예수님의 소망으로 인도하는 능력을 가진 영성을 강화하도록 해야 한다.

이러한 영성 없이 우리는 "모든 민중들이 참여하고 환경적 균형을 보존하는 새로운 발전의 개념을 향한 정치적 행동의 우선권 설정"[55]이라는 기본적인 도전을 제대로 감당해 낼 수 없을 것이다. 뿐만 아니라 "소비가 민중의 근본적인 필요성에 대한 충족의 개념이 되고, 교육은 연대 행동과 미학적·윤리적 분야에서의 인간 능력의 개발이라는 개념으로 받아들여지기 위하여", 그리고 제1세계의 소비 형태를 모방하는 것을 그만두게 하기 위하여 경제의 방향과 그 목적을 변경시켜야 한다는 기본적인 도전을 제대로 수행해 나갈 수 없을 것이다. 이러한 경제의 방향 전환 없이는 라틴아메리카 대륙에서 나타나고 있는 사회적 분리 현상을 극복할 수 없을 것이다. 신학적 용어를 빌리자면, 그 욕망의 변화는 바로 거듭남이다. 욕망을 변화시키고 삶의 양식을 바꾸게 만드는 것은 근본적으로 신학적 주제이며 관심이다.

의심할 여지 없이 이러한 영성의 확산은 단순히 사회적 분야에만 국한된 것이 아니다. 우리 기독인과 우리의 교회를 향한 것이기도 한다. '세상의 악', 사회적 소외 현상은 바로 우리 사이에 존재하고 있으며, 그 안에서 우리가 살아가고 있기 때문이다. "우리를 악으로부터 지켜 주소서"(요한 17:15)라고 하나님께 간구할 때도, 우리가 어떤 경우에는 모든 사람을 차별 없이 안아 주시고 사랑해 주시는 자비와 은혜의 하나님보다는 소외시키고 차별하는 우상의 증인으로서 생활하기도 한다는 사실을 인정해야 한다.

이 장을 마무리하기에 앞서 나는 또 하나 매우 중요한 주제를 언급하고자 한다. 지구촌화된 세계에서 사회문제 해결은 지역적 혹은 국가적인 차원을 넘어서고 있다는 사실이다. 즉, 해결 방법의 모색이 국제적인 차원에서 이루어지고 조정되어야 한다는 것이다. 바로 이 점은 기독교회가 크게 공헌할 수 있는 분야이기도 하다. 기독교회와 세계 교회 운동 기구들은 전 세계의 가난하고 소외된 자들을 염려하고 걱정하는 지역적·국제적인 네트워크를 가지고 있다. 우리가 이미 보유하고 있는 이러한 분야에서의 풍부한 경험과 하나님의 가장 위대한 은사로서의 '하나님의 숨'이 머무는, 인간 생명의 존엄성과 통합성을 보존하기 위한 모든 사역에 있어서의 다양한 신학적 전통과 조류를 통하여 축적된 풍부한 지혜, 그리고 교회가 가지고 있는 하부구조를 효과적으로 사용해야 하는 것은 우리의 의무가 아닐 수 없다. 빈약하고 부족함에도 불구하고 이런 제안을 내놓는 것은(이것이 전부는 아님을 전제한다) 우리는 예수의 좋은 소식을 오늘날 역사적 조건 속에서 선호해야 하기 때문이다. 소외된 자들의 생명을 옹호하기 위한 투쟁에 공헌하기 위해서 교회와 신학이 창조적으로 행동하고 성찰해야 할 것이다.

4장

경제와 종교 :
21세기 기독교를
향한 도전

오늘날 '21세기 세계에서의 선교'라는 주제는 우리 모두의 관심을 끌고 있다. 우리는 가난한 자들과 모든 인류에게 '기쁜 소식'을 전하기 위해서 오늘날 세계를 위협하고 있는 중요한 문제들이 무엇인지 알고 있어야 한다. 21세기를 단순하게 20세기의 연장으로 그리고 시간적인 차원에서만 고려한다고 하면 21세기 자체가 안고 있는 문제와 그 원인에 대한 분석은 불가능해질 것이다. 다른 한편, 세계화 시대에 살고 있는 우리는 21세기에 관한 토론을 소수 사람들의 일상적이고 즉각적인 시간과 공간의 문제로 축소시켜 생각해서도 안 된다.

그래서 21세기를 단순히 시간의 흐름이라는 차원에서가 아니라 패러다임의 변화라는 관점으로부터 출발하여 이에 대한 분석을 시도할 것이다. 나는 여기서 현재 우리 삶의 모습을 결정적으로 규정하고 있는 패러다임의 변화와 또 그것이 주는 도전, 이러한 변화에 당면해 오늘날 자본주의는 어떤 태도를 보이게 될 것인가에 대한 이해를 시도할 것이다. 이러한 배경 속에서 다른 나의 저서에서도 그러했듯이 나는 신학과 경제의 관계에 대해 논하는 데 중점을 둘 것이다. 그 이유는 내가 해방신학자로서 가난한 사람들에 대한 기쁜 소식의 전파와 경제적 구조의 관계를 연구하는 것을 해방신학의 기본이라고 믿고 있기 때문만은 아니다. 실제로 오늘날 사회생활의 한 분야로 무한한 힘을 보이고 있는 경제를 경제학자들과 사회학자들마저 신학과 종교와의 깊은 관계 속에서 점차 연구하고 있기 때문이다.

변화에 대한 총체적인 시각

어느 누구든지 최소한의 관심을 가지고서라도 현 시대에 관한 토론과 분석을 시도하는 사람이라면 우리가 거대한 변화의 시대를 살고 있다는 것을 쉽게 알 수 있다. 이러한 변화 과정에 대해 간략하게 살펴보자.

1 공산 세계의 종말과 더불어 적어도 세계 인구의 3분의 1이 그전까지 모든 경제적 결정이 정부에 의해서 이뤄졌던 중앙집권적인 경제구조에서 부의 창출이라는 기회를 제공하고 또 다른 한편으로 사회적 불평등을 초래할 수 있는 위험성을 내포한 시장경제로의 이양을 어렵게 경험하고 있다. 오늘날 동유럽 세계에서 발생하고 있는 사회적·경제적 위기와 인종 전쟁 등은 바로 이러한 색다른 경제구조로 이양되는 과정의 어려움을 반증해 주고 있다. 이러한 상황에서 중국의 경우는 예외로 간주할 수 있겠다. 중국은 2012년 기준으로 13억 이상의 인구를 보유하고 있으며 1978년 덩샤오핑(鄧小平)이 개혁·개방정책을 천명한 이후부터 지금까지 30여 년간 연평균 9.9퍼센트의 높은 경제성장률을 유지해 왔다. 특히 중국이 2001년 세계무역기구(WTO)에 가입한 후

10년 동안은 두 자리 수의 초고속 성장을 견지하는 새로운 경제모델을 보여 주고 있다. 세계화에 있어서 중국의 경제적 참여가 점차 확대되고 있다는 사실은 그들이 현재의 정치적 구조가 유지되거나 변형되거나 상관없이 세계 경제의 변화에 지대한 영향을 미치게 될 것이라는 예상을 가능케 한다.

2 기술 발달에 의해 가능해진 경제 세계화는 세계 경제의 개념을 빠르게 변화시키고 있으며 경제 문제에 있어서 각 국가의 영향력을 눈에 띄게 감소시키고 있다. 오늘날의 경제구조가 국경의 장벽 없는 생산과 소비의 가능성을 열어 주고 있는 것 외에도 15조 달러 이상에 달하는 자본이 몰리는 거대한 금융시장의 형성과 성장 그리고 그 투기적 성격, 또 금융시장의 자본 중 단지 15퍼센트만이 생산 시스템에 투자되고 있다는 사실에 주목해야 한다. 가상현실(virtual reality)의 시대에서 국제 자본주의의 상당한 부분이 가상적 부(virtual wealth)를 중심으로 활동하고 있음을 강조하고자 한다.

3 경제의 세계화는 또 다른 성격의 세계화에 의해 촉진되고 있다. 문화의 세계화가 그것이다. 세계 경제의 개념은 유일한 경제구조를 지향한다. 그리고 이 유일한 구조는 내부적으로 다양한 경제구조를 가지고 있을지라도 그 구조를 움직이는 역동성은 국제 자본의 투자율과 외환과 관련된 몇몇 경제지수에 의해 좌지우지되고 있다. 그럼에도 불구하고 문화의 세계화는 이러한 유일한 구조를 의미하지는 않는다. 세계화된 문화는 여러 사회의 지구촌화라는 움직임에 참여한다. 그러나 그

것은 특정한 세계관과 특정한 문명의 상징적인 우주 세계에 참여하게
됨을 의미한다. "그런 의미에서, 여러 다른 세계관과 공존하면서, 그들
간에 차별, 갈등과 적응의 관계를 수립한다."[1] 문화의 세계화는 지역 문
화(local culture)의 멸절을 의미하는 것이 아니라, 지역 문화들로부터 영
향을 받는 모든 과정을 의미하고 있다. 이러한 과정의 가장 중요한 예
로 언어를 들 수 있다. 영어는 이제 '세계화된 언어'이다. 어떤 분야(테
크놀로지, 국제 비지니스, 인터넷)에서 영어는 독보적인 존재이다. 그러나 또
다른 분야(가정과 종교)에서는 그리 큰 주목을 받지 못할 수도 있다. "이
와 같은 사실은 현대 문명의 세계화된 모습을 보여 주고 있다. 문화의
세계화는 언어의 영향력을 넘어서는 분야에서 지역 언어들을 보존하
게끔 하고 있다."[2]

자본주의와 서구문명의 근대화 초기 단계에서 윤리와 노동의 가
치 등이 우선시되었다면 현재 문화의 세계화에서는 소비가 가장 중요
한 덕목으로 등장하고 있으며 행동과 가치관에 정당성을 부여하는 가
장 중요한 요소로 자리매김하고 있다.

4 기술혁명으로 불리는 테크놀로지의 발전은 인간의 지능에 바탕
을 둔 산업에 지배받는 시대를 열어 가고 있다. 생산자원의 분포, 자본
의 소유, 필요한 노동력의 확보 등에 의존해 나름대로 고유의 지리적인
위치를 고수하고 있던 지난 세기의 산업적 모델과는 달리 새로운 산업
은 일정하게 정해진 지리적 장소를 고수하지 않는다. 자신들에게 가장
유리한 어떠한 지역이라도 선택할 수 있는 능력을 가지고 있다.

5 공산주의의 몰락과 자본주의의 독주는 정치적·경제적인 권력 중심부가 계속 유지될 수 있음을 의미하지는 않았다. 19세기 국제무역의 법칙은 영국에 의해 제의되고 조절되었다. 제2차 세계대전 이후로는 미국이 그 일을 주도해 왔다. 그러나 20세기 말과 21세기에 들어서 세계화된 경제는 '강한' 권력 중심부를 소유하지 못할 것이며, 미국과 일본, 독일 등 몇몇 국가와 초국가적 기업, 그리고 국제통화기금, 세계은행, 세계무역기구 등과 같은 몇몇 국제기구와 같은 '약화된' 중심부를 갖게 될 것이다. 문제의 핵심은 이처럼 '약화된' 중심부에 의해 조절되는 세계화된 경제가 과연 효과적으로 운영될 수 있는가, 어떤 방식으로 운영될 것인가에 있다.

6 이러한 문제 외에도 우리에게는 인구학적인 문제가 남아 있다. 가난한 나라들의 인구는 지속적으로 증가하고 있다. 반면 부유한 나라들의 인구 증가는 상대적으로 안정되고 있다. "산업이 미치는 영역이 1950년에는 전 인구의 5분의 1 이상을 차지하고 있었던 반면, 1985년에는 6분의 1로 감소되었으며 2025년경에는 더욱 감소되어 세계 인구의 10분의 1 비율 정도로 예상된다."[3] 이러한 통계와 더불어 소수에 의한 부의 편중 현상은 더욱 심화될 것으로 보인다. 이 같은 요소는 날로 증가되는 정치적 난민에 대해 언급을 하지 않더라도 좀 더 좋은 직업과 생존을 위한 이민자의 수를 급증시키고 있다. 18세기에 유럽은 이와 유사한 인구 문제를 경험했다. 그에 대한 해결 방책은 '신대륙'으로의 이민이었다. 그러나 오늘날 부유한 국가들은 '신야만족(new barbarian)'[4]들에게 이민 문호를 폐쇄하고 있는 실정이다. 왜냐하면 기술혁명

에서 숙련되지 않은 노동자들은 필요 없는 존재이며, 특별히 산업화된 유럽 여러 국가들도 구조적인 실업 문제에 시달리고 있기 때문이다. 이러한 이민자들의 문제 외에도 인구의 고령화는 사회복지체제에 또 다른 문제를 야기하고 있다. 사회복지체제를 유지시킬 노동 인구는 감소하는 한편, 복지체제의 혜택을 받아야 하는 노령 인구는 날로 증가하고 있기 때문이다.

7 더 이상 길게 말하지 않기 위해서 나는 오늘날 인류가 경험하고 있는 커다란 변화 과정에 생태학적인 요소만 추가하고자 한다. 생태학적 문제에 대한 토론은 거시경제 혹은 정치적인 면에 있어 구체적이고 실천적인 행동보다는 많은 논쟁거리를 제공해 왔다. 그런 의미에서 현 세계의 상황을 변화시키는 요소들의 목록에 생태학적인 문제를 포함시키지 않아도 될 것이다. 그러나 생태학적인 의식의 증가, 적어도 환경보호에 대한 의식의 고조가 새로운 이론적 패러다임의 형성에 미치는 영향을 감안한다면 목록에 포함시킬 수도 있을 것이다. 생태학적인 관점에서 볼 때 부유한 국가들의 높은 소비력, 이러한 국가들의 모델을 모방하는 국가들의 소비, 세계시장에 편입된 국가 국민들의 분별 없는 소비 의욕과 습관, 상류층과 중산층의 소비 모델을 따라가기 위한 개발도상국가와 빈곤한 국가들의 수많은 사람들의 소비성향 등은[5] 우리가 살고 있는 지구를 심각하게 위협하고 있다. 그러한 이유로 환경보호자들은 이 문제는 시간을 다투는 심각한 것이라고 주장하고 있다. 이런 의미에서 크리스토밤 부아르케는 "근대의 위기는 근대의 발전에 의해 해결될 수 없으며, 다른 형태의 근대가 요구된다. 방법론뿐만 아니

라 그 목적과 사회 형성의 모델에 있어서도 새로운 것이 요구된다. 이제 더 이상 부유한 국가들이 이룩한 부를 이루는 것은 불가능할 뿐만 아니라 바람직하지도 않다. 더 이상 추종할 사회주의도 존재하지 않는다. 경제의 근대화와 분배만으로는 충분하지 않다. 근대를 근대화시키는 것이 필요하다"[6]고 말한다.

이러한 경제적 발전과 발전의 신화를 비판하고 한 국가의 물질적 성공을 판단하는 가장 유용한 가늠자로 경제적 생산성을 상정하는 시스템을 거부하는 관점은 다른 경제학자들로부터 많은 공격을 받고 있다. 낙천적인 경제학자들은 자연적 원자재는 현 경제 생산체제에서 절대적인 양을 차지하지 않고 있으며, 생산에 사용되는 대부분의 원자재들은 인간의 노동에 의해 만들어지고 있고, 기술혁명은 새로운 자재를 생산할 수 있는 있는 무한한 능력을 제공한다고 주장한다.

새 시대와
새 이데올로기?

현재 세계가 당면하고 있는 변화의 과정을 좀 더 폭넓고 완벽하게 이해하기 위해서 그 과정을 확고히 하고 그것에 역동성을 부여하는 이데올로기에 대해 생각해 봐야 한다.

얼마 전까지만 해도 과학기술 및 사회구조와 신앙 혹은 이데올로기와의 관계를 염두에 두는 것은 사회 분석 과정에서 큰 관심을 끌지 못했다. 그 이유는 사회학자들 대부분이 자신의 경향이 마르크스주의든 신자유주의든지 간에 세계를 하나의 기계로 간주하는 일반적인 세계관을 공유하고 있었기 때문이다. 지금까지 그들은 세계와 인간 사회는 복잡한 기계와 같지만 그 부분을 조심스럽게 분석하고 통합할 수 있다면 그 기능을 충분히 이해할 수 있다고 믿어 왔고, 오늘날에도 많은 사람들이 그렇게 확신하고 있다. 이러한 전제에서 출발해 이들은 통합적인 하나의 시스템으로써 이 세계의 기능은 구성원들의—그것이 개인이든 하나의 사회계층이든—기능의 산술적인 합으로 이해될 수 있다고 생각했다. 이 기계는 일정한 힘을 일정한 부분에 가하면 동일한 기계의 다른 부분에 일정하고 예상할 수 있는 결과를 초래할 것이라고 생각했다. 이러한 전제들은 비인격적인 형태로 세계은행이나 국제통화기금이 제안하는 경제적 통제 방법들을 모든 사회에서 동일한 효력을 발생케 하는 것으로 간주하도록 강요했다. 마찬가지로 또 다른 분야에서 좋은 뜻을 가진 다수의 사람들은 자유의 나라 혹은 하나님 나라의 불가피한 성공에 강한 확신을 가지고 종교적·사회적·정치적 운동에 참여했다.

신자유주의의 '과학적인' 기반인 신고전경제학 이론에서 기계적인 세계관의 기본적인 요소는 이성적 인간이다. 이 전제는 인간 사회를 자기 이익을 위한 이성적인 판단과 이윤의 최대화와 경비의 최소화를 이루기 위한 계산에 의해 행동하는 개인들로 구성되어 있다고 정의하는 것을 의미한다. 더욱이 인간 존재를 근본적으로 이기적인 존재로 축소하는 것 외에도 세계를 하나의 기계로 간주하는 생각은 경제학자들로 하여금 현 세계는 기본적으로 조화와 균형을 이루고 있다고 확신하게 만들고 있다. "일단 작동하기 시작하면 기계는 기계를 구성하고 있는 각 부분이 나름대로 진보를 위해 공헌함으로써 움직여지는 것이다"[7] 이러한 전제에서 출발해, 경제성장은 국가나 노동조합의 부적절한 개입이 없는 한 단순하게 평화적인 과정으로 이해된다. 경제 주기나 실업 문제 등은 현 세계를 지배하고 있는 경제 이론에서는 그 중요성이 간단하게 사라져 버리게 되었다.

이러한 세계관에 대한 강한 확신은 현대 신고전학파의 중심 역할을 하는 있는 시카고대학으로 하여금 경제학 교수 5명 중 2명이 1990년과 1995년에 각각 노벨경제학상을 수상하는 기록을 남기게 하기도 했다. 당대 신고전 경제학자 중 가장 뛰어나다는 평가를 받은 노벨 경제학상 수상자 게리 베커(Gary Becker)와 제임스 뷰캐넌(James Buchanan) 교수는 정치, 관료체제, 인종차별주의, 가족, 생식력 등 경제적 개념과는 거리가 먼 현상들에 대해 신고전경제 이론을 적용함으로써 그들의 학문 세계를 형성해 왔다. 이러한 이론을 바탕으로 출산 조절을 가장 효율적으로 할 수 있는 방법은 부모들로 하여금 자녀들에게 투자하는 돈이 결코 그들의 노년을 보장해 주지 않는다는 것을 설득하는 것이라고 주장하는 경제학자들도 존재한다. 자녀를 낳아서 양육하며 그들에게 투자하는 것보다 사설 노후 대책 프로그램에 가입하는 것이 훨씬 유리하다고 부모들에게 강조하는 것이다.

이러한 가치관을 가진 사람들에게는 사회적 소외 증가와 그에 따른 기타 사회적 문제들은 진정한 문제가 되지 않는다. 그들에게 이러한 문제는 오히려 현 사회가 사회 문제들에 대해 현실적이고 확실한 처방을 제시하고 있는 증거이며, 정부가 사회복지라는 명목으로 부적당하게 시장 운영에 관여하는 잘못된 정책을 포기함으로써 시장이 자유롭

게 운영되도록 하고 있다는 증거이다. 여기에 언급하고 있는 사회 문제
는 이들에게는 단지 무능력한 사람들의 문제일 뿐이며 시장의 경쟁체
제에서 그들이 소외되는 것은 당연한 결과이다.

이러한 기계적이고 개인적인 세계관은 사회라는 개념은 존재하
지 않으며 단지 그 사회를 형성하고 있는 개인들만이 존재할 뿐이라고
하는 마거릿 대처(Margaret Thatcher) 전 영국 총리의 발언에서 극명하게
나타나고 있다.

한편 오늘날 학자들은 점차 자연 세계와 사회에 대한 기계적인 개
념 형성은 정당한 개념이 아니라는 결론에 의견을 같이하고 있다. 오늘
날의 세계를 기계가 아닌 하나의 생명체로 생각하는 개념이 점차 강해
지고 있는데, 개인적인 행위의 집합체가 체제의 행위를 결정짓는 것은
아니라는 생각이 그것이다. 우리가 살고 있는 사회를 기계적인 개념으
로 단순하게 판단하기에는 현 사회가 너무 복합적인 요소로 구성되어
있다. 그러므로 현 사회를 절대적으로 진단할 수 있다는 가능성과 매우
과학적인 예방을 할 수 있다는 생각은 점차 위력을 잃어 가고 있다.[8]

현재의 세계와 인간 사회를 이러한 새로운 전망으로 바라보는 것
외에도 이데올로기와 개인적인 가치관, 사회적 가치관 또한 경제적 토
의의 주제가 되고 있다. 더 이상 경제는 19세기 말의 전통적인 개념인
측량할 수 있는 요소들의 상호작용만으로 운영되어지지 않는다. 이제
경제는 경제적 수치와 그렇지 않은 요소들의 상호작용의 결과이다.

이러한 의미에서 MIT대학의 경제학 교수 레스터 서로(Lester Thu-
row)는 "사회는 믿음과 기술이 조화를 이룰 때 상향 곡선을 그리게 되
는 반면, 믿음과 기술이 서로 조화를 이루지 못할 때는 하향 곡선을 그

리게 된다"[9]고 말한다. 이러한 생각이 사실상 새로운 것은 아니지만, 미국의 저명한 학자의 발언이라는 것을 감안하면 현 시대의 흐름을 보여주는 '시대의 징조'로 봐도 틀리지는 않을 것이다. 그에 의하면 중세 봉건제도의 변화는 단지 기술혁신과 사유재산에 대한 개념과 상업 등 새로운 사회제도의 출현으로 인해 발생한 것만은 아니다.

> 자본주의 또한 자신의 이념을 변화시킬 필요성을 갖고 있었다. 중세시대에는 사치를 하는 것이 하나님 앞에서 죄로 간주되었으며 상인은 결코 하나님을 영화롭게 할 수 없다고 생각했다. 그러한 이유로 자본주의는 사치가 하나의 덕이며 상인은 하나님을 영화롭게 할 수 있다고 간주되는 세계관을 필요로 하고 있었다. 또한 사람은 가능한 한 많은 돈을 벌 수 있는 권리와 의무를 가지고 있다고 믿게 하는 가치관을 필요로 하고 있었다. 한 개인의 행복을 위해서 소비 증가는 필수적인 것이라는 생각이 발생한 지는 200년도 되지 않는다. 이러한 믿음 없이 자본주의는 의미를 상실하게 되며, 경제 발전은 목표를 잃어버리게 된다.[10]

자본주의 발생 초기에는 이러한 종교적인 개념에 대한 발견이 필요했으나 오늘날 자본주의가 승리한 후에는 이러한 개념으로부터의 탈피를 시도하고 있다. 적어도 표면적인 면에 있어서는 그렇다. 이에 대해 막스 베버는 "자본주의가 최고조로 발달한 미국의 경우, 부의 추구는 종교적·윤리적 옷을 벗어 버리고 이제는 점차 좀 더 적나라한 세속적인 열망으로 채워지고 있다"[11]고 말한다.

이제 자본주의는 자신의 제도를 스스로 정당화하기 위해 종교를

필요로 하고 있지 않으며, 그의 절대적인 적이었던 공산주의로부터도
자유로워졌다. 이러한 상황에서 많은 사람들은 '역사의 종말'이 이루어
졌다는 가정에 손쉽게 동의하고 있다.[12] 레스터 서로는 "자본주의와 민
주주의는 현재 역사 속에서 시민들로부터 절대적인 지지를 받고 있으
며 그에 대한 효율적인 적대자가 나타나지 않는 시대를 보내고 있다.
바로 이것을 역사의 종말이라고 말한다"고 쓰고 있다.[13] 그럼에도 불구
하고 기술과 특정한 사회제도와 이데올로기가 밀접한 관계를 유지하
고 있다는 것을 감안할 때,[14] 현 자본주의체제의 이념과 기술의 접속에
서 우리가 목격한 여러 가지 형태의 변화가 주는 의미는 무엇인가? 다
른 말로 표현하자면, 이러한 큰 변화는 이데올로기 분야에서 변화를 요
구하고 있으며, 그것이 자본주의적 시장체제의 비효율성을 드러내게
할 수도 있지 않겠는가 하는 질문이다. 이 질문은 단지 기술적인 변화
뿐만 아니라 공산체제의 몰락이 자본주의 세계로 하여금 냉전시대에
는 부수적인 차원에서 처리되던 체제 내부의 문제와 모순을 적나라하
게 드러냈다는 데서도 기인한다.

물론 그렇다고 해서 우리 시대의 지배적인 이데올로기인 신자유
주의정책[15]이 현재 위기를 맞고 있다는 것은 아니다. 페리 앤더슨(Perry
Anderson)은 이렇게 말한다.

신자유주의정책은 현재도 놀라운 생명력을 보여 주고 있다. (…) 그 처방
이 경제적인 측면에서 효율성을 잃고 어떤 경우에는 파괴적인 결과를 발
생케 하고 있더라도 현 정치적 아젠다(agenda)는 신자유주의 이념에 따
라 결정되고 있다. 발달된 자본주의체제에서 이런 현상이 발생하는 원인

은 어떻게 설명할 수 있을까? 근본적인 원인 중 하나는 소련연방과 동구 유럽에서의 공산주의의 몰락과 이 지역에서의 신자유주의의 승리이다. (…) 동구의 개혁주의자들보다 신자유주의자들은 더욱 비타협적이며 강경한 태도를 보이고 있다.[16]

그럼에도 불구하고, 오래전부터 이러한 분야에서 새로운 현상들이 발생하고 있다는 징조가 나타나고 있다. 칼 포퍼(Karl Popper)의 제자라고 고백하며 160억 달러에 달하는 자금을 운용하고 있는 조시 소로스(George Soros)는 1997년도에 한 잡지에 투고한 글에서 현 자본주의 체제를 신랄하게 비판했다.

비록 나는 금융시장에서 막대한 부를 획득했지만 어떠한 제동 장치도 갖추지 않은 자본주의의 자유방임주의 강화와 생의 모든 분야에서의 시장 가치론의 확산은 개방적이고 민주적인 인류사회를 위기에 처하게 할 수 있다는 우려를 금할 수 없다. 내가 믿기로는 개방적 사회를 위태롭게 하는 가장 무서운 적은 공산주의가 아니라 자본주의의 위협이다.[17]

현 체제의 정상에 있는 한 인물로부터 나온 신랄한 공격은 예상대로 많은 치열한 논쟁을 불러일으켰다. 예를 들자면 《포브스(Forbes)》는 칼럼을 통해 소로스의 의견에 대해 근본적인 문제를 제기하는 것이 아니라, 저자에게 인신공격에 가까운 태도를 보임과 동시에 그를 편협한 부자로 정의했다. 그럼으로써 저자의 부도덕성을 지적하고, 그 의견의 정당성을 부정하는 글을 수록했다. 이 잡지는 "한 괴상한 사람이 연합

기자회견을 하고, 아무도 이해할 수 없는 책과 글을 발표하면서 온 세계를 돌아다니며 시간을 보내고 있다"[18]고 비난했다.

신자유주의의 철저한 신봉자 바르가스 요사(Vargas Llosa) 또한 '설교하는 악마'라는 제목으로 소로스를 비난하는 글을 발표했다.[19] 그 글에서 요사는 오직 소로스와 한 가지 면에서 의견을 함께한다고 말하고 있는데, 그것은 애덤 스미스의 시장에서의 '보이지 않는 손'에 대한 이론을 전개할 때 그가 매우 확고한 도덕적 철학에 기반을 두고 있었다고 주장한 이론과 포퍼를 비롯한 자유주의의 위대한 사상가들이 시장과 경제적 성공은 개인의 완전함에 도달함, 문화적 발전과 사회적 연대 등 사회적으로 높은 이상을 실현하기 위한 방법 외에는 아무것도 아니라고 주장했다고 하는 소로스의 이론이라고 말한다.

현 자본주의의 시각에서 보면 원칙은 성공제일주의로 대치되었고, 이에 따라 우리 사회는 방향감각을 상실하고 말았다. 요사에 의하면 현 자본주의에 대한 최대의 도전은 경제, 과학, 기술의 발달에 의해 발생되는 일반 문화의 급진적인 변화와 더불어 종교적 문화의 실패로부터 비롯되고 있다. 그러므로 그는 열렬한 종교적 문화의 삶은 자유시장경제가 문화화되기 위해 필수적인 충족 요건이 된다는 이론을 유지하기 위해 애덤 스미스와 폰 미제스(Von Mises)를 언급한다.[20] 신자유주의의 열렬한 신봉자에 의해 언급된 문화화, 좀 더 구체적으로 말하면 종교 문화에 대한 지적은 신자유주의자들의 승리가 그들이 주장했고 원했던 것처럼 최종적이며 완벽한 것이 아니라는 사실을 밝히는 '시대의 징조'라고 볼 수 있다. 또 다른 한편, 자유주의 경제학자들 사이에서 경제학의 고전적 저서인 《국부론(The Wealth of Nations)》을 보충하기 위해 애덤 스미스에 대한 재해석을 시도하는 경향이 눈에 띄게 나타나고 있다.

이 같은 문화적·윤리적·종교적인 측면에 대한 강조는 이미 기업 경영 분야에서부터 두드러지기 시작했다. 일본 기업들과의 경쟁 상황은 서방 기업들로 하여금 품질관리와 기술혁신 같은 분야에서 종합적인 조정을 이룩하는 등 그들의 기업 조직을 재정비하도록 요구했으며, 이 과정에서 그들은 문화적·윤리적·종교적인 문제들을 당면 과제로 받아들이게 되었다. 이러한 외부적인 상황 외에도 기업의 내부적인 요인이 있었다. 주식회사라는 구조를 가진 재벌체제와 거대 기업들의 등장으로 인해 자본주의는 새로운 문제를 경험하게 되었다. 기업 성장은 결국 민간 기업에서 관료주의를 생성했으며 소유주나 주주 사이, 또 한편으로는 기업 경영자들 사이에 갈등을 낳았다. 이 두 가지 요소는 기업 내부에서 커다란 부패를 조장했다. 기업 내에서 극단적인 개인주의 (자신의 이익만을 최대로 변호하는)가 성행하면서, 누구든지 고위급 경영인은 자신이 경영하는 기업을 파산이나 심각한 경제 위기로 몰고 갈 수 있는 가능성을 갖게 되었다. 그리고 이러한 일에 대한 신문 기사가 심심치 않게 보도되게 되었다.

이러한 내외부의 도전은 기업들로 하여금 윤리에 대한 재평가를 할 필요성을 갖게 만들었고[21] 급기야는 현재 대부분의 유명한 기업경영대학들로 하여금 학생들이 윤리적·문화적·종교적 문제에 대한 과목들을 필히 이수케 하는 것으로 발전했다.[22] 그러나 기업 내에서 이루어지고 있는 윤리, 문화, 종교에 대한 재평가는 방법론적인 재평가임을 분명히 해야 하며, 그것이 윤리와 종교 가치에 대한 재평가가 아

니라 최대의 효율적인 생산력을 모색해 보고자 하는 시도임을 알아야
한다.

예전에 기업경영 분야에서 제외되었던 윤리와 종교에 대한 초점
의 변화는 경제학에서도 나타나고 있다. 소로스와 요사의 글에 대한 논
쟁은 그러한 조짐에 대한 '빙산의 일각'일 뿐이다. 이러한 주제에 대해
좀 더 이해하기 위해 경제학에서의 종교적 가치와 문화에 대한 재평가
가 자본주의체제 내부에서 생성하고 있는 몇 가지 모순적인 현상에 대
해 살펴보자.

체제의
모순

자본주의체제 내부의 모순적인 현상을 다루기 전에, 체제의 위기에 대
해 경제성장 속도 하락 같은 또 다른 징조를 살펴보는 것은 매우 중요
한 작업이다. "1960년대 세계 경제는 연 5퍼센트(인플레이션을 감안한 수치)
의 성장률을 보였다. 1970년대의 경우는 성장률이 연 3.6퍼센트로 하
락했고, 1980년대에 들어와 하락 현상은 더욱 심화되어 연 2.8퍼센트
의 성장률을 보였다. 1990년대 초반, 세계 경제는 겨우 2퍼센트의 성장
률을 보였다. 20년 동안 자본주의는 무려 60퍼센트의 하락세를 기록했
다."[23] 이 같은 위기에 대한 진단은 가난한 자들의 소외 현상 등과 같은
자본주의의 외부적인 가치 판단을 기준으로 한 것이 아니라, 자본주의
의 본질인 경제성장률과 같은 지극히 자본주의적 가치 판단을 기준으

로 한 것이다. 이러한 연유로 자본주의를 맹목적이고 무조건적으로 옹호하는 자들은 내부 모순에 대한 논쟁을 받아들이면서 전반적인 경제 이론에 대한 재해석이 시도되어야 한다고 주장하고 있다.

이러한 전제하에서 우리가 지적하고자 하는 첫 번째 자본주의의 모순은 서방 자본주의 국가 내에서 발생하고 있는 민주주의체제와 시장경제체제와의 충돌이다. 서방 자본주의 국가 내라는 제한은 이 점에 있어서 매우 중요하다. 그것은 소위 아시아의 용이라고 불리는 국가의 경제 분야에서의 자본주의적 근대화 과정에 정치 민주화와 서구적 자유개인주의가 동반되지 않았기 때문이다. 그럼에도 불구하고 시장 문화의 강화로 인해 "아시아의 전통적 가족 중심의 유교적 사회는 자기중심적인 개인주의를 향해 급진적으로 빠르게 변화하고 있다."²⁴

서구에서 공산주의에 대한 승리는 민주적 자본주의의 승리인 것처럼 받아들여졌다. 자유민주주의는 '각 개인이 하나의 투표권을 갖는다'라는 모토, 즉 모든 시민들의 평등한 관계에 기초하고 있다. 그러나 다른 한편, 시장체제는 적자생존의 법칙하에서 시장에서의 각 개인들의 경쟁 능력에 기반하고 있다. 그러므로 이 체제는 근본적으로 사회적 불평등과 부의 집중을 발생케 하는 경향을 보이고 있으며, 이것은 오늘날 우리 사회가 인구의 상당수를 사회적 소외 상태로 몰고 가는 결과로 나타나고 있다.

지난 수십 년간 이러한 모순은 복지국가라는 개념으로 희석되었다. 사회적 차이를 해소하고 모든 시민들에게(적어도 추상적인 의미에서는) 인간다운 삶에 대한 보장과 노동 시장에서의 동등한 기회를 갖기 위한 능력을 개발할 수 있는 조건을 형성하는 책임은 정부의 몫이었다. 이러한 국가 모델이 자본주의 내에서 가능했는데, 그것은 사회적 압력과 사회주의적 대안의 도전으로 인해 지배 엘리트들이 수행했다. 지배 엘리트들은 '손가락을 잃느니 반지를 양보하는 것'을 선택한 것이다. 그러나 공산주의 진영의 몰락과 더불어 신자유주의가 주도권을 잡게 되자 복지국가의 해체는 당연하고 필연적인 것으로 인식되었다. 복지정책 해체의 이데올로기는 새로운 '과학적'[25] 옷을 입은 사회다윈주의(Social Darwinism)이다. 갤브레이스는 이것을 '만족의 문화'[26]라고 명명하고 있는데, 이러한 문화 속에서 개인이 이룩한 부는 정당하게 획득한 것으로 여겨진다. 반면에 가난은 가난한 자들의 비효율성에 대한 정당한 처벌로 간주되고 있다. 이러한 개념은 사람들이 굶주림에 직면하게 되는 상황에 이르면 시장체제에서 생존하기 위해 최선의 노력을 할 것이라고 하는 사고로 복귀한 것을 의미한다. 그러므로 가난한 자들에 대한 정부 보조의 중단은 시장에서 소외된 모든 사람들로 하여금 스스로 시장체제에 편입되려는 노력을 하도록 만들고 있다는 생각이다. 이러한 논리하에서 사회복지 프로그램은 비효율적이고 공공적자를 발생케 하는 것일 뿐만 아니라 가난한 자들로 하여금 스스로 책임 있는 삶을 살지 못하게 하고 나아가서는 자신의 능력을 발휘하지 못하도록 함으로써 가난한 자들의 인격을 손상시키는 일로 간주된다.

문제는 어떠한 사회도 이러한 냉소적인 문화를 오랫동안 지속시킬 수 없다는 데 있다. 극단적이고 냉소적인 개인주의는 사회 개념 자체를 파괴하기 때문이다. 더욱이 구조적인 실업, 사회적 소외, 사회복지프로그램의 해체와 냉소적인 문화가 결합되면 사회적 혁명의 발생 혹은 사회조직의 파괴를 발생케 하는 혼란을 야기할 것이다.

두 번째 모순은 소비와 투자 사이에서 발생한다. 이 둘 사이의 긴장 관계는 모든 종류의 자본주의 내에 함축적으로 내포된 현상이다. 앞서 보아 왔듯이, 자본주의에서는 각 개인이 매번 소비 수준을 향상시키기 위해 되도록 많은 양의 돈을 벌 수 있는 권리와 의무가 있음을 믿게 하는 것이 필수적이었다. 문제는 자본주의가 소비 증가의 모델을 제공하기 위해 각 개인들로 하여금 소비 경향과 태만을 조절하고, 시간과 자본을 새로운 공장, 기계, 생산적 하부구조, 새로운 기술의 연구와 개발, 노동자의 자질 향상을 위해 투자하도록 장려해야 한다는 데 있다.

예전에는 이러한 모순이 부분적으로나마 "부에 대한 즉흥적인 반응과 소비, 특히 사치성 소비에 대해 강력하게 반대하는" 그리고 동시에 "사치에 대한 유혹에서 벗어나서 심리적으로 전통적 윤리 기준에 따르게 하는"[27] 세속적인 청교도적 금욕주의에 의해 해소되곤 했다. 그러나 이 같은 노동의 윤리는 점진적으로 소비 윤리에 의해 대치되었다. 더욱이 냉전체제하에서 정부는 새로운 기술, 특별히 군사기술에 대한 투자에 있어 가장 중요한 역할을 감당하게 되었고, 이것은 곧바로 자본주의 국가들의 경제성장으로 이어졌다.

오늘과 같은 지적 능력을 기반으로 하고 있는 기업의 시대에 있어 노동력의 향상, 기술 개발과 하부구조 건설을 위한 투자는 지속적인 경제성장을 위해 필수적인 요소이다. 문제는 개인뿐만 아니라 자본주의적 기업조차도 체제 내부 논리에 의해 장기적으로 이러한 형태의 투자에 대해 스스로 끝까지 책임을 질 수 없다는 데 있다. 현재에 있어 미래의 이익을 대표하는 역할과 원자화된 각 개인의 이익과 기업의 이익을 조정하거나 자본주의 자체의 미래를 위해 필수적인 투자를 하는 역할은 결국 정부의 기능일 수밖에 없게 된다. 그러나 냉전체제가 종결된 이후, 정부의 역할에 대한 최소화, 극단적 개인주의 문화와 소비문화를 조장하는 신자유주의의 등장은 정부로 하여금 정반대의 길을 걷게 하고 있다. 정부는 오늘의 유권자, 즉 시민들의 순간적인 소비 향상을 위해 자본을 사용하고 있으며, 라틴아메리카 국가들의 경우에는 외채 이자 상환과 수입품 소비를 위한 자금 조달에 사용하고 있다.

외채 국가인 라틴아메리카 국가들의 구체적인 예를 보면서, 비록 언론의 보도에서 배제되고 있다고 하더라도 이 지역의 발전을 저해하는 가장 큰 요소가 외채 문제인 것을 기억해야만 한다. 이 문제에 대해 브레세르 페레이라(Bresser Pereira)는 "현재 성장을 방해하는 가장 큰 원인은 오랜 기간 동안 지속되어 왔으며, 지난 10년 동안 아직도 상환되지 못한 외채로 인한 위기에서 비롯되는 불균형이다"라고 지적하고 있다.[28] 그에 의하면, "경제성장은 안정과 시장체제에 대한 지도가 함께 이루어지면서 정부의 재정이 회복되고, 경제 분야에 있어 정부의 전략적이고 새로운 역할이 회복될 때만 가능하다. 다시 말해 중재 기능을 회복함으로써 정부의 역할이 재건될 때 가능하다는 의미이다."[29] 시장체제에 대한 지도와 경제성장과 사회 발전의 상관성에 대한 페레이라의 이론에 대해 논쟁하지 않더라도, 여기서 우리는 사회 분야와 경제 분야에서 정부의 통제 기능에 대한 정치적·경제적 재건은 근본적으로 중요성을 갖고 있음을 분명히 밝힐 수 있다. 그것이 없이는 라틴아메리카 대부분의 국가에서 경제 위기뿐만 아니라 자본주의가 생성하고 있는 소비와 투자 간에 존재하는 갈등, 나아가 더 중대한 사회적 소외 문제의 극복은 결코 이루어질 수 없을 것이다.

이 점에 대해 약간 길기는 하지만 레스터 서로의 지적을 인용한다.

기술과 이데올로기는 21세기 자본주의의 기초를 흔들고 있다. 기술은 오
직 지식과 기술적 숙련만이 지탱할 수 있는 전략적 우월성을 만들어 내
는 유일한 원천이라고 간주하게 한다. 경제적 성공이 복지정책, 교육, 지
식 개발과 하부구조를 위한 장기적인 사회적인 투자에 대한 용의와 태도
에 따라 달라지는 오늘날, 이데올로기는 전자 기술에 의해 단기적·개인
적인 소비 성향으로 흐르고 있다. 기술과 이데올로기가 서로 거리를 두
게 될 때, 제기되는 한 가지 질문은 언제 체제를 뒤흔들게 되는 지진이
발생하느냐는 물음이다. 역설적으로 사회적 경쟁자(자본주의의 경쟁자였던
사회주의와 공산주의)가 사라진 오늘날 자본주의는 극심한 변신을 겪고 있
다.[30]

다음 세대에서, 자본주의는 새로운 가치관과 새로운 구조들을 창출해 내
지 않으면 안 될 것이다.[31]

여기서 우리는 이 같은 주장을 하고 있는 저자가 자본주의의 조속
한 종말을 예견하고 바라는 사회주의자나 공산주의자가 아닌 MIT의
경제학 교수라는 점에 주목해야 한다. 또한 자본주의체제 내에서 발생
할 수 있는 위기는(많은 사람이 그러기를 바라겠지만), 당장 혹은 최종적인 것
이 아님을 알아야 한다. 그러나 이러한 위기들은 자본주의 수호자들을
고민스럽게 만드는 요소들임에는 틀림없다. 이러한 관점에서 요사의
"이것은 모든 개방 사회가 당면하고 있는 도전이다. 그리고 아직 어떤

사회도 이 문제에 대해 창조적인 답변을 발견하지 못했다"라는 발언의
의미를 해석할 수 있을 것이다.

종교와
경제

우리는 이러한 문제들을 해결하려는 두 가지 서로 다른 입장을 볼 수
있다. 첫 번째는 문제의 심각성과 중요성을 부인하면서 의식하지 못하
는 가운데 모든 사회적·경제적 문제는 시장의 능력이 해결할 것이라
는 흔들림 없는 믿음을 유지하는 태도이다. 폴 오미롯(Paul Omerod)은
동유럽의 2000만 명에 달하는 실업자, 미국의 만성적인 무역과 공공
재정 적자, 제2차 세계대전 이후 최대의 경제 불황으로 인해 전통적인
평생 직장의 개념을 포기하고 있는 일본 기업들, 그리고 소련의 해체와
더불어 발생한 러시아의 경제 위기 등 세계 경제의 위기에 직면해 이
렇게 말한다.

> 이상적이고 기계적인 세계관에 사로잡혀 있는 전통적인 경제 이론은 어
> 디서부터 손을 대야 할지를 모르고 있다. 거대한 관료주의의 그늘 아래
> 서 보호받고 있는 국제통화기금과 세계은행의 경제 이론가들은 여전히
> 제3세계의 문제 해결은 오직 시장체제를 통해서 이루어질 수 있다고 주
> 장하고 있다.[32]

"지구촌화된 자본주의의 구원자적인 덕을 믿고 있는 사람들은"[33] 바로 그 믿음으로 인해 스스로의 함정에 빠져들고 있다. 시장의 '보이지 않는 손'은 개인의 이익의 합계를 공공복지로 변화시킬 수 있는 능력을 보유하고 있다는 믿음은 그 무의도적인 시도로 인해, 시장 논리 외에는 위기를 극복할 방안을 분별하거나 찾을 수 없도록 만들고 있다. 정부의 시장 중재 역할과 시민사회의 형성은 시장에 대한 믿음을 부정하는 것이 되기 때문이다.

이러한 확신에서 출발해, 모든 사회적 문제들은 시장체제가 요구하는 '불가피한 희생'으로 간주된다. 이러한 믿음으로부터 출발하는 시장체제의 초월화(Transcendentalization)와 희생주의는 해방신학자들로부터 '시장의 우상화'라고 비판을 받고 있다.[34] '불가피한 희생'이라는 서구적인 개념은 예수의 죽음에서 출발하는 기독교적 해석에 의해서 강하게 영향을 받고 있다. 예수의 죽음을 인간의 구원을 위해 하나님에 의해 요구된 충분하고 결정적인 희생의 죽음으로 해석함으로써 기독교는 '희생 없는 구원은 없다'는 개념을 확고하게 만들었다.

이러한 신학은 악의 개념을 변형시키는 결과를 낳았다. 인간 존재에 가해지는 고난은 구원을 위해 하나님이 요구하는 방법으로 인식되었고, 그 희생은 더 이상 악이 아니라 우리가 기피해서는 안 되는 선으로 인식되었다. 우상숭배의 전형적인 형태인 이러한 도치는 인간의 고난 앞에서 '평온한 양심'을 만들어 내는 능력을 갖고 있다.[35] 우리는 이러한 문화를 '냉소의 문화'라고 부르고 있다. 이러한 희생적 신학은, 예를 들면 아메리카 대륙에서 수백만의 토착민들의 희생을 정당화하는 데 유용하게 사용되었다. 이 신학은 마이클 노박과 같은 신학자들에 의해 가난한 사람들의 고난을 감소시키기 위해 투쟁하는 공동체와 신학을 공격하는 도구로 사용되기도 한다. 그는 이렇게 말한다.

> 하나님이 그의 사랑하는 아들이 고난을 당하는 것을 원하셨는데, 우리에게는 그렇게 하지 않으실 이유가 어디 있는가?[36]

시장 논리에서는 더 이상 초월적인 하나님의 이름으로 인간의 희생을 요구하지 않으며, 초월화된 제도, 즉 시장의 이름으로 희생을 요구한다. 희생과 사회적 비용은 경제적 구원이라는 이름으로 사람들에게 요구된다. 그러나 이러한 희생의 요구가 약속한 결과를 이루지 못할 때, 희생을 요구한 자들은 두 가지 태도를 보일 수 있다. 하나는 그러한 희생이 무의미했으며, 대중의 살해라는 결과를 낳은 데 스스로 책임지는 입장을 취하는 것이다. 또 다른 하나는 이와는 반대로 지금까지의 희생이 기대하는 효과를 낳지 못한 것은 사회운동가, 노동조합, 그리고 사회적 목표를 이루고자 시장의 관여를 주장하는 정당과 시민 기구 등 거부할 수 없는 시장의 논리를 받아들이지 않는 사람들이 존재하기 때문이라고 말하면서 자신들을 변호하는 태도를 취하는 입장이다.

실제적으로 이들은 '무한한' 인간의 기술개발 능력을 확신하면서, 사회적 소외와 오늘날 소비현상만을 주시하는 축소된 가치관에 대해 냉소적인 태도를 보이는 문화와 더불어 민주주의에 대한 경멸과 그것에 대한 상대화를 통해 위에 열거한 모순들을 해결하려는 방향으로 나아가고 있다.

미국의 유명한 경영전문가 조지 길더의 경우는 종교적 신비주의와 비이성주의가 사회적 모순과 위기의 현실을 거부하는 시장 논리와 기술에 대한 믿음과 혼합되는 현상의 가장 좋은 예가 될 것이다. 그는 축재의 욕망과 무한적인 소비, 자연 재화의 한계 사이에 존재하는 모순에 대해 언급하면서 "과거 역사를 통해 왜 우리는 인간의 가능성의 한계에 의문을 갖거나 질문하지 않았을까? 아마도 지식인들의 대부분이 폐소(閉所) 공포증에 사로잡혀 있지 않았을까?"라고 말한다. 그는 계속해서 이러한 질문에 다음과 같이 답변하고 있다.

> 신의 존재가 부정된 이후부터 모든 인간의 지능 자원을 이성과 논리에 치중했던 사람들은 스스로 파놓은 함정에 빠지고 말았다. 그러나 다행히도 이 세계는 그들과 함께 무너지지 않았다. 인간은 제한적인 존재가 아니다. 그의 정신은 뇌(腦)의 물질적인 차원으로 축소되지 않는다. 현대 지식인들의 불안과 히스테리처럼 에너지 위기는 종교적인 현상이다. 그것은 믿음이 부족한 결과이다. 이 문제는 오직 믿음과 사실(우리는 이것을 과학이라고 부를 수 있을 것이다) 사이의 밀접한 관계를 통해서만 접근할 수 있는 영의 세계, 그리고 형용할 수 없는 신비스러우며 우리가 간구하는 형태로 나타나는 시적인 영감의 세계가 맹목적인 물질주의와 어둠의 세계 저편에 존재한다는 심오한 믿음을 가져야만 해결될 수 있다.[37]

위의 인용문은 특별히 신비스러운 언어로 종교에 대해 언급하고 있는 글을 그 자체로 선하다고 믿는 사람에게는 멋진 이야기로 들릴 것이다. 또한 종교적 색채를 띠고 있기 때문에 20세기 말부터 유행하고 있는 영성에 대한 재평가처럼 보일 수 있다. 그러나 그 내면을 들여

다보면, 무제한적인 소비의 욕망과 인간 존재와 자연 재화의 한계 간에 존재하는 갈등과 모순을 거부하는 시도로 보일 뿐이다. 이렇게 모순을 거부하는 것은 인간의 주거의 파괴와 많은 인류를 비인간적인 삶의 조건에 방치하는 실제적인 가능성을 함축하고 있다.[38]

두 번째는 스스로 모순적인 결과와 그로 인한 위기에 대해 책임을 느끼고 시장체제의 논리만이 아닌 다른 방향에서도 해결책을 추구하려 하지만 근본적으로는 시장 논리에 종속되어 있는 입장이다.《역사의 종말과 최후의 인간(The end of history and the last man)》의 저자 프랜시스 후쿠야마는 그의 저서《신뢰감(Trust)》를 통해 이러한 입장을 견지한다. 이 저서에서 그는 월등한 효율성을 발휘할 수 있는 것은 오직 자신의 이익만을 고려하는 이성적인 개인들이 아니라, 이미 존재하고 있는 도덕적 공동체를 중심으로 효율적인 형태로 함께 협력할 수 있는 개인들이 모인 단체라고 주장하고 있다. 그는 이렇게 말한다.

경제적 삶의 테스트를 통해 배울 수 있는 가장 중요한 교훈 중 하나는 국가 경쟁력과 마찬가지로 한 국가의 번영과 복지는 유일하고 절대적인 문화적 특징, 다시 말해 그 사회에 대한 내재적인 신뢰감의 수준에 의해 판가름 난다.[39]

노벨 경제학상 수상자 케네스 애로(Kenneth J. Arrow)에 의하면 "현재, 신뢰감은 매우 탁월하고 실제적인 가치를 가지고 있다. 그것은 매우 효율적이다. 상대방의 말에 대해 합리적인 신뢰감을 가질 수 있다면 많은 다른 노력을 절약할 수 있을 것이다. 그런데 불행하게도 이것은 쉽게 획득할 수 있는 상품이 아니다."⁴⁰ 만일 불행하게도 신뢰감이 아직 시장에서 쉽게 구입할 수 있는 상품이 아니라면, 경제적 효율성을 위한 근본적인 요소인 그것을 어디서 구할 수 있을까? 후쿠야마는 "신뢰감은 이성적인 계산의 결과가 아니다. 그것은 현대성과 아무런 연관성이 없는 종교나 윤리적 습관으로부터 비롯된다."⁴¹ 그러므로 그는 "민주주의와 자본주의 제도가 적절하게 작동하려면, 그것을 보장해 줄 수 있는 전근대적인 문화적 행위와 공존해야 한다. 그리고 이것은 현대사회에서 시대착오적인 생각이 아니라 자본주의의 성공을 위해서는 필수불가결(sine qua non)한 조건이다"⁴²라는 이론을 견지하고 있다.

　이러한 전근대적인 가치관의 회복, 특히 종교적인 가치관은 '자본주의는 역사의 종결'이라는 이론을 포기하는 것이 아니다. 그것은 단순히 미국의 전통을 다시 회복하는 작업일 뿐이다. 미셸 알베르는 이렇게 말한다.

　　근원에서부터 미국이 달러를 숭상하고 있는 것은 의심할 여지가 없다. 그러나 그들은 언제나 한 손은 성서 위에 또 다른 손은 헌법 위에 얹고 있는 모습을 견지해 왔다. 미국은 언제나 매우 종교적인 사회를 유지해 왔다. (…) 전통적인 도덕은 억제를 의미하며 공식적이지는 않더라도 늘 계명을 지킬 것을 독려해 왔다. (…) 그리고 이것은 사회적 완충 장치로서 그 역할을 훌륭히 감당해 왔다. 종합하면 기본적인 모순 속에서 미국 사회는 나름대로 균형을 유지해 왔다. 그런데 바로 그 균형 상태가 오늘날 크게 흔들리고 있으며 깨어질 위기에 처해 있다. 돈이 왕이었지만 그래도 그 왕권 속에서도 어느 정도 억제되어 있었고 제한된 위력을 보였다.

그러나 오늘날 돈의 위력은 사회적 모든 행위를 지배하려는 경향을 강하게 보이고 있다.[43]

미국 클린턴 정부의 노동부 장관이었던 로버트 라이시(Robert Reich)의 표현에 의하면, 사회 계약의 해체는 국가의 안정과 도덕적 권위를 위협하고 있으며, 결과적으로 효율성의 기반인 신뢰감을 흔들리게 만들고 있다.[44]

효율성과 경쟁력을 향상시키기 위한 도구로서 종교적 가치(종교적 의식, 도덕적 가치, 신화 등등)에 대한 재평가는 기업경영학이 요구하는 참고 도서 목록을 통해서도 쉽게 감지할 수 있으며 이러한 현상이 경제 분야에서 매번 두드러지고 있다. 경제와 종교의 관계는 예전에는 함축적인 것이었으며 암묵적 신학(우고 아스만)으로만 존재했다. 그러나 오늘날 이러한 관계는 자본주의체제의 열렬한 수호자들에 의해서 본격적으로 그 모습을 드러내고 있다.[45]

과격한 신자유주의자들 그리고 현 경제체제의 유지를 위해 몇 가지 수정이 필요한 것을 인정하는 경제가들 모두 종교적 가치를 사용하고 있다. 첫 번째 그룹은 그의 교리적인 연설과 희생주의 이론을 통해서, 그리고 두 번째 그룹은 효율성을 향상시키고 자본주의체제 내부의 갈등과 모순을 회피하거나 극복하기 위한 수단으로 종교를 사용하고 있다. 21세기 사회에서 종교는 계속해서 사람들의 관심을 끌고 있다. 그리고 이러한 현상은 개인적이고 주관적인 입장에서 장기적으로 계속될 뿐만 아니라, 기업과 거시경제학에서도 종교를 이용하는 현상은 계속될 것이다.

초월성과
시장

종교적 체험은 인간 존재를 초월하는 신비스러운 경험이며 종교학에서 말하는 것처럼 우리로 하여금 놀라움과 두려움을 불러일으키는 거룩한 것에 대한 체험[46] 혹은 신비주의자들이 말하듯이 자신의 존재에 대해 과격한(radical) 의미를 부여하는 절대적이고 유일한 신의 경험이라는 의미로부터 출발하여 이해되는 것이다.[47] 여기서 '종교적 체험'이라는 용어에 어떠한 의미를 부여하는가와 체험의 진위 여부 혹은 그러한 체험을 중심으로 형성된 사회 그룹이 만드는 필연적인 체제로서 종교의 진위 여부는 그다지 중요하지 않다.

이러한 의미에서 종교는 무엇보다도 먼저 역사의 진행 과정 속에서 인간 존재를 넘어서 있는 초월적인 신비를 깨닫고자 하는 인간의 시도이다. 비록 눈에 띄게 조작된 종교적 연설이라고 할지라도 필연적으로 신비함이나 인간 존재를 초월하는 어떠한 존재들에 대해 언급해야만 한다. 여기서 우리가 관심을 기울여야 할 것은 종교에 대한 언급은 그 내부 논리에 의해서 필연적으로 인간의 현실과 제도를 초월하는 어떤 것에 대한 언급이 있어야 한다는 점이다.

효율성을 향상시키기 위한 목적(그의 최종 목표는 부의 향상이다)을 성취하기 위해 신뢰성이나 또 다른 의도의 창출 수단으로 종교를 재평가하는 것은 초월의 존재에 대해 언급함으로써 결과적으로 모든 인간 제도를 상대화시키는 본질적인 종교 자체를 부정하는 행위이다. 이러한 종교의 도구화나 경제적 부의 축적을 위한 도구로서의 축소는 본질적인 종교적 체험과는 상관없는 오직 인간적인 체험인 시장을 절대화시키는 것으로만 가능하며, 또 그렇게밖에 이해할 수 없다. 경쟁과 적자생존의 시장 논리는 모든 체제를 지탱하는 절대적인 조건으로 승화되었다. 심지어는 종교조차도 인간의 제도와 시장을 넘어서는 초월적인 존재에 대한 언급을 포기해야만 하며, 종교는 시장을 위해 봉사해만 한다. 이렇게 시장은 초월화되었다. 이제 시장은 초인간적이고 절대적인 특성을 가지게 되었다. 시장은 우상이 되었다. 종교의 도구적 사용은 그 논리 자체로 자신의 거짓성과 타락성을 드러내고 있다.

　이러한 시장의 우상화에 맞서 우리는 다시 한 번 예수 그리스도의 부활의 증인이며 예수의 하나님을 전파하는 자로서 선교 과제를 재천명해야만 한다. 가난한 사람들을 희생시키는 시장의 초월화를 거부하는 가장 좋은 방법은 절대적인 초월적 존재이시기에 세상에 존재하지만 세상과 자신을 동일시하지 않는 분, 그리고 그 어떤 인간의 제도와도 동일시함을 허용하지 않는 하나님을 전하는 것이다. 그러한 의미에서 교회의 선교는 종교적 선교라는 것을 분명하게 밝히는 것이 매우 중요하다.

　교회의 선교가 종교적이 되어야 한다는 것은 교회와 기독교인들이 정치·경제·사회적 문제에 '관여해서는 안 된다'는 의미가 아니다. 만일 그렇다면 사랑과 자비의 하나님과는 정반대로 인간들의 고난에 대해 무관심한 하나님, 즉 무감각하고 냉소적인 하나님을 전파하게 될 것이다. 그러므로 이 표현은 인간의 제도에 대한 기독교 교회의 행동과 선언은 우리의 신앙 체험으로부터 출발하는 종교적 특성을 지녀야 한다는 의미이다.

　　스스로 세속화가 이루어졌다고 간주하는 근대 세계에서도 근대의 비판 이성의 테두리 안에서 종교가 감당해야 할 근본적인 과제는 존재한다. 그 과제는 바로 인간들 스스로 인간의 조건을 망각하지 않게 하고 인간이 만든 어떤 사회제도도 절대화하지 못하도록 하나님의 초월성을 선포하는 일이다. 그러므로 막스 호르크하이머의 "자신을 유일한 최고의 존재라고 생각하는 모든 제한적인 존재―인간은 제한적인 존재이다 ―는 피흘림의 희생에 대해 굶주린 우상으로 변질되어 가며, 이들은 자신의 정체성을 수시로 변화시키고 본질을 왜곡시킬 수 있는 악마적인 능력을 소유하고 있다"[48]는 지적은 귀담아 들어야 할 대목이다. 그리고 이러한 위험성을 하나님의 존재에 대한 증명을 통해 극복할 수 없다. 왜냐하면 우리의 제한적이고 어찌할 수 없는 지식을 가지고서는 하나님의 존재를 증명할 방법을 고려할 능력이 없기 때문이다. 오직 우리는 절대적이고 긍정적인 존재가 존재하고 있다는 희망만을 보여 줄 수 있기 때문이다. 우리의 제한적인 언어를 통해 절대적 존재를 완벽하게 증명하거나 묘사하지 못함에도 불구하고 절대적 존재에 대해 우리가 계속해서 언급할 수 있는 것은 "우리가 살고 있는 세계는 상대적이다"[49]라는 사실을 인정할 때만 가능하다는 뜻이다. 이런 의미에서 호르크하이머의 신학은 하나님 자체에 대한 언급이 아니다. 그의 신학은 "이 세계는 절대적 혹은 최종적 진리가 아니며 하나의 현상이다. 신학은(나는 이에 대해 분명한 의식을 가지고 말한다) 현 세계를 특징짓고 있는 불의가 이대로 지속될 수 없으며, 불의한 것이 최종적인 의미를 가질 수 없다는 것에 대한 희망이다"[50]라는 말에 표현되어 있다.

　　하나님의 초월성에 대한 증인이 되는 것은 쉬운 과제가 아니다.

종교적 경험의 구조 자체가 언제나 우상숭배의 가능성을 내포하고 있기 때문이다. 또한 우리의 상황으로 인해 오직 인간적인 어떤 것―그것이 어떠한 대상이든지 도덕적 법이든지―을 통해서만 거룩성을 경험할 수 있기 때문이다. 그러므로 우리는 언제나 그 인간적인 '어떤 것'을 초월적인 신비와 혼동할 위험에 처해 있다. 그리고 이러한 혼동은 종교적 성례와 의식이나 교회가 결코 하나님의 순전하고 완전한 나타남이 아니라는 사실을 망각할 때마다, 또는 교회나 가난한 자들을 위한 우리의 사회적 사역이 하나님 나라 자체는 아니며, 따라서 언제나 비판과 '개혁의 대상'이라는 사실을 망각할 때마다 반복적으로 발생한다. 우상숭배는 단지 시장체제와 더불어만 발생하는 것은 아니다. 그것은 모든 인간의 모임 속에 일어나는 영원한 유혹이다.

이러한 우상숭배의 유혹을 극복하는 방법 중 하나는 언제나 하나님의 초월성을 확인하는 것이다. 그러나 존 소브리노(Jon Sobrino)는 "한편으로 하나님의 속성인 초월성과 종말성이, 우리가 갖고 있는 하나님의 경험이 유일하게 절대적인 경험으로 받아들여지는 것을 금지하고 있다면, 또 다른 한편으로는 그것이 그 경험의 역사적 자리를 상대화시키는 것에 대한 금지는 아니다"[51]라고 지적하고 있다. 역사 속에서 하나님의 임재를 경험할 수 있으며 동시에 시장에 대한 우상숭배를 급진적으로 비판할 수 있는 자리는 가난한 자들, 절대화되어 가고 있는 시장체제에서 소외된 자들의 자리에서부터다. 시장체제는 절대화를 시도하는 과정에서 다른 형태의 사고를 부정하는 힘을 갖고 있다. 다시 말해 '오직 한 가지의 사고방식'만을 강요하며 자본주의 외에는 그 어떠한 사회적 대안이나 체제 밖의 인간 존재에 대해 거부하는 힘을 갖고 있다. 왜냐하면 자본주의체제 외의 다른 형태의 사고나 또 다른 사회적 혹은 개인적인 대안의 존재를 인정한다는 것은 체제의 상대성과 한계를 용납하는 것이기 때문이다. 이념 분야와 대중매체에서 주도권을 장악하고 있음으로 인해, 그들에게는 대안적인 체제와 이념의 존재와 가치를 거부하는 것은 그리 어려운 일이 아니다. 그러나 그들에게 어려운 것은 체제에서 소외된 채 있는 12억 이상의 세계 인구가 존재하고 있다는 사실을 거부하고 부정하는 것이다.

기본적으로 소외된 자들이 확연하게 보여 주는 체제의 한계성을 부정하는 데는 두 가지 방법이 존재한다. 첫째는 시장체제의 '제사장들'이 주장하는 것처럼 불행하게도 아직도 시장체제가 현실 속에서 완전한 형태로 발전하지 못했으나, 삶의 모든 분야와 세계의 모든 지역에서 필연적이고 유용한 시장체제의 확산이 그 문제를 해결할 수 있다고 변호하는 것이다. 이 논리는 근본적으로 아직도 시장체제가 완벽하게 확산되지 않았기에 모든 문제를 해결하지 못하고 있다는 주장이다. 두 번째 방법은 시장체제에서 소외되어 있는 사람들의 존엄성을 부정하는 것이다. 만일 이들을 자신들의 무능력과 '태만'으로 인간의 존엄성을 잃어버린 자들이라고 간주한다면, 시장체제의 한계와 상대성을 확연하게 보여 줄 체제 밖의 사람들이 존재하지 않게 되기 때문이다. 현실 속에서는 이 두 가지 방법이 혼합되어 나타나고 있다.

소외된 자들의 존재와 그들의 존엄성에 대한 인정, 그들의 외침에 대한 귀 기울임과[52] 가난한 자들, 또 그들을 위한 구체적인 투쟁에서 교회의 참여를 통해 가난한 자들과 함께하시는 하나님을 증거하는 것이야말로 시장체제의 절대화에 대한 거부와 체제의 한계를 실제적이고 구체적으로 드러내 보이는 가장 좋은 방법일 것이다. 그럼에도 불구하고 시장의 우상숭배에 대한 거부와 그 한계를 명백하게 드러내 보이는 일은 절대적인 방법으로 시장을 부정하는 것이 아니다. 만일 그렇다면 그것 또한 또 다른 우상숭배가 될 것이다. 우리에게 필요한 것은 모든 인간의 행복하고 존귀한 삶을 위한 시장의 적합화이다. 그리고 그 일을 위해 전적인 의미에서의 가난한 자에 대한 선택은 "모든 사람이 생명을 얻되 풍성한 생명을 얻기"(요한 10:10) 원하시는 하나님에 대한 믿음을 증거하는 교회와 기독교인들의 가장 뛰어난 선택이 될 것이다.

우리의 선교에 있어 또 다른 중요한 주제는 희생의 문제이다. 우상은 인간 생명의 희생을 요구하는 신이다. 그는 가난한 자들을 용서하지도 않고 그들의 외침에 관심을 기울이지도 않는 신이다. 반면에 하나님은 그 외침을 들으시고 자비를 은사로 제공하시며 희생을 요구하지 않는 분이시다.

우리는 시장체제가 기독교 역사 중 한 부분의 신학적 명제로부터 희생적 신학을 빌려 왔음을 알고 있다. 물론 희생주의는 많은 종교와 사회에서 존재해 왔고 현재도 존재하고 있음은 명백하다. 그럼에도 불구하고 서구의 사고 형성에 미친 기독교의 희생 신학적 영향은 부정할 수 없을 것이다. 오늘날 우리 시대를 특징짓고 있는 무감각의 문화와의 투쟁에서 근본적인 것은 하나님은 구원을 위해 인간의 희생, 구체적으로 말하면 억압적이고 불의한 경제체제에 의해 소외되는 사람들의 희생을 요구하고 있지 않다는 사실을 명백히 밝히는 것이다. 우리의 행위와 증언을 통해 하나님이 원하시는 것은 "희생이 아니라 자비"(마태

9:13)임을 명백히 하는 것은 매우 중요한 과제이다.

세군도가 늘 주장했던 것처럼 신학의 해방 없이는 해방신학을 전개할 수 없다. 구원신학에서 즐비하게 보여 주는 희생의 논리에서 해방되지 않고서는 오늘날의 시장체제로 인해 발생한 사회적 소외에 대한 투쟁을 효과적으로 수행할 수 없을 것이다.

덧붙여 나는 시장체제의 절대화를 거부하는 하나님의 초월성과 자비의 이름으로 행하는 희생주의에 대한 비판 등 정치 신학적 원리는 '이데올로기'적인 논쟁임을 상기시키고 싶다. 이 논쟁은 매우 중요하지만, 우리는 또 다른 논쟁적 측면이 있음을 간과해서는 안 된다. 그것은 기술과 제도의 문제이다. 우리의 영성으로 소외적인 현 체제를 지탱하고 있는 신자유주의 이데올로기의 실체를 벗겨 내야 한다. 그러나 다른 한편으로 새로운 기술과 제도의 창출을 유도하는 방향을 새롭게 제시할 수 있어야 한다. 이 두 가지 측면의 창조적 긴장 속에서, 절대적이고 완전한 하나님은 인간적·역사적 가능성을 초월하고 있는 분이라는 사실을 기억하는 것이 매우 중요하다. 다시 말해 하나님의 신비에 대한 우리의 경험과 결정적이고 완벽한 형태로 형제들의 문제를 해결하려는 간절한 소망이 우리로 하여금 인간이 이룩하는 모든 사회와 제도들은 아무리 정의롭고 박애하는 것이라고 할지라도 그것은 최종적인 하나님 나라에 대한 전조일 뿐임을 망각하게 해서는 안 될 것이다.

5장

해방신학의 미래 :
풍요의 욕구와 결핍의
현 실 사 이 에 서

구스타보 구티에레스(Gustavo Gutierez)는 2003년 7월 29일부터 8월 1일까지 상파울로에서 개최된 '라틴아메리카와 카리브 지역의 기독교' 모임에서 행한 강연에서 "해방신학은 죽지 않았다! 만일 죽었다면, 나를 그의 장례식에 초대하지 않았던 것"이라고 말했다. 그러자 청중들은 구티에레스의 말에 만족의 박수를 보냈다. 브라질을 비롯한 라틴아메리카의 많은 사람들이 참여한 이 모임은 대다수의 사람들에게 라틴아메리카의 해방신학이 지속되고 있으며 살아 있다는 사실뿐만 아니라 해방신학의 필요성을 재확인하는 모임으로 각인되었다. 우리는 여기서 어떤 사람들이 어떤 신학이 죽었다는 글을 썼다고 해서 그 신학이 죽게 되는 것이 아니라는 사실을 분명히 할 필요가 있다. 그러나 반면에 그 신학이 계속적으로 살아 있기를 바라는 사람들이 있다고 해서 그 신학이 살아 있는 것은 아니라는 사실도 기억해야 한다. 그 신학을 따르는 사람들이 새롭게 등장하는 시대적 도전을 향한 지속적인 성찰과 저술 활동을 통해 응답하고 신학의 상황적·구조적인 문제와 부족함을 극복해 나가고 있다면 그 신학은 여전히 살아 있으며 탁월성을 유지하고 있다고 간주될 수 있을 것이다.

많은 공동체나 기독교 공동체에서 가난한 자에 대한 우선적 선택을 유지하고 있다는 사실은 매우 중요하다. 그러나 그것이 반드시 라틴 아메리카에서 해방신학이 살아 있음을 보증하는 것은 아니다. 아직도 대다수의 사람들이 불의한 경제적·사회적 구조와 인종차별의 상황, 지배 계급에 의한 억압 속에서 살아가는 현실이 오늘날에도 지속되고 있는 현상이 해방신학의 살아 있음을 보증하는 것은 더더욱 아니다. 억압의 현실과 이에 대한 저항의 실천, 해방 등이 해방신학의 출발점임은 분명하나 그것이 라틴아메리카 해방신학의 살아 있음과 사회적·교회론적 탁월성을 보장해 주는 것은 아니다.

나는 여기서 라틴아메리카의 해방신학은 죽었는가 혹은 그렇지 않은가에 대해 논하지 않을 뿐만 아니라 해방신학의 인식론적 문제와 도전에 대해서도 논하지 않을 것이다.[1] 왜냐하면 인간의 삶과 이 세계의 피해자들의 존엄성을 지키는 일에 헌신하는 해방신학과 여타 다른 신학들의 살아 있음과 탁월성은 오직 고통당하는 민중들의 삶과 존엄성을 지키기 위한 일에 헌신하는 공동체와 사람들의 투쟁으로부터 출현되는 여러 가지 의문과 문제에 대해 적합하고 탁월한 성찰을 지속적으로 생산함으로써 비로소 증명될 수 있다고 믿기 때문이다.

구티에레스는 해방신학의 우선적 성격에 대해 이렇게 말한다.

신학은 자신에 대한, 즉 스스로의 원리와 기반에 대한 비판적인 성찰이어야 한다. 신학이 비판적 성찰이라고 말할 때 우리는 단지 인식론적인 특성을 의미하는 것이 아니다. 삶의 경제적·사회문화적인 조건과 기독교 공동체의 성찰과 연관된 탁월하고 비판적인 성찰을 의미하고자 한다. 그럼에도 불구하고 우리는 이것을 일정한 실천에 대한 이론이라고 정의

하기도 한다. 진지한 신학적 성찰은 필연적으로 하나님의 말씀에 의해 부름받은 사명과 연관해 사회와 교회에 대해 비판하는 것이다. 신학은 믿음으로 받아들인 말씀의 빛에 의한 비판적 이론이고 실천적인 행위에 의해 움직이며 종국적으로는 역사적 실천과 본질적으로 연합되어 있는 것이다.[2]

그러므로 신학의 개념은 2차적이 된다. 그것은 해방의 실천을 위해서 태어났다. 이것은 의심할 여지 없는 라틴아메리카 해방신학의 가장 중요한 특징의 하나이다. 신학에 2차적인 위치를 부여하는 것으로부터 라틴아메리카 신학은 공개적으로 자신의 성찰은 제1세계나 제3세계의 학계로부터 제기되는 단순한 이론적 질문에 대한 응답이 아니라, 무엇보다도 우선적으로 윤리적 분노와 억압의 상황에 대한 투쟁에서 출현되는 질문에 응답하려는 시도임을 분명히 했다. 달리 말하자면 라틴아메리카 해방신학의 일정(agenda)은 자신들의 투쟁과 '역사적 사건'에 대해 '깊은 의미를 발견하고 선포'하려는 교회, 사회·정치 운동에 의해서 결정된다는 것이다.[3] 그러나 이것이 학문적 세계와의 대화 단절을 의미하는 것은 결코 아니다. 하지만 분명한 것은 학문적 대화는 실천 현장에서 발생하는 문제에 우선순위를 이양한다는 것이다. 이러한 라틴아메리카 해방신학의 인식론적 원리를 전제하면서 나는 두 개의 중요한 사건과 문제를 염두에 두고 몇 가지 성찰을 시도해 보고자 한다.

새로운 실천, 새로운 도전,
그리고 새로운 문제들

'전도와 민중 교육을 위한 서비스 센터(CESEP)'⁴가 주최한 강연에서 아르헨티나의 주요 민중 기독단체의 주도적인 지도자인 한 여성이 다음과 같은 문제를 제기했다. 그녀는 가톨릭 공동체의 여러 사람들과 함께 해방신학을 접한 이후 자기 마을 사람들의 의식화와 조직화를 위한 여러 가지 사역들을 시작했다. 많은 투쟁과 아이디어들에서 비롯된 여러 가지 일들을 수행했지만 '가난한 사람들의 해방'은 이루어지지 않았다. 그 후에 이들은 마을 사람들의 삶의 조건을 향상시키고자 생산과 소비 조합을 만들었다. 투쟁은 이제 해방의 주제가 아니라 생활 조건의 향상에 초점이 맞추어지기 시작했다. 조합이 형성된 후, 마을운동의 지도자들을 중심으로 이사회가 구성되었다.

조합 운영은 원활하게 이루어졌다. 그러나 얼마 후 조합 운영은 매우 심각한 문제에 직면하게 되었다. 마을운동의 가장 중요하고 핵심적인 지도자가 조합의 대표로서 가능을 다하지 못하고 있었다. 그는 사람들을 소집하고 움직이도록 하는 데 탁월함을 보여 주었던 사람이다. 그러나 조합과 같은 경제적 조직을 이끌고 운영하는 데 필요한 능력을 갖추고 있지는 않았다. 이사회의 또 다른 구성원들은 조합을 효율적으로 운영하지 못하고 있는 그에게 더 이상 비용을 지불할 재정적 능력이 없다는 것을 알고 있었으며, 비효율성으로 인해 발생하는 경제적 손실을 더 이상 두고 볼 수 없다는 것도 잘 알고 있었다. 그러나 동시에 그들은 효율성의 원리가 옛 동료에 대한 연대 정신을 무시하게 하는

것도 원하지 않았다. 그들에게 효율성의 원리에 따른 행동은 그들이 그
토록 비판했던 신자유주의의 원리를 수용하는 것으로 비쳐졌기 때문
이다. 그러는 동안 조합은 심각한 운영난에 봉착하게 되었다.

위와 같은 상황일 경우, 신자유주의에 대한 비판, 연대에 대한 찬
양, 가난한 자를 위한 선택, 그리고 모든 사람의 존엄한 삶에 대한 권
리를 주장하는 것만으로는 충분하지 않다. 좀 더 구체적인 해결 방안
을 모색하는 것이 필요하다. 이러한 상황에 처해 있는 민중 조직이 더
위험한 상황을 직면하기 이전에 이 문제에 대한 해결 방안을 결정해야
한다. 그렇다면 이 경우처럼 '민중 프로젝트'가 '운영'의 문제에 직면했
을 때 무엇을 할 수 있을까? 신자유주의적인 입장에서 단순하게 경제
적 효율성의 원리를 적용해 조합을 원활하게 운영하고 유지해야 하는
것일까? 아니면 오직 연대의 가치에서 출발한 조합의 정체성을 계속
유지하면서 조합이 파산에 이르는 위험성을 감수해야 하는 것일까? 이
문제를 소개했던 지도자는 기업운영의 원리에 의한 효율성에만 의해
결정을 내려서는 안 된다는 입장을 가지고 있었다. 그러나 그는 동시에
운영의 효율성의 원리를 완전히 배제하고 연대의 이름으로만 행동할
수도 없다는 것 역시 깊게 깨닫고 있었다.

두 번째 경우를 살펴보자. 2003년 9월 멕시코 칸쿤에서 개최된
제5차 세계무역기구 장관회의에서 국제무대에서는 보기 드문 새로운
일이 발생했다. 22개국의 개발도상국(남아프리카공화국, 브라질, 중국, 인도를
중심으로 한)이 연합해 부유한 국가들에게 자국 농민들에게 지급하는 농
업 보조금의 인하와 더불어서 개발도상국들이 수출하는 농산품에 대
한 관세 장벽을 철폐해 줄 것을 요구했다(섬유와 식품과 마찬가지로). 이 회

의에서 22개국의 장관들이 연합한 모습은 매우 이례적이며 매우 인상적인 것이었다. 이에 대해 제임스 울휀슨(James Wolfenson)은 그 후 인터뷰에서 G22의 형성은 "21세기의 세계 금융 관계에 있어서 새로운 패러다임을 만들어 냈다"[5]고 말했다.

G20 플러스(Plus)로도 알려져 있는 G22는 전 세계 농민의 63퍼센트, 전 세계 인구의 51퍼센트와 전 세계 농업생산의 20퍼센트를 차지하고 있다. 농업 생산품을 수출하고 있는 부유하지 못한 국가들은 부유한 국가들이 자국의 농민들에게 주는 보조금과 보호정책으로 인해 막대한 피해를 당하고 있다. 부유한 국가들이 자국 농민들과 농산품 수출업자들에게 지급하고 있는 연 360억 달러에 달하는 보조금은 농산품 가격의 하락을 유도한다. 그리고 그것은 가난한 나라들의 빈곤 감소를 방해하는 요소로 등장한다. 부유한 국가들의 이러한 정책이 가져온 비참한 결과의 한 예를 들어 보자. 세계은행의 보고에 의하면, 부유한 국가들의 보조금으로 인해 국제 시장에서 목화 가격이 하락되지 않았다면 아프리카 국가인 부르키나파소의 경우 6년 내에 빈곤한 사람의 수를 절반으로 감소시킬 수 있었다고 한다.

이러한 보조금 외에도 부유한 국가들이 채택하고 있는 관세 장벽은 가난한 나라들이 국제무역에서 부유한 국가들보다 더 많은 관세를 지불하도록 하는 모순을 만들고 있다. 국제 빈민구호단체 옥스팜의 연구에 의하면 미국의 경우에는 영국, 프랑스, 일본, 독일의 주요 수출품에 대해서는 0-1퍼센트의 관세를 내게 하는 데 반해 방글라데시, 캄보디아, 네팔의 수출품에 대해서는 14-15퍼센트의 관세를 징수하고 있다.[6]

　　이러한 보조금 지급과 관세장벽의 이유는 농산물 수출국인 미개발 국가 농민들이 부유한 국가의 농민들보다 경쟁력이 뛰어나기 때문이라는 것이다. 그런 이유로 자국의 농민들을 비롯해 미개발국과 비교해 경쟁력이 뒤떨어지는 섬유 업계 등 자국의 생산자들을 보호해야 한다는 것이다. 이렇게 부유한 국가들은 미개발 국가의 가난 극복과 경제 발전(여기서 불가능이라는 단어를 사용하지는 않겠지만)을 매우 어렵게 만드는 정책을 구사하고 있다.

　　부유한 국가들은 가난한 국가들과의 관계에서 확고한 경쟁력을 확보하고 있는 분야(하이 테크놀로지와 금융)에서는 자유시장의 논리를 확대 내지 강화하고 있는 반면, 미개발국가와 비교해 경쟁력이 뒤떨어진다고 여겨지는 물품의 거래에는 보조금 정책과 높은 관세정책을 강화하고 있다. 이러한 상황에서 우리 앞에는 두 가지 길이 열려 있다. 하나는 경제적 고립정책이다. 이것은 미개발 국가들이 국제시장에 참여하지 않는 것이다. 그리고 또 하나는 농산품 분야에 있어 국제시장의 자유화를 위한 투쟁의 길을 걷는 것이다.

　　경제적 고립은 가능한 방법이 아니다. 왜냐하면 미개발 국가들은 아직은 적절한 가격의 수준에서 자신들이 필요하고 사회적 삶의 유지와 재생산을 위한 제품(항생제, 비료, 컴퓨터, 통신 기계, 대중교통, 석유와 석유 제품 등)을 생산할 수 있는 기술을 보유하지 못하고 있기 때문이다. 이와 마찬가지로 부유한 국가로부터 수입되는 제품들에 대한 관세장벽을 높이는 것도 국내 소비를 위한 제품은 물론 수출품 생산을 위한 자재 부족을 초래할 뿐만 아니라 정치적 어려움(만약 정치적 어려움이 없었더라면 신자유경제정책 수호자들이 이 분야에 있어 전 세계에 걸쳐 자유무역을 강제하지 못했을 것이다)을 가져올 수도 있기 때문이다.

그렇다면 우리에게 유일하게 남는 것은 국제시장에서 모든 분야의 무역 자유화를 위한 투쟁이다. 브라질 전 대통령 룰라 다 실바(Lula da Silva)는 이렇게 말한다.

> 우리는 어떤 경우에도 특혜를 달라거나 우리에게 특권을 부여해 달라고 요구하지 않았다는 것을 알아주었으면 좋겠다. 우리가 요구하는 것은 선진 국가들이 우리 모두를 균등하게 취급하는 정책을 펼치라는 것이다. 우리는 지금 자유롭게 경쟁할 수 있는 기회를 갖기를 요구하고 있을 뿐이다.[7]

브라질의 룰라 정부를 신자유주의 정권이라고 비판하는 많은 사람들에게[8] 룰라의 이 같은 발언은 신자유주의적인 발언의 결정판으로 받아들여질 것이다. 왜냐하면 자유무역이 옹호하는 것은 언제나 신자유주의 경제가 올린 깃발인 반면, 가난한 사람들과 함께하는 사람들은 이러한 제안을 늘 거부해 왔기 때문이다. 그렇다면 정말 룰라 정부는 중국 공산당이나 G22의 국가 중 사회민주주의의 경향을 보여 왔던 몇몇 정부와 마찬가지로 노동자나 사회적 약자를 위한 그들의 이데올로기적 선택을 포기하고 신자유주의자들의 '시장의 우상화'를 받아들였던 것일까? 그렇다면 브라질의 역사에서 최초의 노동자 출신 대통령을 선출하는 데 힘을 보태고 협력했던 우리, 그리고 '민중 정부'와 함께 사회적으로 좀 더 정의로운 국가에 대한 희망을 나누었던 모든 사람들은 이제 민중적인 뿌리와 동기를 포기하고 신자유주의자들과 함께 '시장의 우상화'라는 팔찌를 착용하고 있는 정부에 대해 공개적으로 반대하는 입장에 서야 하는 것일까?

신앙과 행정적인 결단의 모순, 신앙과 행정 사이에서의 결단 혹은 효율성과 연대성 사이에서의 선택 문제에서 발생하는 모순들과 그리고 신자유주의 깃발을 올린 것으로 보이는 '민중 정부'의 모순은 민중 운동과 투쟁의 일정한 정치적 성과로 나타난 최근의 사건들이다. 1970년대와 1980년대 라틴아메리카 해방신학은 이 같은 문제에 대해 토론하지 않았다. 이러한 문제들은 교회와 사회운동의 실천 현장에서 대두되지 않았던 문제들이었다. 이 문제들은 민중 투쟁의 발전과 일정한 성취 후에 발생한 현상들이다.

이러한 문제들은 가난한 사람들의 해방을 위해 투쟁해 온 사람들, 즉 민중의 의식화와 조직에 귀중한 삶을 헌신한 사람들과 공동체가 해방의 지연 혹은 불가능성으로 인해 헌신을 단념했더라면 발생하지 않았을 문제들이다. 많은 기독교인들과 '좋은 뜻'을 가지고 있는 사람들에게는 '엠마오로 가는 제자들'이 느꼈던 "우리는 그가 이스라엘의 해방자라고 생각했었다"(누가 24:21)는 좌절감을 극복하는 것이 필요했다. 이 같은 새로운 문제들은 예수를 따르던 가난한 자들이 "결국에는 억압으로부터 해방될 것이다"라는 거대한 희망이 좌절됨에도 불구하고 자신들의 투쟁을 포기하지 않고 인내한 데서 생겨났다. 모든 '노예화됨을 극복함'으로 이해할 수 있는 해방의 개념은 또 다른 측면으로는 새로운 인간을 향한 소명과 새로운 세상의 창조자로 이해할 수 있다.[9]

단순히 시대에 대한 응답이나 가치 회복을 위한 투쟁이 이제는 정부와 함께하는 협동조합과 같은 민중 행정조직으로 전이되거나 변화되는 과정에서, 또 다른 한편에서는 투쟁가들이 직접 연방이나 지방 정부의 국회나 행정부의 선출직에 진출함으로써 새로운 문제들이 나타났다. 이 같은 문제들은 공공 영역뿐만 아니라 사적인 영역, 또 제3영역의 행정과 조직 분야에서 지속적으로 발생하고 있다. 이처럼 예전의 것들과는 질적인 차이를 보이는 문제들은 사회단체들이 운동의 측면을 벗어나서 조직운영의 영역으로 접어들 때나 혹은 공공기관의 경영, 다시 말하자면 경역 악화라는 조건에 대처할 필요성으로부터 나타난다.

우리가 가난한 사람과 인류의 '해방'을 위해 투쟁하고 있을 때나 새로운 세계와 새로운 인간을 추구하고 있을 때, 우리는 부족함 없는 온전한 자유를 누리며 살아가는 풍요의 세계(우리가 공동체 안에서 부르곤 하던 운동가요의 '모든 사람이 이 땅 위에 자유가 다스리는 그 날을 보리라'라는 가사처럼)를 꿈꾸고 있었다.

그러나 비정부기구, 협동조합 등 여러 조직을 설립하고 그 일원으로 참여하게 되었을 때 혹은 정부의 공공기관에 참여하게 되었을 때 우리는 비로소 깨달았다. 우리에게 충분한 시간이 주어진 것도 아니고, 우리는 인간적·물질적·재정적 자원 및 정치적 힘과 모든 지식을 갖고 있지 않다는 사실을 알게 되었다. 이러한 결핍의 상황 앞에서 우리가 반드시 필요하다고 원하는 모든 일을 제대로 수행할 수 없음을 깨닫게 되었다. 결핍의 상황은 우리로 하여금 해야 할 일에 한계를 부여했다. 이러한 한계로 인해, 우리는 결단의 단계에서 우선순위를 정할 수밖에 없었다. 그리고 우선순위를 정하게 되었을 때 언제나 우리의 동지이거나 아니거나 상관없이 혜택이 돌아가지 않는 상황이 발생하게 되었다.

우선순위는 일정한 판단 기준에 의해 결정되곤 한다. 동시에 그 판단 기준은 정치적·윤리적인 결정이 되곤 한다. 판단 기준을 규정하기 위해 정치적·윤리적 결단을 내린 후에 우선순위는 확정되고 체계화되고 실행 단계에 들어서게 된다. 실행 단계에서 가장 중시되는 것은 기술적인 문제이다. 만일 결핍의 문제가 없다면 협동조합의 경영진들은 비효율적인 조합의 직원을 해임하는 문제에 직면하지 않을 것이며 G22의 반신자유주의적인 정부가 자유무역의 깃발을 세울 결단을 할 이유도 없을 것이다.

위의 두 가지 경우, 다시 말해 협동조합이 당면하는 미시경제사회적 측면과 세계화된 경제구조에서 국제무역이라는 거시경제 측면은 현 사회적·지리적 상황에서 맞이할 수 있는 극단적인 예일 것이다. 정도의 차이는 있겠지만 투쟁과 결단은 현실이 가진 모순들과 경제사회적 문제들로 고통받는 사람들의 구체적인 삶과 직결되어 발생하는 갈등에 당면한다. 오늘날과 같은 복잡하고 다양한 사회에서 미시경제 수준의 경제 관계는 서로 밀접하게 연결되어 있으며 세계화 수준의 경제적 상황과 행동에 영향을 받게 된다. 그러므로 가난한 사람들에 대한 우선적 선택과 모든 사람의 더 존엄한 삶을 위한 투쟁은 이 두 수준에서 발생하는 도전과 맞부딪쳐야 하며 또 다른 한편으로는 두 수준이 겹치는 분야의 도전도 염두에 두어야 한다.

현실의 복합성과 모순 앞에서 어떤 사람들은 자신들의 윤리적·정치적·신학적 원리의 순수성을 유지하고자 한다. 그리고 결핍의 현실을 전혀 염두에 두지 않기도 한다. 또 다른 사람들은 그들이 결정하는 우선순위의 규정이 윤리적·신학적·정치적인 문제임을 무시하고 오직 기술적 문제만 염두에 두고 행동한다. 또 다른 한편, 결핍의 현실을 무시하지 않고 자신들을 지금까지 투쟁하도록 한 신앙의 동기를 망각하지 않으려고 하는 사람들의 공동체도 있다. 현실 세계의 모순과 갈등, 결단의 어려움 속에서 좀 더 진지하고 깊은 영적인 의미를 찾으려는 사람들도 있다.

여기서는 위에 언급된 협동조합이 그들의 경영자들에 대해 어떤 결단을 내려야 하는가 혹은 룰라 정부가 신자유주의 정부인가 그렇지 않은가에 대한 토론을 전개하지 않을 것이다. 그러나 나는 위 경우들을 통해 오늘날 새로운 문제들이 발생하고 있음을 인정해야 한다고 믿는다. 어쩌면 라틴아메리카 해방신학의 여러 가지 전제들이 시간이 흐름에 따라 화석화되었으며, 그것이 오늘날 우리가 당면하고 있는 어려운 논쟁에 대한 토의 진행을 전혀 도와주지 못할 뿐만 아니라 오히려 어렵게 만들고 있지 않은지 염두에 두어야 한다. 이 경우, 가난한 사람들에게 헌신하는 교회와 민중운동 영역에서 갖고 있는 효율성과 경쟁력에 대한 부정적 선입견이 그 예가 될 수 있다.

동시성의 관계를 염두에 두지 않은 채 오직 연대의 원리하에 조직되는 "연대적 경제"[10]에 대한 제의는 매우 매력적이다. 그리고 이러한 효율성을 배제한 제의는 우리로 하여금 새로운 사회, 즉 공동체 사회의 거시사회적 단계로 확장된 새로운 사회의 역사 안에서의 성취를 꿈꾸게 한다. 이에 대해 죠앙 리바니오(Joao Libânio)는 다음과 같이 말한다.

오늘날까지 기독교의 꿈은 공동체적인 것이다. 사도행전의 누가에 의해 이상화된 공동체는 오늘날에도 우리에게 공동체의 영감의 모델과 원천으로 기능하고 있다.[11]

그러한 꿈이 구체적인 사회 프로그램으로 변화될 때, 그 조직 안에서는 더 이상 경제·사회조직의 효율성에 대해 토론하지 않는다. 토론의 부재는 결과적으로 시간이 부족한 상황에서 어떤 결단을 내려야 하는 순간에 잘못된 판단을 하게 만들기도 한다.

효율성의 개념에 관한 어려움을 넘어서서 시장, 시장 안에서의 자유와 연관된 강력한 선입견도 있다. 라틴아메리카 교회와 라틴아메리카 해방신학의 가난한 사람들을 위한 우선적 선택은 항상 반자본주의 사회와 연결되어 이뤄져 왔다. 그렇기 때문에 우리 사이에서 시장과 시장 안에서의 자유는 금기 사항이 되어 왔다. 그런 이유로 민중 정부로 여겨졌던 룰라 정부가 세계무역기구회의에서 자유무역의 깃발을 옹호한 것에 대해 놀라움과 불만이 발생했던 것이다.

우리가 위에서 인용한 구티에레스의 말에서 본 것처럼, 라틴아메리카 해방신학이 비판적 성찰의 입장을 지속적으로 유지하기를 원한다면 자신의 원리에 대해서도 끊임없이 비판적인 성찰을 해야 할 것이다. 그러므로 다음과 같은 질문의 성립이 가능하다. 혹시 라틴아메리카 해방신학이 어떤 일정한 성찰과 전제들을 도그마화하고 있는 것은 아닌가, 또한 그러한 도그마가 오늘날 우리로 하여금 우리의 행위에 대한 새로운 전망을 열어 주고 밝혀 주기 위한 모색과 실천을 막고 있는 것은 아닌가? 라틴아메리카의 해방신학의 많은 성찰들은 오늘날 우리가 당면하고 있는 여러 다양한 문제들과 질문들이 발생하지 않았던 상황에서 이루어진 것임을 감안할 때, 그러한 성찰들이 과연 오늘날 우리가 당면한 새로운 사회적 현실에서 헌신자들의 실천적 행위와 영적인 삶을 밝히는 능력을 아직도 갖고 있는가?

몇 가지 사회적 분석에 대한 재검토

성찰을 계속해 보자. 여기서 나는 라틴아메리카 해방신학의 두 번째 혁신적인 특징인 사회 분석적 도구의 활용에 대해 언급하고자 한다. 사회 분석적인 도구의 활용과 그것의 프락시스(Praxis, 실천)와의 변증법적인 연관 그리고 가난한 사람들을 향한 우선적 선택을 하시는 생명의 하나님, 가장 연약한 사람들의 삶을 위협하는 경제적·사회적·정치적·생태적 문제들에 대한 신학적 응답 등은 의심의 여지 없이 라틴아메리카 해방신학 패러다임의 가장 핵심적이고 중심적인 요소라고 말할 수 있을 것이다.

　신학의 중요한 대담자인 철학을 사회학으로 대치한 것은 해방신학의 중요한 특징이다. 또한 거기에서 나아가 오늘날 사회학과 인문학의 중재 없이는 신학을 전개할 수 없다는 것을 인정하게 한 것은 해방신학이 전(前) 세기의 다른 신학들과 결별했음을 보여 주었다.

　아그네스 헬렐((Agnes Heller)이[12] 언급한 것처럼 계층적 구조의 전근대적 사회에서는 사회현실을 설명하기 위해 사회학의 도움이 필요치 않았다. 영원한 진리(sub specie aternitatis)로 간주되고 있던 철학과 신학이 그 기능을 훌륭히 감당하고 있었다. 영원한 가치를 가치고 있는 진리와 그 진리의 영원한 소유자는 변화가 없는 사회를 설명할 수 있었고 생산기술은 자연의 부분으로서 받아들여졌다. 그러나 근대사회의 발현과 함께 사회는 기능적으로 나누어지게 된다. 개인과 사회의 관계는 좀 더 유연하게 흘러가게 되었고, 과거와 현재, 미래는 인간의 창조 능력에 의해서 변화될 수 있다고 생각되었다. 이러한 세계에서 영원한 진리의 소유자로 간주되던 철학과 신학은 더 이상 사회의 기능을 설명할 수 있는 조건을 갖추지 못하게 되었고, 따라서 사회적 학문의 등장은 필연적이 되었다.

이러한 상황에서 사회 분석적 방법론의 채택은 근대사회로의 진입을 의미한다. 뿐만 아니라 근대사회는 빠르게 변화되고 있으므로 일정한 사회적 원리와 이론은 일정한 시기에만 유용한 진리로 여겨진다. 따라서 사회가 변화한다면 일정한 이론은 더 이상 진리가 아니다. 이러한 것을 보면서, G22 국가들에 의해 이뤄진 자유시장에 대한 옹호를 언급할 때 지적한 시장의 우상화에 대해 다시 한 번 생각해 보자. 과연 G22 국가들이 시장의 우상화에 빠져들고 있는 것인가? 가난한 사람들을 위한 정부나 사회운동체가 과연 시장의 원리나 법칙을 수용할 수 있는 것인가?

라틴아메리카 해방신학의 내부에서 제기하기 시작한 시장의 우상화 개념은 전 세계로 번져 갔고 자본주의를 옹호하거나 비판하는 바티칸의 공식 문서에서도 빈번하게 나타나고 있다. 이러한 의미에서 이것은 서양사상에 남긴 라틴아메리카 해방신학의 커다란 공헌 중 하나라고 말할 수 있다. 그러나 이 개념이 항상 동일한 방법으로 이해된 것은 아니다. 많은 사람들은 시장의 우상화 개념을 시장에 대한 비판과 동일시하고 있다. 나는 이 개념 뒤에 있는 생각에 대해 좀 더 분명하게 밝힐 필요가 있다고 생각한다. 또한 이러한 해명은 세계화된 경제 구도와 국제무역 시장과 거래하고자 하는 정치·사회 그룹과 정부에 대해 우리의 입장을 결정하는 데 많은 도움을 줄 것이다.

우고 아스만의 시장의 우상화에 대한 비판

의문의 여지 없이 우고 아스만은 라틴아메리카 이론가 중에서 시장의 우상화에 대해 가장 많은 연구를 한 학자이다. 프란츠 힌켈라메르트와 공동으로 저술한 《시장의 우상화(La idolatria del mercado)》[13]라는 그의 저서는 이 주제에 있어서 독보적인 위치를 차지하고 있다. 아스만의 시장에 대한 사상의 진화를 살펴보는 것은 시장의 우상화 개념에 대한 이해를 도와줄 뿐만 아니라, 오늘날 우리가 경험하고 있는 시장에 대한 다양한 비판적 입장을 이해하는 데도 큰 도움이 될 것이다.

시장에 대한 비판과 관련해 우리는 아스만의 사상을 세 시기로 구분할 수 있다. 첫 번째 시기는 라틴아메리카 해방신학이 태동한 시기와 함께한다. 그는 그의 저서 《해방의 실천으로부터의 신학(Teología desde la Praxis de la liberación)》을 통해 종속이론과 대화한다. 그리고 해방의 개념을 종속개념과 연결시킨다.[14] 그는 상당히 비판적인 입장에서 종속이론과 특별히 마르크스의 이론을 원용한다. 그는 이렇게 말한다.

사회주의 사회의 건설을 위해 신화적이고 상징적인 우주의 활성화가 필요하다. 그것은 단지 그러한 사회가 주관적인 것을 넘어서서 강력한 객관적 실제로 존재하기 때문만이 아니다. 그것은 제거할 수도 없고 또 제거해서도 안 되는 인간적이며 사회적인 차원의 문제이기 때문이다. 비록 그것이 인간화의 역사, 이성적 현상과 관련되어야 한다는 필요성을 강제하는 한이 있더라고 해도 말이다.[15]

그는 사회주의 사회가 시장에 탁월한 기능을 갖지 못하고 있었던 당시의 마르크스주의자들과 사회주의자들 대다수와 같은 생각을 하고 있었다. 이러한 해석은 그가 당시에 후기 자본주의 사회의 시장경제에 대해 거의 아무런 언급을 하지 않고 있다는 사실로부터 추론해 낼 수 있다. 그의 시장에 대한 언급은 경제의 물신숭배화 과정과의 연관성으로부터 시작된다. 그 당시에 그는 시장 없는 경제를 제안하면서 시장에 대한 형이상학적 비판을 하고 있었다고 볼 수 있다.

시장에 대한 형이상학적이며 절대적인 비판은 기구적인 관계가 아닌 직접적인 관계에 기초하는 사회와 무정부 혹은 하나의 공동체로서의 '온전한 자유가 지배하는' 사회에 대한 낭만적인 제안으로 귀결된다. 상업적 교환 관계 혹은 동시성의 관계가 지배하는 사회가 아니라 순전한 협동과 연대의 사회이다. 그럼에도 불구하고 아스만은 현 사회의 정치적·기구적 문제에 대해 깊이 이해하고 있었기에 그의 제안은 이 같은 방향으로 진행되지 않았다. 우리는 그가 실질적인 면에 있어서는 완벽한 기획경제의 사회주의를 생각하고 있었다고 본다.

1980년대 초 아스만은 우상화와 주물화의 개념으로부터 자본주의에 대한 비판을 심화시키면서 그의 사상의 제2기로 들어선다. 그 예로 그는 이렇게 말한다.

자본주의의 생산 방법은 마르크스가 보여 주려 했던 것처럼, 기본적으로 주물화 과정에 서 있다. 자본주의는 외관의 사회적 구성이다. 그리고 이의 사상적 구성은 세속화와 아무런 관련이 없다. 이 구성은 순전히 '종교적'이다. 그래서 얼마 전부터 꾸준히 많은 해방신학자들이 우리의 신학적 과제는 반주물적이고 반우상적인 것이 되어야 한다는 것을 주장해 왔다. 이 체제는 그들의 섬기는 우상의 힘을 의존하고 있다.[16]

그는 자신의 저서 《시장의 우상화》를 출간하면서 이러한 생각은 정점에 이르렀다. 그는 서문에서 이렇게 말한다.

우리가 좀 더 관심을 갖고 말하고자 하는 주제는 이것이다. 어떻게 경제적 이성이 기독교 신앙의 가장 핵심적인 생각들을 '납치'했고 그것을 '기능화'했느냐 하는 것이다. 또한 어떤 방법으로 '경제 종교'가 엄청난 우상화에 도달하게 되었는가 하는 것이다. 우상화는 무엇보다도 시장의 자기 조절 능력의 매커니즘에 대하여 언급하는 것에서 분명해졌다. 경제적 우상은 희생 이데올로기로부터 자양분을 섭취하며 이것은 반드시 항시적인 인간 생명의 희생을 의미하고 있다.[17]

아스만은 자유 혹은 신자유주의 경제 이론에 의한 초월화 현상을 통해 절대성의 단계에 위치하게 되는 시장의 모습, 즉 그가 스스로 명명한 '시장의 우상화'의 본 모습을 벗겨 낸다. 시장의 우상화에 대한 그의 비판은 그의 초기 사상처럼 시장 자체에 대한 비판이 아니다. 그의 비판은 시장의 절대화와 자본주의가 경제 종교로 자리매김한 것에 대한 비판이다. 그는 시장 자체가 아니라 시장의 우상화를 비판하고 있다. 그에게 있어서 "우상은 억압의 신들이다. 성서적으로 우상과 우상 숭배는 맹종 그리고 억압, 인간 삶을 조직하는 데 있어 지배 권력의 정당화를 위한 종교적 상징들의 조작과 깊은 연관을 맺고 있다. 오늘날 경제 안에 실존하고 있는 우상숭배와 '타락한 신학'에 대해 언급하는 이유는 경제 발전에 대한 우상적 숭배라는 개념에 의해 정당화되는 인간 생명의 희생을 우려하지 않을 수 없기 때문이다."[18]

내가 아스만이 시장 자체에 대해 형이상학적 비판을 하는 것이 아니라 시장의 우상화에 대해 비판하는 것임을 강조하는 이유는 아직도 많은 사람들이 시장의 우상화에 대한 비판이 시장 자체에 대한 비판이라고 생각하기 때문이다. 만일 이것이 시장 자체에 대한 비판이라고 한다면 시장과 맺는 그 어떤 형태의 '합의'도 가능하지 않을 것이다. 왜냐하면 시장과 접촉하는 것 자체가 우상숭배에 빠지는 것으로 간주되기 때문이다.

아스만의 입장이 이같이 변화한 것에는 여러 가지 이유가 있겠지만, 무엇보다도 힌켈라메르트의 이론을 적용하면서 비롯된 일로 보인다. 힌켈라메르트는 유토피아(완벽한 시장 혹은 완전한 기획경제 혹은 제도와 법이 없는 사회)는 역사적 프로젝트에 의미를 부여하는 사상의 필수적인 지평이기는 하지만 역사 내부에서 실현되는 것은 불가능한 것이라고 주장한다.[19] 유토피아의 완전한 실현을 위한 모든 시도는 역사 프로젝트와 유토피아를 동일시하고자 하는 시도이며 종국에는 인간의 희생을 요구하는 것으로 귀결될 것이다. 그래서 아스만은 이렇게 말한다.

> 모든 독재적인 경제 패러다임 ―오직 시장을 주장하든지 오직 기획을 주
> 장하든지― 은 우리에게 메시아적 약속으로 인한 정당화를 통해 독점적
> 이고 유일한 방향으로만 나아가도록 강제한다. 독점적이고 우주적인 가
> 치를 소유하고 있다는 시도는 가는 길 위에 나타나는 모든 장애물을 제
> 거하기에 이른다. 그리고 오직 이 길만이 통행이 가능한 유일한 길이라
> 는 선언은 필연적인 사역 수행으로 나타나고, 인간 생명의 희생은 필연
> 적 희생으로 변하게 된다.[20]

힌켈라메르트의 주물화와 우상화, 유토피아 이성 비판에 대한 깊
은 성찰은 아스만으로 하여금 종속이론을 극복하고(형이상학적인 의미가
아니라 변증법적 의미에서의 극복) 그로 하여금 신학의 영역에서 훌륭한 공
헌을 남길 수 있도록 복합적인 의미의 사회분석적 시각을 갖도록 해주
었다.

아스만의 제3기 사상에 대하여 언급하기 이전에 우리는 그의 사
상의 제2기에 있어서 그가 당면해야 했던 여러 가지 상황들에 대하여
좀 더 자세하게 알아볼 필요가 있다. 그러기 위해서 우리는 아스만이
《시장의 우상화》 서문에서 말한 것을 상기할 필요가 있다. '경제 종교'
는 시장의 우상화에 있어서 커다란 과정을 시작하게 만들었다. 그것은
다름 아닌 시장의 메커니즘 자체에 대해 자가 조절 능력을 부여한다는
표현에서 극명하게 드러난다. 1980년대 말, 아스만은 시장의 우상화에
있어 두 가지 중요한 원천적 요소에 대해 말한다. 첫째는 인간 생명의

희생에 대한 요구, 둘째는 시장 메커니즘의 자가 조절 능력이다. 그 후 그는 자신의 후기 저서에서 시장의 자가 조절 능력에 대한 비판을 강화한다.

아스만은 1980년 피라시카바감리교대학의 대학원 과정에서 학생들을 가르치던 1980년대 초부터 자연과학과 많은 대화를 나누기 시작한다. 그는 특히 '혼돈 이론'과 물리학, 화학, 생물학, 신경정신학과 대화를 나누었다. 그는 사회 인문학에 대한 관심과 연구를 저버리지 않은 채 또 다른 학문의 세계를 접하게 되고 새로운 주제들을 자신의 학문에 포용한다. 예를 들면 자가 조직, 자가 조절, 새로운 물질의 출현, 자가 영성, 그리고 인식론 등이 그것이다. 아스만은 시장이 자가 조절 능력을 시도하는 것을 비판한 뒤 다음과 같이 말한다.

자가 생산의 과정, 다시 말하자면 자신의 존재에 대해 스스로 기획하거나 재기획함으로써 존재론적으로 상대적 독립성을 갖는 존재를 연구하는 모든 과학 영역에서 자가 조절 능력 혹은 자기 조직 능력의 개념은 매우 핵심적인 개념이다. '자가 조절 혹은 자가 조종'이란 자연 질서의 내부에서 발생하는 우연성에 대해 설명하려는 시도이다. 내부의 메커니즘은 자동적으로 자신의 체제의 기능을 조절한다. 내부 현상에 대한 이성적인 설명은 생명체의 경우처럼 내부의 메커니즘 자체로부터 비롯되어야 한다. 그러므로 질문의 핵심은 시장이 자가 조절 메커니즘을 가지고 있다는 것을 받아들이는 데 있지 않다. 오히려 어느 지점까지 시장이 포용적 혹은 독점적일 수 있느냐가 핵심이다.[21]

이 같은 언급은 시장에 대한 비판에 있어서 그의 사상의 제3기 초반부의 사상을 대표하고 있다. 그의 비판은 이제 더 이상 자신도 받아들이고 있는 시장의 자가 조절 능력을 향하지 않는다. 오히려 그의 비판은 이제 그 시장의 독점적인 모습으로 향한다. 사회과학에서 자가 조절 능력의 이론 적용에 대한 질문은 어떻게 오늘날의 사회처럼 복잡하고 광범위한 사회에서 기능할 수 있느냐에 집중되고 있다. 과거의 경우, 사회과학의 중심적 질문은 한 사회가 자신을 변화시키거나 유지하는 데 있어야 할 기능에 대한 이해에 집중되었다.

사회의 기능에 대한 이해를 모색하는 것은 한 사회가 제대로 기능하고 재생산되고 있다는 것을 전제하고 있다. 그러나 이제 새롭게 등장하는 질문은 그 전제 자체에 대한 것이다. 어떻게 수많은 사람들과 사회 집단들의 각기 세분화된 행위들이 중앙화된 통제 없이 재생산을 가능케 하는 일정한 질서를 만들어 낼 수 있는가 하는 질문이다. 이 문제에 대해 우리는 여기서 자세한 토론을 전개하지 않을 것이다. 그러나 이 질문은 아스만의 제3기 사상에 있어 매우 중요한 의미를 갖고 있다. 그것은 아스만의 시장에 대한 생각이 그의 자연과학과 학제 간 협력의 형태로, 위에 언급된 개념들에 대해 연구하는 사회철학과의 대화를 통해 발생하고 있기 때문이다.[22]

아스만의 새로운 시도는 라틴아메리카의 해방신학을 추종하는 많은 사람들에게는 이해할 수 없는 것이었다.

복합사회에서 발생하는 인간관계에 있어서 부정될 수 없는 많은 기능들 중에 인간 행위와 관련하여 부분적이기는 하지만 역동적인 자기 조절 시스템이 존재하고 있으며 또한 기능하고 있다는 사실이다. 경제의 영역에서 이 기능을 담당하는 것이—좌파들에게는 오늘날까지 부정적으로 받아들여지지만—시장이다. 우리는 사회적 양심과 윤리적 주체의 개념을 시장의(부분적인) 자가 조절 능력과 부합시킬 수 있는가? 연대라는 최종 목표를 포기하지 않은 채 긍정적인 의미의 비판으로서 시장을 수용하는 것은 개인적·집단적 윤리 주체의 개념 자체에 대한 새로운 성찰을 요구한다. 그것은 강력한 자가 조절 능력의 의미를 가지고 인간의 공존의 표준화라는 형태하에서 개인적인 윤리적 선택과 그 것의 객관화, 물질적·기구적 선택, 가치의 선택을 함께 생각하는 것을 의미한다.[23]

　　아스만은 시장에 대한 절대적인 비판으로 시작했지만, 그의 비판은 시장 자체가 아닌 시장의 우상화에 대한 비판으로, 그리고 종국에는 연대의 최종 목표를 포기하지 않은 채 시장을 비판적·긍정적으로 수용하는 데까지 이른다. 이러한 사상의 진화를 넘어서서 그는 연대의 윤리 자체가 자가 조절 능력과 함께 인간 공존의 표준화를 필요로 하고 있다고 주장한다. 이것은 사회적 목표와 연대의 실천이 단순히 의도적이며 양심적인 행위를 제한하는 것이 되어서는 안 되며 그것은 오히려 자가 조절적인 형태로 기능하게 하기 위한 연대적 기구의 메커니즘을 만들어 내야 한다고 말한다. 그것은 자가 조절적인 기구적 메커니즘을 통합하기 위해 사회적 연대나 목표에 대한 단순한 자발적·양심적인 시각의 극복을 의미하고 있다(이 개념은 아스만과 카프라 사이에 존재하는 시각 의 차이를 발견하는 데 매우 중요하다. 좀 더 이후에 다루게 될 것이다).

　　아스만이 사회에는 자가 조절 메커니즘이 존재하며 시장이 그것 들 중 하나라고 주장한다고 해서 그가 시장의 우상화에 대한 비판을 포기한 것으로 간주할 수는 없다. 이제 시장의 우상화에 대한 비판은 두 가지 중요한 기반을 가지게 된다. 첫째는 신자유주의자들이 갖고 있는 확신의 측면이다. 시장의 자가 조절 능력은 항상 최고의 결과를 가져올 것이라는 확신이며, 이것은 사회적 목표를 위한 사회적 간섭에 반대하는 시장의 자가조직 능력에 대한 확신이다. 경제체제에 의해 요구되고 실현되는 인간 생명의 희생이라는 희생주의는 이러한 확신의 결과로 나타난다.[24] 이에 따라서 시장은 사회적 연대를 실현하기 위한 다른 대안이 없는 유일한 것으로 등장한다.

정보사회의 출현, 경제의 세계화, 사회주의의 붕괴, 역사적 주체와 의식화에 집중되었던 민중교육에 대한 목회적 노력에 비해 초라했던 성과 등 사회 현실에서 만난 새로운 현장과 '사회분석적 중재'에 대한 지속적인 성찰이 그로 하여금 자신의 이론을 검토하게 만들었으며, 결국에는 "시장은 소외와 포용의 경향이라는 복합적인 상호 침투이다. 그리고 배제의 경향은 사회적 목표와 연관해 공공정책이 부재한 곳에서 더욱 강하게 나타난다"는 주장을 하기에 이르게 되었다고 나는 생각한다.[25]

이러한 자신의 입장에 대한 새로운 검토는 가난한 사람들의 생명과 역사의 피해자들을 향한 그의 변호에 기초한 신학적 선택에 변화가 있었음을 의미하지 않는다. 어떤 특정한 하나의 신학이 자신을 비판적으로 유지하기 위해 그 신학의 기본과 중재, 즉 사회적 프로젝트와 하나님의 형상에 대한 지속적인 검토와 성찰을 필요로 하고 있다는 것을 의미할 뿐이다. 아스만도 이렇게 말한다.

유토피아적 지평선과 역사적 프로젝트 사이에 존재하는 매우 집요한 변증법적인 긴장 관계는 우리로 하여금 다시 한 번 하나님의 형상에[26] (이에 대해 나는 사회 프로젝트 혹은 자본주의에 대한 비판의 궁극적인 개념 규정을 첨가한다) 대한 궁극적인 규정을 금지하는 성서적 가르침을 상기시키고 있다.

가난한 사람들과 희생자의 얼굴에서 계시되는 하나님을 향한 신실함을 지켜 나가고 이웃들과 함께 삶의 즐거움을 누리며, 이와 동시에 분석의 이론 영역에 있어 지속적인 재성찰을 향해 도전하는 것은 어려운 과제일 뿐만 아니라 가난한 사람과 희생자들의 편에 서고자 하는 사회적·정치적·종교적 실천을 전제하는 사회적 이론과 신학에 있어서 의무적인 것이다. 자본주의나 시장체제, 자발적이며 이상적인 사회 프로젝트에 대한 형이상학적 비판은 자신을 새로운 세계의 예언자로 간주하는 사람들에게는 자양분일 수 있겠지만 민중 조직 내부와 국제무역의 교섭 현장에서 이루어지는 구체적인 결단의 순간에는 큰 도움이 되지 못한다.

카프라와 경제적 자가 조직

사회과학에서 자가 조직 혹은 자가 조절 같은 개념 사용과 새로운 질서와 새로운 변화는 매순간 그 강도와 빈도를 더해 가고 있다. 실제로 자유주의와 신자유주의 학자들조차도 오늘의 세계에서 현재의 지배적인 경제 모델을 정당화하기[27] 위해 이러한 개념들을 사용하고 있다. 이 주제는 이미 나의 다른 저서에서 다루어졌기에 여기에서는 이 용어들과 개념을 사용하는 다른 반자본주의 학자에 대해 말함으로써 아스만의 분석과 그 차이를 드러내고자 한다.

프리조프 카프라(Fritjof Capra)는 우리에게 잘 알려져 있는 사상가이다. 복합 시스템 이론 혹은 복합 패러다임의 사상가인 그는 생명의 기본적인 특징 중 하나가 '새로운 질서의 자발적인 출현'이라고 말한다. 이 현상은 변화와 피드백의 향상으로 발생하는 불안정한 위기의 순간에 나타난다. 자발적인 출현은 자신의 조상과는 질적으로 다른 현상을 보이며 새로운 존재를 탄생하게 한다. 알프레드 노스 화이트헤드(Alfred North Whitehead)의 말을 빌리면 "자연의 창조적인 진화로서 새로운 존재의 지속적인 탄생은 모든 생명 세계의 근본적인 특성이다."[28]

생명 체제의 외부적인 요인에 의한 기획이나 실행 없이 이전의 존재와는 질적으로 다른 새로운 질서의 자발적인 출현이라는 개념은 생명과학과 복합사회의 새로운 이론의 탄생에 있어 기초석으로 간주된다. 아스만이 시장체제의 자가 조직과 자가 조절에 대해 언급할 때 그는 이러한 논리에 의거해서 말하고 있다. 물론 이러한 논리하에서 화학과 물리학을 연구하는 모든 과학자들이 이 논리의 인문사회학적인 활용에 동의하는 것은 아니다. 그러나 니클라스 루만(Niklas Luhmann), 폴 크루그먼(Paul Krugman) 등 많은 학자들과 함께 카프라는 이러한 논리는 사회질서를 이해하기 위해 유용하게 활용될 수 있다고 생각한다. 그리고 그는 계속해서 "한 인간 조직에서 새로운 질서는 특별한 개인에 의해 발명되는 것이 아니다. 그것은 조직의 집단적인 창조성의 결과로서 자발적으로 출현한다"[29]고 말한다.

새로운 존재의 출현과 한 체제에 속해 있는 구성 요소의 재영양을 공급하는 시스템과 기존 요소와 시스템 자체의 상호작용으로 인한 새로운 질서의 출현을 인정한다는 것은 반드시 인간 조직의 무의식적·의식적인 사전 기획의 부재를 받아들이는 것이 아니다. 카프라에게 "인간 조직은 언제나 기획된 구조와 동시에 새롭게 출현하는 구조를 가지고 있다. 실현되고 있거나 기획된 구조는 조직의 공식적인 문서를 통해 증명되는 공식적인 구조이다. 새롭게 출현하는 구조는 조직 내의 비공식적인 네트워크와 실천적 현장의 공동체들에 의해 창조되는 구조이다. 우리가 늘 보아 왔던 두 종류의 구조는 서로 매우 다르다. 그리고 모든 조직은 이 두 구조를 필요로 하고 있다."[30]

카프라는 이전의 역사에서 찾아 볼 수 없는 복합성과 거대성의 새로운 질서가 출현함으로서 세계화 과정에 대해 언급하고자 할 때, 새로운 질서의 자발적인 출현에 대한 이론을 내려놓는다. 그리고 그는 세계화는 G7이라고 불리는 거대한 자본주의 국가들과 다국적 기업과 세계은행, 국제통화기금, 세계무역기구 등과 같은 세계적 금융기관들에 의해 의도적으로 형성된 것이며 그 목적을 이루기 위해 만들어진 것이라고 말한다.[31]

이러한 의도성에 대한 강조는 경제 세계화 과정의 배후에 대해 이런 질문을 하게 한다. 왜 그는 복합사회체제에서의 새로운 질서의 의도성이 없는 자발적 출현이라는 이론을 두 번째 위치에 두고 있으며, 의도성에 모든 강조점을 두고 있는 것인가? 이 질문은 경제의 세계화는 "오늘날 우리가 당면하고 있는 환경과 사회문제 대부분의"[32] 심각한 원인이며 따라서 이를 극복하기 위해 더 깊은 체제 변화를 요구하는 카프라에게 있어 가장 중심적인 질문이다.

세계화를 자발적 출현이 아니라 기획되고 의도적인 출현으로 설명하는 그의 이론적 '탈선'은 이미 이 세계에서 전 세계의 학자, 지도자, 사회 활동가들의 지도하에 변화가 이루어지고 있다는 확신에서 왔다. 다만 이 변화는 세계화 과정이 의도적인 방법으로 강요되고 이루어졌기 때문에 이 변화 또한 의도적으로 생각되고 실천되고 있다는 것이다. 그래서 그는 다음과 같이 말한다.

> 방향의 변화(체제 변화)에 대한 실질적인 모든 토론은 현 경제세계화체제로서의 세계화가 의식적으로 기획된 출현 현상이라고 한다면 변경도 가능하다는 사실로부터 출발되어야 한다. (…) '세계화 시장'은 사실상 기계들의 네트워크이다. 그것은 자신의 논리를 모든 인간들에게 강요하는 로봇일 뿐이다. 별다른 고장 없이 기능을 잘하려면, 로봇은 인간이나 인간의 기구들에 의해서 기획되고 프로그램화되어야 한다.[33]

카프라는 예전의 세계화 과정을 설명할 때 사용하지 않았던 '질서의 자발적 출현 이론'을 새롭게 주장하기 시작한다. 그러나 그는 이 이론을 예전에 그랬던 것과는 달리 두 번째 위치에 놓아둔다. 그는 세계화가 의도적이고 의식적으로 기획되었다는 점을 강조한다. 그럼에도 불구하고 그가 설명하고 있는 세계화의 변화 과정은 예전에 스스로가 주장했던 "복합질서의 변화는 완전하게 조절 가능하지 않고 의식적인 기획에 의한 것이 아니다"라는 이론과는 상충하고 있다. 복합체제 이론에 의하면 체제는 기획될 수 있고 조절될 수 있다. 그러나 복합적 체제는 예기치 않은 형태로 불안정한 상황에서 의도되지 않은 결과를 낳기도 한다. 이렇게 함으로써 자동 조직 결성과 자동 출현의 형태로 새로운 질서를 출현케 한다. 이것은 우리가 변화의 과정에 참여할 수 있지만 그 과정을 온전하게 조절할 수 없음을 의미한다. 이러한 자동 출현에 대한 생각은 생물계에 대한 조직적·유기적인 시각에 의해 이루어진 기계적 패러다임과의 결별을 의미하고 있다.

한편 기계적 세계관에 대한 비판자인 카프라는 기계의 예를 들면서 세계화된 시장을 설명한다. 그것은 새로운 질서에 대한 제안을 기초하기 위해 만들어진 기계들의 네트워크이다. 그는 경제 세계화의 과정은 만들어지고 변경될 수 있을 뿐만 아니라 그것이 '별다른 큰 일 없이' 기능할 수 있는 체제로 만들어지고 변경될 수 있음을 증명하려고 한다. 그는 현 세계화체제는 의도적으로 기획되었고 실행되었다고 생각한다. 그러기에 새로운 세계화는 생태학적으로 지속가능할 수 있도록 기획되고 실행될 수 있다고 믿는다. 더욱이 그는 이러한 일들이 발생할 수 있는 객관적인 조건이 이미 구성되어 있으며 오직 부족한 것은 이를 실행하기 위한 정치적 의지와 용기라고 주장한다. "이전부터 우리가 주장해 왔던 많은 생태학적 프로젝트를 통한 지속가능한 미래로의 이동은 이제 더 이상 기술적인 혹은 개념적인 문제가 아니라 용기와 정치적 의지의 문제임이 명백해졌다."[34]

모든 것은 우리가 의식적으로 실행할 수 있는 정치적 의지와 용기에 달려 있다. 새로운 질서의 출현과 오늘날 세계에서 발생하고 있는 사건들 그리고 우리의 행위에 대한 설명뿐만 아니라 세계화체제 그리고 생태계의 문제에 대하여 설명할 수 있는 기술적인 지식이 부족한 것도 아니다. 물질의 부족도, 원하는 대상의 부족[35]도 그리고 연대의 감수성의 부족도 없을 뿐만 아니라 더욱이 (공동체의 이름으로) 사람들과 집단들은 자신들의 이기적인 욕망과 이익 추구를 부수적인 자리로 옮길 것이다. 이러한 모든 것들은 공동의 선이 무엇인가에 대해 합의하는 것이 어려움에도 불구하고 이뤄질 것이다. 이 같은 생각을 가진 사람들은 현 경제의 세계화 체제와 결별하거나 세계무역기구에서 의논된 무역 협정 혹은 ALCA(미주자유무역기구)의 교섭 과정과는 무관하게 경제를 유지하는 것은 정치적 의지와 새로운 인간 가치만으로 충분하다고 믿고 있다.

이러한 성찰과 문제 제기에 대해 나는 현 세계경제체제에서 국제통화기금, 세계무역기구, 세계은행 혹은 G7과 다국적 기업들이 큰 힘을 갖지 못하고 있다는 것을 말하고자 하는 것이 아니다. 분명한 것은 이들이 현 체제 안에서 특혜를 누리고 있으며 커다란 권력을 가지고 있다는 사실이다. 그러나 문제를 제기하고자 하는 또 다른 사실은 이들이 현 체제를 마치 절대적인 것과 같이 만들어 가고 있고 또 그렇게 인도하고 있다는 것이다. 이러한 시도 자체는 그들을 체제 밖의 존재로 간주하게 만들고 있다. 초월적인 존재로 만들어 가고 있다는 것이다. 이것은 진리가 아니다. 이것 외에도 만일 그들이 절대적 존재처럼 실제로 그런 힘을 가지고 있었더라면 엔론(Enron) 같은 거대 기업의 위기는 발생하지 않았을 뿐 아니라 자본주의 자체가 체제 위기를 겪지 않았을 것 아니겠는가.

자본주의는 정확하게 주기적인 체제 위기를 지나고 있다. 그것은 자본주의가 복합체제 자체로서 그 어떤 초월적 체제에 의해 기획되지도 않고 운영되지도 않기 때문이다. 자본주의체제의 주기적인 위기로 인해 사람들은 자본주의체제 자체 내 변화에 대해 생각하기 시작했을 뿐만 아니라 자본주의체제를 넘어서는 경제적·사회적인 다른 체제에 대해서도 생각하기 시작했다. 또 다른 한편, 주기적 위기의 고유한 특성 자체가 우리로 하여금 현 체제의 극복 내지는 변화의 방향이(완벽하게 의도적으로 일정한 방향으로 이끌리는 것은 아니지만) 다른 어떤 것에 의해 영향을 받을 수 있다는 사실을 깨닫게 했다. 이를 위해서 어떤 초월적인 존재에 대한 요구가 발생한다. 체제와 역사를 초월해 존재하며 모든 구성원과 체제의 요소로부터 발생할 수 있는 의도되지 않은 모든 결과를 예견하거나 폐지시킬 수 있는 완전한 지식과 능력을 갖춘 존재, 우리의 모든 욕망을 위한 기능적인 신의 형상, 즉 우상의 존재를 요구한다.

인간론과 원죄

카프라는 인간의 과학적 지식의 능력과 '거룩한' 삶 혹은 (생태학적인 사람들의 언어를 빌린다면) '지속가능한 삶'(생태적 사람들은 자신들이 알지도 못하는 수백만 명의 사람들의 공동선을 위해 자신들의 욕망과 이익을 이양하고 있다)을 향한 사람들의 결단력과 경제 세계화 현상 같은 복합적인 체제의 진화 과정과 문화, 종교 그리고 사회적 다양성의 광범위하고 복합적인 오늘날 사회질서 안에서 내부 모순으로 인해 발생하는 모든 갈등에 대한 인간의 조절 능력에 대해 아스만보다는 낙관적인 생각을 갖고 있다.

　　나는 이 같은 카프라의 인간의 가능성에 대한 낙관주의는 "부족함과 갈등이 없는 지속가능한 새로운 질서는 가능하다"[36]는 그의 소원이 확신으로 변한 데서 오는 것이라고 생각한다. 이를 위해서 광범위하고 복합적인 인간과 사회질서 앞에서 우리는 인간의 모든 한계를 극복해야만 한다. 그런 의미에서 결과적으로 카프라는 한계와 갈등으로 점철된 인간의 조건을 거부하거나 미래의[37] 어느 순간에는 인간의 진화로 인해 극복할 수 있다고 믿는 듯하다.

반면에 아스만은 인간은 형제애가 있고 정의로운 사회를 꿈꾸는 것과는 달리 본래적으로 연대적이지 않은 경향을 보인다고 주장한다. 그렇다고 해서 신자유주의 안에 잠재되어 있는 인간론처럼 인간이 순전히 이기적이고 반연대적인 것만은 아니다. 인간은 양면성을 가진다. 이기적인 존재이지만 동시에 연대적 존재가 될 수 있는 가능성도 가지고 있다. 이런 양 극단을 배제하면서, 아스만은 '타락', '부패'에 관한 신화의 현명하고 실제적인 측면을 회복하려고 시도한다. 그래서 아스만은 다음과 같이 말한다. "원죄의 문제는 사회적 공존에 있어 인간 존재에게 기대할 수 있는 것에 대한 해석학적 열쇠와 같은 것이다."[38]

하나님 나라, 공동체, 그리고 민중 조직

경제 세계화처럼 광범위하고 복합적인 사회 현실에서 만일 우리가 가난, 불의, 억압, 지배가 사라지고 자유와 형제애가 가득한 사회를 위한 투쟁을 하나님 나라를 향한 투쟁으로 생각한다면, "우리는 이런 것을 기대했는데…"라는 낙담과 회의에 빠지게 될 것이다. 확실한 것은 우리가 그러한 사회를 이룩해야만 하는 것이다. 그러나 또 한편으로 우리가 알아야 할 것은 역사 내에서 우리가 갖는 하나님 나라의 형상은 우리 삶과 투쟁에 의미를 부여하는 하나의 지평선이자 반드시 이루고자 하는 사회의 역사적 프로젝트는 결코 아니라는 사실이다.

더 정의로운 사회를 향한 우리의 투쟁은 자신의 기득권을 잃어버리지 않으려고 원하는 동시에 새로운 문제와 도전을 발생시키는 의도되지 않은 요소의 출현을 원하지 않는 집단의 저항에 부딪칠 것이다. 완전한 안정을 자랑하는 체제는 죽은 체제이다. 생명체와 비생명체로 구성되어 있고 살아 있는 체제는 무질서와 불균형과 함께 항시적인 긴장으로 인해 살아 있음을 유지하는 것이다.

그럼에도 불구하고 우리 중 많은 사람들은 우리의 노력으로 언젠가는 역사 안에서 하나님 나라(어느 날 완성될 것이다)가 완벽하게 이뤄질 것이며, 그때 인간 존재의 양면성과 지배나 불의의 관계는 사라질 것을 전제로 하여 하나님 나라의 건설을 위한 투쟁을 선포하는 신학을 교육받았다. 인간의 가능성을 넘어서는 세계를 우리는 하나님 나라라고 부르고 있는 것이다. 이러한 모순은 하나님 나라를 인간 행위의 결과, 즉 의식화되고 조직화된 민중이 행동한 결과로 본다는 데 있다.

인간의 조건을 원천적으로 넘어서고 있는 하나님 나라를 역사 내에 이룩하기 위한 투쟁이 불가능하다는 것에 좌절감을 느끼면서 많은 사람들은 이러한 시도를 포기하거나 세계화와 기술혁명으로부터 비롯되는 정치·경제·사회적 도전에 있어 우선순위를 2, 3순위에 두면서 오히려 거시 사회적 영역에서 이루지 못한 공동체에서 벗어나 미시적 사회의 영역에서의 실천을 더욱 강조하곤 한다.

또 어떤 사람들은 불가능성의 좌절에서 벗어나기 위해 하나님 나라의 개념 자체에 대한 비판을 하면서 하나님의 통치라는 개념을 앞에

내세우기도 한다. 안토니오 곤잘레스(Antonio Gonzalez)의 경우, 하나님 나라의 개념을 비판하면서 그 대신 가난과 불의와 불평등과 폭력이 사라지고 풍요와 형제애가 지배하는 자유로운 사회에서 이루어지는 인간관계의 모델로서 삼위일체를 소개한다. 그에게 있어서 이러한 전망에서 "삼위일체는 전통적 철학에서의 신성의 옛 기능을 획득하는 것이며, 삼위일체는 모든 만물로 하여금 종국에는 신과 같이 되려는 소원으로 인해 신을 향하도록 만드는 움직이지 않는 동력이다."[39] 그는 또 다른 한편으로 삼위일체 모델에 입각해서 하나님 나라를 건설하고자 하는 모든 윤리적 의무를 강조하는 우리 경향에 대해서도 강력히 비판하고 있다.

더욱이 그는 "가난한 사람들의 시각에서 보면 삼위일체와 하나님 나라의 관계에 대한 개념은 특별하게 희망적이지 않다. 가난한 사람들은 더 힘을 가지고 있는 사람들에 비해서 역사를 변화시키기 위한 능력이 부족하며 따라서 그들의 기능은 항상 부수적인 것으로 간주되는 경향이 짙다"[40]고 역설한다.

상당히 합리적으로 여겨지는 이러한 비판으로부터 출발해 그는 하나님의 삼위일체 다스림의 개념에 대해 제안한다. 이러한 통치는 이루어져야 할 어떤 상태가 아니라 우리 역사 안에 이미 존재하고 있는 역동성 같은 것으로 보인다. 곤잘레스에게는 역동성이 두 가지 의미로 존재한다. 첫째는 하나님의 통치를 거부하는 세상의 모습이다. 이러한 이유로 아직은 하나님의 통치가 가능하지 않다. 그것은 역사에 대한 하나님의 섭리를 거부하는 정치·경제·사회·종교 권력들이다. 그러므로 결국 그들이 불의와 고통과 억압의 최종적인 책임자들이다. 둘째는 "하나님이 자신의 통치를 펼칠 수 있는 창조의 영역이다. 이것은 구체적으로 말하자면 인간이 인간을 지배하는 모든 모양의 억압이 사라진 영역을 의미한다. 왜냐하면 바로 거기에서 하나님은 실질적으로 통치하고 더 이상 다른 왕 혹은 주들은 그 존재를 드러내지 못한다."[41]

이러한 의미에서 그는 서로 다른 두 영역을 구분한다. 하나는 정치·경제·사회·종교가 세계의 고통과 억압의 책임자가 되는 영역이고 하나님이 다스리지 않는 영역이다. 또 다른 하나는 하나님이 다스리는 영역이며 모든 형태의 억압이 사라지는 영역이다. 그러나 어떤 형태의 억압이라도 완전하게 사라지는 그 멋진 세계는 도대체 어디에 있는 것인가? 곤잘레스에게 있어 이 세계는 공동체 영역에서 발견된다. 그는 이렇게 말한다.

지금 그리고 밑에서부터 이뤄지고 있는 하나님의 통치는 형제자매의 화해가 이루어지는 공동체를 창조해 낸다. 그리고 그 공동체 안에서 불평등, 가난 그리고 억압은 사라진다. 더 급진적으로 공동체 안에서는 하나님에 대한 공포도, 소유에 대한 채울 수 없는 욕망도, 우리가 실천한 결과로 자신의 삶을 정당화하려는 뱀 같은 시도도 사라지고 만다. (…) 이 통치는 영성적인 차원의 일이 아니라 역사 안에서 이루어지는 구체적이고 실제적인 일이다. 하나님이 다스리는 곳에서는 믿음으로 아담의 죄의 결과가 사라지게 되고, 모든 소유를 함께 나누고, 사회적 차별이 사라지며 가난이 극복되는 화해의 공동체가 탄생한다.[42]

위의 인용문에서 저자는 공동체 안에서 이루어지는 하나님의 통치의 두 가지 차원에 대해 소개하고 있다. 하나는 개인적인 삶의 영역, 즉 주관적인 영역이다. 사람들은 하나님에 대한 공포와 채울 수 없는 소유에 대한 욕망의 결과로 자신의 삶을 정당화하려는 유혹으로부터 자유로워진다. 이것은 하나님 통치의 '해방'적인 차원이며 자비의 하나님과의 만남으로부터 이루어지는 희생과 가학적인 하나님의 형상을 극복하는 것이다. 이것은 다른 사람과의 형제우애적인 만남(이것 없이는 우리는 우리 자신의 삶을 실현할 수 없다)을 통한 소비주의와 더 많은 재물의 소유로 인해 다른 사람보다 자신을 우월하게 여기고자 하는 욕망을 극복하도록 하는 것이다. 그리고 마침내 우리를 은혜로 구원하시는 하나님과의 만남을 통해 항시적으로 우리 삶에 존재하는 인간의 업적으로 '구원'과 정당화를 이루고자 하는 유혹을 극복하기에 이른다.

두 번째 영역은 좀 더 객관적인 영역이다. 역사적 현실의 창조, 더 이상 사회적 차별과 가난이 없고 함께 나눔이 있는 공동체의 영역이다. 이것이 '해방'과 '하나님의 다스림'의 객관적인 영역의 모습이다. 위에 나온 리바니오의 언급처럼, 성서(사도행전 4:32-35)에 소개된 공동체의 모델에 영감을 받은 공동체이다.

나는 여기서 기독교 초대 공동체에서 어느 수준까지 이상적인 공동체가 실현되었는가에 대해 자세한 언급을 하지 않으려 한다. 첫 번째 이유는 내 자신이 성서 해석자가 아니라는 점 때문이다. 두 번째는 오늘날 우리가 당면한 현실이 그 당시와는 너무나 다르기 때문이다. 그럼에도 불구하고 우리는 기독교인의 첫 번째 공동체를 하나님의 통치가 이뤄지는 공동체 모델로 여길 때, 사도행전에 기록되었듯이 초기 공동체가 많은 문제점을 안고 있었다는 것을 잊어서는 안 된다. 사도행전에 나오는 아나니아와 삽비라 부부를 예로 들 수 있을 것이다. 이 예를 통해 좋은 뜻이라 할지라도 모든 공동체 구성원들이 똑같이 재원을 공유할 수는 없다는 것을 알 수 있다. 그들에게는 헬라 과부들도 문제가 되었다. 헬라 과부들은 부족한 재원의 분배에 있어 유대 과부들이 특혜를 받고 있음에 대해 불만을 제기했다. 우리는 예루살렘을 강타한 기아 사건을 기억하고 있다. 예루살렘 공동체는 더 이상 나눠 줄 재원이 없었다. 언제나 재원의 부족은 우리의 아름다운 실행을 방해하고 있다!

곤잘레스의 언급에 대해 토론하고자 하는 이유는 내가 앞에서부터 다루고자 했던 문제, 다시 말해 해방과 하나님 나라, 재원의 부족에 대한 출구를 찾기 위한 시도를 하는 데 있어 그가 매우 흥미로운 요소들을 소개하고 있기 때문이다. 곤잘레스에 의해 소개된 해결 방법은 처음에는 매우 흥미롭게 보인다. 특별히 자비의 하나님과의 만남이라는 주관적인 차원과 은혜로운 경험은 더욱 그러하다. 우리는 그것이 바로 해방의 경험, 자유로운 인간으로의 변화하는 경험, 해방을 향하는 우리의 투쟁이라고 말할 수 있을 것이다. 그러나 반면에 오늘날 상황에서 하나님의 통치가 발생한 장소로서 공동체를 소개하는 그의 제안은 그리 탁월하지 않을 뿐만 아니라 공동체들의 구제적인 투쟁에도 도움을 주지 않고 있다.

오늘날 세계로부터 자신을 온전히 격리시키고 있는 몇몇 종교 공동체와 기타 공동체를 제외하고는 현 상황에서 사회적 차별과 가난을 극복하고 온전한 나눔을 실천하는 공동체에서 살아가는 것은 가능하지 않다. 왜냐하면 현대사회는 옛날처럼 작은 공동체로 살아가지 않기 때문이다. 사람들은 도시나 농촌에서 가족들과 함께 일하면서 살아간다. 그들은 농업 소득 혹은 월급이라는 명목으로 발생하는 노동의 대가에 의지해서 살아간다. 사람들은 각자의 고르지 않는 월급이나 소득을 자신의 가족 공동체 내에서 나눌 수 있다. 그러나 공동체적인 나눔은 더 이상 발생하지 않는다. 어느 누구도 자신이 속해 있는 지역 공동체나 지역 교회 내 나눔에 대해 아무런 소명이나 의무를 느끼지 못하고 있다.

어떤 개인이나 집단이 자신의 공동체에서 하나님의 자비와 은혜를 경험한 이후에 가난한 사람들의 삶에 참여하게 될 때, 그들은 곤잘레스가 묘사한 것처럼 공동체의 일원이나 그룹으로서 참여하는 것이 아니라 정치적·사회적 투쟁 단체나 사회운동 단체로 참여하며, 어떤 경우에는 가난한 사람들의 소비 능력과 소득 증대, 삶의 질 향상을 도모하는 협동조합 형태인 비정부기구를 통해 참여하기도 한다. 하나님의 은혜와 통치가 개인의 삶에서 역사적인 형태를 취하게 하기 위해 취해야 할 첫 번째 단계는 일정한 조직체에 들어가는 것이다. 그러한 조직 안에서 내가 앞에서 언급된 협동조합의 간부와 관련해 제기된 문제 같은 구체적인 상황과 어려운 위기 상황이 발생하게 된다. 노동조합, 학교, 비정부기구 협동조합이나 거주민 협회 같은 민중 조직과 공동체는 동일하지 않다. 피터 드러커는 이렇게 말한다.

공동체와는 달리, 사회나 가족, 일반 조직들은 의도적으로 형성되고 전문화된다. 반면 공동체는 언어, 문화, 역사, 지역적 연고 등 구성원들을 연결하는 관계성에 의해 규정된다. 다른 한편, 어떤 조직은 과제에 의해 규정된다. 심포니 오케스트라는 병자를 치료하려고 시도하지 않는다. 그들

은 음악을 연주한다. 병원은 환자를 돌본다. 그러나 베토벤을 연주하려고
시도하지는 않는다.[43]

한 조직이 그의 특정한 목적에 의해 규정되는 도구일수록 효율성
의 문제에 직면하게 된다. 한 조직이 자신의 특정한 목적과 목표에 도
달하지 못하면 존재의 의미를 상실한다. 또한 그 조직은 오래가지 못하
게 될 것이다.

예를 들어 인적·금융적 자원과 시간을 제대로 활용하지 못하는
비효율적인 서비스 업체가 있다고 하자. 이 단체는 비효율성에도 불구
하고 재정 지원이 지속되는 한 생존할 수 있을 것이다. 또한 그 단체의
구성원들은 재정 지원이 지속되는 한 자신의 직장을 유지할 수 있을
것이다. 그러나 반면에 이 업체로부터 현재 서비스를 제공받는 사람들
은 열악한 서비스로 인해 많은 피해를 받을 것이며, 미래의 잠재 고객
중 일부가 더 이상 이 업체의 서비스를 원치 않는 상황이 올 것이다.

다시 서두에서 언급한 비효율적인 대표를 경질할 것인가, 그렇지
않을 것인가 하는 문제에 당면한 협동조합의 경우로 돌아가자. 하나님
의 자비에 대한 경험, 억압의 상태에서 좌절감을 느끼지 않았던 경험,
존엄한 삶을 모색하기 위해 공동체에서 서로 연합하는 일에 대한 소명
등이 구성원들로 하여금 협동조합을 결성하도록 만들었다는 사실을
기억해야 한다. 구성원들은 협동조합 내에서 단순한 화해와 연대 정신
만으로는 지역 주민의 소득과 소비 능력의 증대라는 목적을 달성할 수
없다는 것과 시장에서는 효율성과 경쟁력이 필요하다는 것도 감지하
고 있었다.

만일 하나님의 통치라는 개념을 연대와 나눔, 사회적 불평등 해소라는 원리에 기초한 공동체 안에서만 이루어지는 것으로 간주한다면, 세계화된 경제계나 G22의 투쟁 속에서 협동조합 이사회가 비효율적인 대표를 해임하고 협동조합의 생존을 채택한다면, 그곳에서 하나님의 통치라는 개념은 의미를 상실할 것이다.

만일 그것이 진리라고 한다면, 하나님의 통치 아래에서 살기를 원하는 기독교인들은 민중 조직에 참여하기 위해 공동체를 벗어나서는 안 될 것이다. 더욱이 모든 사람을 위한 더 나은 삶을 위해, 그리고 해방을 위해 투쟁하기 위해서는 정부 기관에서 직책을 맡는 것은 더욱더 사양해야 할 것이다. 그것은 생명의 하나님의 이름으로 더 정의로운 사회를 위한 투쟁이라는 제의와는 모순이 되기 때문이다.

이러한 모순은 공동체나 시위 단체에서만 활동하는 기독교인과 공동체 출신이지만 가난한 사람들을 위한 사회적·정치적 단체에서 발생한 새로운 도전에 응답하기 위해 스스로 정부의 직책을 수행하기로 결단한 사람들 사이에서 발생한 여러 가지 소통의 난제들을 이해하는 데 도움을 줄 것이다.

그런데 이들 사이에 소통의 난제만 존재하는 것은 아니다. 라틴아메리카 해방신학의 신학 담론이 조직 내부와 경제적 세계화의 한계와 모순 속에서 이루어지는 실천에 대해 '좀 더 깊은 의미'를 발견하도록 하는 데 더 이상 도움을 주지 못한다는 난제도 존재한다.

해방을 향한
질문들

국제무역과 세계화 영역뿐만 아니라 민중운동 조직의 투쟁에서도 나타난 모순, 즉 위에도 언급된 모든 형태의 모순은 우리의 신학에 심각한 문제를 야기하는 어떤 것이 존재함을 잘 보여 주고 있다. 시장의 해방을 위한 투쟁이 신자유주의자들이나 시장의 우상화를 동조하는 것을 의미하지는 않는다. 또한 노동조합, 사회운동 조직, 협동조합 운동에서 효율성을 추구하는 것이 반드시 하나님의 통치의 개념을 포기하는 것은 아니다. 이와 마찬가지로 단순하게 하나님의 통치를 선포하는 것이 반드시 가난한 사람들을 위한 구체적이고 실제적인 투쟁에 도움을 주는 것도 아니다.

가난한 사람들과 역사의 희생자들을 위해 헌신을 약속하는 신학을 제의하는 신학자들은 실천의 현장에서 발생하는 새로운 도전과 질문으로부터 출발해 라틴아메리카 해방신학의 기본적 원리에 대해 비판적으로 재성찰할 충분한 창의력을 발휘할 수 있는가? 우리는 여전히 모순과 한계, 우리의 사회적 자원의 부족에도 불구하고 가난한 사람들과 희생자의 편에 서서 헌신을 약속하는 사람들의 믿음으로부터 자양분을 섭취하는 신학적 성찰을 계속할 수 있는가?

나는 그럴 수 있다고 믿는다. 그러나 이를 위해서 우리는 좀 더 프락시스의 현장에서 들려오는 소리에 귀 기울여야 한다. 그리고 지금까지 의식적이든 무의식적이든 사용해 온 이론적 중재에 대한 재평가를 실시해야 하며, 사회학과 인문학 그리고 자연과학의 새로운 이론과 지

6장

해방적 기독교:
유토피아의
실패인가?

(post-capitalism)의 사회 프로젝트를 실현하기 위한 투쟁에 참여한 것은 아니다. 또한 라틴아메리카의 모든 기독교 운동이 유토피아 실현(어떤 경우, 이것은 하나님 나라의 건설이라고 표현된다)의 실패로 인해 좌절하고 있는 것이 아니라는 것이다. 여기서 내가 말하고자 하는 라틴아메리카의 기독교는 마이클 뢰비(Michael Löwy)가 표현한 것처럼 소수의 '해방적 기독교'임을 밝혀 두고자 한다. 해방적 기독교는 오늘날 상황, 즉 글로벌화된 국제 자본주의체제에 대한 일방적인 종속, 다수의 가난, 체제화된 폭력과 민중의 종교성들에 의해 규정되는 오늘날 사회적·역사적 상황에서 새로운 종교적 문화를 이룩하고자 하는 광범위한 종교·사회운동이라고 말할 수 있다.[1]

많은 사람들은 이 운동을 해방신학이라고 부른다. 그러나 사실상이 운동은 해방신학이 형성되기 이전에 발생했다. 이 운동의 대다수 활동가들은 신학자들이 아니다. 그러므로 이 운동을 해방신학이라고 명명하는 것은 적당하지 않다. 오히려 오늘날 해방적 기독교에 적극적으로 참여하고 있는 많은 신학자들은 자신들이 해방신학자로 불리는 사실을 달가워하지 않는다. 다른 한편으로 '가난한 자들의 교회'라는 명칭도 최선은 아니다. 왜냐하면 이 운동은 한 체제로서 교회의 한계를 넘어서는 운동이기 때문이다. 해방적 기독교의 개념은 '신학' 혹은 '교회'의 개념을 넘어서고 있다. 그것은 종교적인 문화와 사회적 계급을 포함하고 있기는 하지만 그것을 넘어서고 있다. 아마도 해방적 기독교의 용어 사용은 '하나님 나라' 혹은 '유토피아'를 건설하기 위해 수십 년 동안 사회적·교회적 투쟁을 한 후에 경험한 실패와 좌절감을 넘어서고자 한 노력을 묘사하려는 시도일 것이다.

최근 수십 년 동안 발생한 해방의 기독교적 경험들에 대한 다양한 역사적 성찰 방법들이 있음은 자명한 사실이다. 그럼에도 불구하고 나는 여기서 이 경험에 대한 역사적인 측면의 관찰이나 교회론적인(공식적인 의미의 교회이든지 기초 공동체적인 의미의 교회이든지) 변화에 대해 논하지 않을 것이다. 오히려 '가난한 자들에 대한 우선적 선택'을 자신의 삶을 통해 강렬하게 실천한 한 사람의 삶과 간증으로부터 출발해 몇 가지 신학적 성찰을 시도하고자 한다. 그 사람의 이름은 라 네누카(La Nenuca)이다. 나는 그녀를 개인적으로 만나는 영광을 누렸다. 그녀는 1970년대 중반부터 상파울로 브라스 지역의 조그만 두 개의 방, 즉 그녀 나름의 '수녀원'에서 가난한 자들과 공동체 생활을 해왔던 사람이다. 물론 이 글은 그녀에 대한 전기도 아니며 그녀의 투쟁 회고록도 아니다. 단지 나는 그녀의 경험으로부터 출발해 라틴아메리카의 해방적 기독교의 경험이 당면한 몇 가지 위기와 문제점에 대해 성찰해 보고자 한다.

이러한 연구 방법론을 채택한 가장 근본적인 이유는 '종교적 현상'에 대한 실존적인 이해를 도모하고자 하는 데 있다. 라틴아메리카의 해방적 기독교의 영향과 파급력은 기초 공동체의 조직적인 신학체계나 기구적인 구조, 해방신학의 새로운 신학 방법론, 혹은 새롭게 경험되는 예전(禮典)에 의해 이루어진 것이 아니다. 물론 이러한 요소들의 중요성을 간과하는 것은 결코 아니다. 그럼에도 불구하고 해방적 기독교의 파급력은 오히려 '가난하고 억눌린 자들의 모습으로 나타나는 예수와의 만남'이라는 영적이고 종교적인 경험을 자신들의 사회적·정치적 현장에서 삶으로 표현하며 살아간 사람들의 실존적인 증언에서 비

오블라타 공동체(그녀가 창립에 많은 도움을 준 공동체)에 관한 회고는 우리를 한 형제자매로 엮어 준 고귀한 이상에 대한 것만은 아니다. 그것은 첫 사랑에 신실하기 위해 얼마나 많은 어려움을 겪어야만 했는지에 대한 회고이기도 하다.[6]

아래에 기록하고자 하는 그녀의 이야기를 통해 우리는 그녀와 그녀의 동료들로 하여금 온갖 어려움과 장애를 극복하고 변함없이 그 '첫사랑'에 신실하도록 그들의 생애를 감동시키고 행동하게 만든 가치관이 무엇이었던가를 알게 될 것이다.

"나는 모든 사람들로 하여금 생명을 얻도록 하기 위해 왔다."
예수의 말이다. 그는 사람들로 하여금 온전하고 풍요로운 생명을 갖게 하기 위해 사람들에게 왔다. 그는 사람들을 죽음으로부터 해방시키고 온전한 삶을 살게 하기 위해 왔다. 만일 우리가 그를 따름에 있어서 부름을 받고 있다고 한다면 그가 했던 일을 하는 것 외에 다른 것을 할 수는 없다. 예수처럼 우리는 사람들에게 가야 한다. 죽음의 깊은 그늘 앞에서 가장 큰 고통을 당하고 있는 사람들에게로 가야 한다. 그들에게 생명의 빛을 선포해야 한다. 그리고 그들에게 하나님은 자신의 약속, 즉 앞을 못 보는 자들, 다리를 저는 사람들, 갇힌 사람들, 억눌린 사람들을 해방시키겠다는 약속을 반드시 이행할 것이며 또 그러한 구원의 실현을 그들의 눈으로 스스로 보게 될 것임을 선포해야 한다. 이것이 바로 성전에서 아기 예수를 품에 안은 시므온이 외친 선포의 내용이다.[7]

그녀에 대한 회상은 이러한 가치관과 더불어 그녀가 예수에게 신실한 삶을 살기 위해 얼마나 많은 고난을 경험했는가로 점철되어 있다. 미셸 세르토(Michel de Certeau)는 종교에 헌신하고 투신한 사람들의 인격에 대해 언급하면서 그들은 "그들의 행동으로 보여 준 모범을 넘어서서 어떤 수수께끼 같은 가치관"의 소유자들이라고 말한다. 그는 "그런데 이러한 수수께끼 같은 모습은 어디서 비롯되는 것일까?"라고 묻고 이렇게 답변한다.

> 이에 대한 정확한 답변은 없다. 다만 이것이 내면의 필요에서부터 유발되고 있다는 것을 말할 수 있을 뿐이다. 왜냐하면 종교적 삶은 외부의 인정을 필요로 하지 않기 때문이다. 그것은 마치 인간은 반드시 사회적 적응력을 가지고 있어야 한다는 사회적 순응주의를 거부하듯이 그들에게 종교적 삶 자체는 사회적 유익과는 상관없는 삶이기 때문이다. 또한 그것은 교리에 대한 순종에서 발생하는 단순한 결과도 아니기 때문이다. 종교적 삶에 투신하겠다는 결정은 사회적 이익이나 종교적 행위로부터 얻어질 수 있는 유익 때문이 아니다. 그것은 행위, 순전한 믿음의 행위일 뿐이다.[8]

이렇게 종교에 헌신하지 않고서는 살아갈 수 없도록 이끄는 것은 신성한 체험, 인간을 초월하는 힘 앞에서 느낀 놀라움 혹은 기존 체제를 유지하기 위한 초석으로서의 종교적 경험 때문이 아니라, 자신을 좀 더 인간되게 하고 가난한 이웃들을 통해 상호 인간화의 원천을 경험하

의 존재를 발견하고 하나님께 감사하곤 한다.”

네누카와 그 동료들과 거리의 사람들의 첫 접촉은 매우 어려웠다. 왜냐하면 거리의 사람들은 일반인들에게 지독한 불신을 갖고 있기 때문이다. 그러나 점차 그들 사이에서 우정이 싹트게 되었고 그들 사이에서 서로간의 물리적·감정적인 접근이 계속되면서 조금씩 그들의 불신은 ‘어떤 새로운 일’이 발생하고 있음을 깨닫는 것으로 변화되었다. 이러한 변화는 거리의 사람들로 하여금 자신감을 갖게 했을 뿐만 아니라 자원봉사들에게도 자신감을 갖게 만들었다. 이 사역을 좀 더 효과적으로 잘 이루어질 수 있도록 ‘어떤 새로운 일’에 대해 구체적인 이름을 갖게 하는 것이 중요했다.

이들의 사역을 통해 가난한 사람들은 그들 사이에서 발생하고 있는 ‘어떤 새로운 일’을 하나님의 현존과 연관시키기 시작했다. 하나님의 이름으로 다리 밑의 열악한 상황에서 살아가는 가난하고 사회적으로 소외되고 버려진 그들의 존엄성을 인정하고 그들에게 ‘존엄한 임무’를 수행하도록 만들어 주는 사람들의 사역을 통해 그들은 진정 하나님이 그들을 기억하고 있고 그들을 방문하고 있음을 경험하게 되었다. 그러나 이러한 경험은 비단 이 지역뿐만 아니라 라틴아메리카 곳곳에서 반복되었다. 이러한 경험은 기초 공동체와 ‘자본주의의 영’에 맞서서 저항하며 싸우고 있는 공동체와 또 다른 모습의 가난한 자들과 소외된 자들의 공동체를 지탱하는 가장 큰 ‘영적인 힘’으로 작용했고 지금도 그러하다.

네누카는 가난한 이들이 “그들과 함께 하고 있는 우리로 인해 하나님의 존재를 발견하고 하나님께 감사하곤 한다”고 말한 후 곧바로 이에 대해 매우 도전적인 설명을 한다. "그러나 우리에게 이 일은 결코 간단하고 쉬운 일은 아니었다. 왜냐하면 우리가 당면하고 있는 그들의 가난은 너무나도 지독한 것이었기 때문이다." 그렇다. 단지 가난한 사람들과 함께하는 하나님의 현존의 목격자가 되는 것만으로는 부족하다. 우리의 사명은 단지 그들에게 하나님의 현존과 하나님이 가난한 사람들을 사랑하고 그들을 동정하고 있다는 사실을 선포하는 데 국한되지 않는다. 우리의 사명은 그것보다 더하다. 그것은 그들에게 하나님은 자신의 약속, 즉 앞을 못 보는 자들, 다리를 저는 사람들, 갇힌 사람들, 억눌린 사람들을 해방시키겠다는 약속을 반드시 이행할 것이며, 그러한 구원의 실현을 그들의 눈으로 스스로 보게 될 것임을 강력하게 선포하는 것이다. 이것이 바로 성전에서 아기 예수를 품에 안은 시므온이 외친 선포의 내용이다.

이것은 그들 가운데 계시는 하나의 일정한 목표와 목적을 가지고 현존하시는 해방의 하나님이다. 모순은 가난한 사람들을 고통에서 해방시키기 원하는 하나님에 대한 믿음, 경험 그리고 이러한 경험을 좀 더 광범위한 이야기 안에서 현장화하고 설명하려는 신학 사이에서 발생하고 있다. 이것은 앞에서도 나왔듯이 네누카의 다음과 같은 증언에서 분명하게 드러나고 있다. "이들의 가난은 너무 지독하다. 지독한 가난은 우리로 하여금 매순간 하나님의 아버지 됨에 대해 의문을 갖게 만든다. 하나님이 아버지 된다고 하신다면 어떻게 그의 자녀들에게 이 같은 참혹한 일들이 발생하도록 내버려 두고 있는가? 혹시 그가 자녀들을 계급적으로 차별하고 있는 것은 아닐까? 어떤 층의 자녀들은 잘살게 하고 또 다른 계급의 자녀들은 죽음으로 내몰고 있는 것은 아닐까?"

　이러한 갈등은 전근대적이며 전통적인 신학과 길거리나 다리 밑에서 직접 살아가며 얻는 구체적인 경험 사이에서 발생한다. 신학은 "하나님은 전능하신 아버지시며 역사의 모든 사건은 그의 뜻대로 그리고 그의 허락 안에서 발생하고 있다. 어떤 것도 하나님의 뜻과 그의 지식에서 벗어날 수 없다. 그는 전지전능하신 신이기 때문이다"라고 말한다.

　신학이 이렇게 추상적이며 일반적인 의미에서 자신의 해석을 전개한다면 큰 문제는 발생하지 않으며 또한 모든 것은 매우 합리적이며 일관성 있게 들린다. 우리는 곧잘 하나님은 전지전능하시다는 근본적인 개념과 원리에서 출발해 모든 믿는 이들의 삶을 인도하는 종교적이며 도덕적인 진리들을 도출해 내곤 한다.

　여기서 네누카가 하나님의 아버지 됨의 개념에 대해 가부장적이며 남성우월주의 면에서 문제를 제기하고 있는 것은 아니다. 아마 그녀는 1984년에 사망했기에 여성 신학을 접할 기회는 없었을 것으로 짐작된다. 그러나 그녀가 문제 삼고자 하는 것은 '하나님의 아버지 됨'과 '단지 죽을 수밖에 없는' 처지에 놓인 자녀들의 상황 사이에 존재하는 모순이다. 우리 모두는 역사를 통해 기독교가 이 모순을 정당화하기 위해 여러 가지 다양한 설명을 시도해 온 것을 잘 알고 있다. 그러나 거의 모든 설명들은 하나님은 첫값을 치루기 위한 고통과 희생 없이 우리를 구원할 수 없다는 개념으로부터 시작되는 희생 논리를 근원으로 삼고 있다.

　희생 논리의 신학은 부당한 희생을 하나님이 요구하는 필연적 값으로 만든다. 그리고 부당한 희생의 피해자들이 당하는 희생과 죽음을 그들이 받아야 할 당연한 것으로 여기게끔 만든다. 네누카는 이러한 희생 신학을 받아들이지 않는다. 그래서 인간들의 구체적인 상황에 관심을 갖지 않는 신성한 아버지 됨의 신학을 향해 문제를 제기하고 있다. 심지어 그녀는 가난한 사람들이 경험하는 '어떤 새로운 일'의 현존 자체에도 문제를 제기하고 있다.

그럼에도 불구하고 이러한 측면에서의 문제 제기는 그녀의 신학이 전근대적인 신학임을 보여 주고 있다. 이 같은 사실은 "하나님이 아버지 된다고 하신다면 어떻게 그의 자녀들에게 이 같은 참혹한 일들이 발생하도록 내버려 두고 있는가?"라는 말에서도 여실히 나타난다. 그녀는 앞의 증언에서 제3자의 관점으로 자신의 삶을 회고하고 있다. 그녀는 길거리와 다리 밑에서 경험한 일을 회고하면서 어떻게 우정이 가난한 사람들로 하여금 그들 사이에 계시는 하나님의 현존을 깨닫게 해주었는지를 말하는 한편, 신학과 삶의 경험 사이에 존재하는 모순을 묘사하고 있다. 그녀가 시도하고 있는 제3자의 시각과 관점에서 시작되는 회고 방법은 우리로 하여금 우리 자신과 우리의 생각에 대해 자기 성찰과 자가 평가를 하도록 만들고 있다. 그러나 그녀가 "어떻게 하나님이 그럴 수 있을까?"라고 말할 때 그녀는 제3자의 시각을 벗어나 자신의 시각으로 되돌아오고 있다. 그것은 하나의 묘사와 성찰을 넘어서서 그녀의 영혼과 영적이며 종교적인 경험으로부터 탄생한 강한 확신에서 우러나오는 하나님을 향한 불평과 항의로 변한다. 그녀는 신앙으로 자라났고 또한 자신의 신앙을 해석하고 표현해 주던 신학 자체에 대하여 문제 제기를 하고 있다.

그녀의 "하나님이 아버지 되신다고 한다면 어떻게 그의 자녀들에게 이 같은 참혹한 일들이 발생하도록 내버려 두고 있는가?"라는 증언은 그녀가 "발생하는 모든 일은 하나님의 뜻 혹은 그의 허락 안에서 이루어진다"라는 전근대적 신학을 유지하고 있음을 보여 주고 있다. 그녀의 문제 제기는 하나님의 아버지 됨을 향한 것이 아니다. 아버지 하나님의 '허락과 허용'을 향한 것이다. 그녀는 이렇게 길거리에서 살아가는 자들의 고통을 포함해 모든 역사는 신의 거룩한 뜻의 표현일 뿐이라는 신학을 계속해서 유지하고 있다. 이렇게 전근대적이며 형이상학적인 신학 안에서 아무런 해결점을 찾지 못하는 갈등 속에서 네누카는 또 다른 신학으로 '넘어서고' 있다.

그녀는 "오늘날 우리에게 '갇힌 자의 해방'은 불가능한 것처럼 느껴지고 있기 때문이다. 상황을 변화시키는 것은 아직 요원하다. 그리고 그것은 사회적 구조가 변화되기 전에는 가능하지 않을 것이다. 그리고 사회제도와 구조의 변화는 언제 일어날 것인가? 우리는 마음 깊은 곳에서 하나님도 변화를 원하고 계시다는 것을 느낀다. 그런데 어떤 방법으로 우리는 하나님이 원하시는 변화가 발생하도록 도울 수 있을까?"라고 말한다.

이제 그녀는 예전의 신학보다 훨씬 더 자신을 만족시키는 신학을 활용하기 시작한다. 비록 그녀가 예전의 신학을 완벽하게 벗어나지는 않았을지라도 이제는 새로운 신학, 해방신학을 활용하기 시작한다. 그녀로 하여금 자신의 신앙의 기본을 상실하지 않은 채, 이러한 신학적 변화를 경험하게 만든 것은 다름 아닌 '하나님이 변화를 원하신다'는 느낌이자 하나님은 부당한 현재 상황에 동의하시지 않을 것이라는 생각이었다. 역사의 시각에서 바라보는 변화는 해방적 기독교의 가장 중요한 특징 중 하나이다.

전근대적 신학과 세계관에서 '역사의 주체자'는 하나님이시다. 하나님이 하시거나 그렇게 허용하신다는 것이다. 이러한 세계관 안에서 역사는 인간의 성찰과 행동의 대상이 될 수 없고 따라서 인간은 역사의 주체자가 될 수 없다. 단지 신성한 역사적 주체자만 존재할 뿐이다. 이렇게 역사를 신성한 존재적 주체자의 뜻이 표현되는 장이라고 간주하게 되면 변화에 대한 희망은 오직 역사 너머에 있는(사후의) '하늘'에서만 이루어질 수 있는 것이다. 그녀는 이것을 받아들일 수가 없었다. 오늘날 우리 시대도 이것을 받아들이지 못한다.

근대는 '사후의 하늘'의 개념을 미래라는 개념으로 대치한다. 그 미래는 주체적 인간에 의해 발전과 비억압적이며 부당하지 않은 사회적 구조로의 변화를 가져오는 정치경제적 혁명을 통해 이루어지는 것이다. 위르겐 하버마스(Jurgen Habermas)가 지적했던 것처럼 "서방 기독교 사회가 '새로운 시대'를 마지막 심판 후에 이루어질, 그러나 아직은 이루어지지 않은 시대로 규정한 반면, 근대의 세속적 개념은 이미 미래가 시작되었다고 확신한다. 그리고 미래를 향하는 현 시대는 앞으로 다가올 새로운 세계를 향해 문을 활짝 열어 놓고 있다." 또한 "발전의 개념은 종말적 희망과 유토피아의 세속화뿐만 아니라 그에 대한 기대의 지평선을 활짝 열어놓았지만 또 다른 한편으로 역사에 대한 목적론적 개념의 형성과 더불어 미래를 '불안의 요인'으로 바라보게 만들었다."[11]

반면에 알랭 투렝(Alain Touraine)은 이렇게 말한다. "근대는 종교를 극복하고 지금까지 종교의 객관화에 갇혀 있었던 주체의 형상과 주체

와 자연의 혼돈 상태를 해체하고 활용하게 했을 뿐만 아니라 신의 주
체성을 인간으로 이양하게 만들었다. 세속화는 주체의 파괴가 아니다.
그것은 주체의 인간화이다. 그리고 그것은 세계의 해체가 아니라 인간
의 회복이다."[12]

이러한 사상들은 종교적인 인물인 네누카에게서도 발견되고 있
다. 네누카는 "갇힌 자의 해방은 아직 시간이 더 필요하기는 하지만 사
회적 구조의 변화와 함께 이루어질 것이다. 그리고 이것은 역사적 시간
내에 이루어질 것이다. 하나님이 원하시는 변화를 이루기 위해서 우리
가 도울 일이 무엇인가에 대해 묻는다. 하나님의 뜻은 행동이다. 인간
의 행동이다"라고 말한다.

이러한 증언들을 통해 그녀는 무의식적으로 해방신학의 중요한
특징 하나를 반복하고 있다. 그것은 전근대적인 세계관과 근대적인 세
계관의 종합이다. 역사 안에서의 변화에 대한 확신, 역사의 기반과 역
사적 프로젝트에 대한 개념들은 역사에 대한 내재적이고 이성적인 설
명으로부터 오지 않는다. 그것은 전근대적인 사상의 근본적인 특징 중
하나인 성서적 전통에 계시된 하나님의 뜻으로부터 발생한다. 그러나
변화의 주체는 더 이상 하나님이 아니다. 주체는 인간이다. 새로운 시
대는 더 이상 역사의 종말 뒤에 있지 않다. 역사의 저 너머가 아니라,
역사 안에서 이뤄지는 미래이다.

어떤 의미에서 해방신학은 종교에 대한 마르크스의 비판을 거부
하기 위한 시도뿐만 아니라, "인간이 더 이상 자기 이상의 실현을 '저
너머'의 시대로 투영하는 것을 중지하는 순간으로부터 비로소 그는 이
세계 안의 행동을 통해 자기 이상을 실현할 수 있음을 시도하고 있다.

이것이 바로 혁명이다. 이처럼 의식적 무신론은 필연적으로 혁명과 함께한다. 따라서 유신론과 혁명은 서로 배제하기에 이른다. 그리고 종합의 모든 시도는 진정한 의미가 있는 행위의 순간에 몰이해자를 각성케 할 것이다."[13]

여기서 해방의 역사적 주체와 관련해서 해방적 기독교의 특성 하나를 강조하는 것이 필요하다. 자유주의에 있어서 역사의 근본적 주체는 부르주아 계급이며 마르크스에 있어서는 혁명 정당 혹은 프로레타리아 계급이다. 해방적 기독교에서는 가난한 사람들이 자기 해방의 주체자이다. 이 주제는 브라질의 기초 공동체 모임에서 거론되었다. 1975년 개최된 제1차 기초 공동체 대회는 주교와 전문가들 외에 모두 70여 명이 참여했는데 이 대회에서 다루어진 주제는 '기초 공동체, 성령에 의해 민중으로부터 탄생한 교회'였다.

1976년 개최된 제2차 대회의 주제는 '기초 공동체, 걸어가는 민중으로서의 교회'였다. 그리고 이 대회에서는 사회적 투쟁에 있어 기초 공동체의 헌신이 다뤄졌다. 1979년 제3차 대회의 주제는 좀 더 진보한 '기초 공동체, 해방하는 민중으로서의 교회'였다. 네누카가 사망하기 바로 직전에 개최된, 즉 네누카가 경험한 마지막 대회인 제4차 대회의 주제는 '기초 공동체, 연합된 민중, 새로운 사회의 씨앗'이었다. 이러한 주제는 그 당시 가난한 사람들의 해방에 대한 확신과 가능성에 대한 긍정적 기대를 반영하고 있다. 그 당시의 거대한 질문들은 해방의 가능성에 대한 질문이 아니라 언제 이루어질 것인가에 집중되어 있었다. 네누카의 회고록에서도 이 주제는 다음과 같은 질문을 통해 나타난다. "언제 이 일이 발생할 것인가?"

역사 안에서 가난한 사람들의 해방에 대한 가능성에 문제를 제기하거나 믿지 못하거나 그 실현의 불가능성을 제기하는 것은 상상할 수 없었다. 그것은 하나님이 선택한 백성들을(이 경우에는 기초 공동체와 가난한 사람들) 통해 이뤄지는 하나님의 능력을 부정하는 것이며 또한 인간을 해방시키고 새로운 하늘과 땅을 창조하시겠다는 하나님의 뜻을 거부하는 것이기 때문이었다.

문제는 역사가 어떤 종교적 약속이나 종교적 경전의 특정한 해석에 따라서 이루어지는 것이 아니며, 더욱이 우리의 희망에 따라 움직여지는 것이 아니라는 데 있다. 위기는 아직도 해방에 대해 신학과 위대한 이야기를 굳게 잡고 있는 사람들이 현실에서 반복·지속되고 있는 사람들의 고통을 그들의 눈과 귀로 직접 보고 들을 때 발생한다. 이론과 책을 통해서만 현실을 보고 있는 그 어떤 사람보다도 가난한 사람의 현실 상황을 잘 알고 있었던 네누카는 자신이 선택한 새로운 신학안에서 태동하고 있는 위기에 대해 이렇게 말한다.

그런데 우리가 (변화를 위해 어떤 행동을 해야 하는가에 대한) 질문들에 답을 구하는 동안에도 우리는 한 사람 한 사람의 해방 사건을 경험하게 되고 그것으로 기뻐하고 있다. 그러나 그러한 일은 적다! 가난한 형제들의 얼굴들, 그들의 눈망울, 그리고 그들의 미소들이 아니었다면 우리의 당면한 어려움 앞에서 노예화된 가난한 민중들을 해방시키고자 하는 우리의 간구에 대한 하나님의 답변은 아직 듣기 어렵다.

"너무 적다!"라는 그녀의 표현은 실제 상황을 진지하게 성찰한 데서 나온 것이다. 그것은 이성적인 분석에 의한 토론에서부터 발생한 단순한 결론이 아니다. 물론 이성적인 분석이기도 하다. 그러나 그것만은 아니다. 그녀의 탄식은 이성과 감성의 종합으로부터 나온 표현이다. 그것은 해방된 민중의 수가 너무 적다는 지극히 이성적인 관찰과 분석이자, 그 수가 너무나도 적기 때문에 그녀의 심장 깊은 곳으로부터 발생하는 좌절감과 아픔의 표현이다.

그녀로 하여금 위기에 빠지게 한 것은 신학적 이론의 내부적 모순이나 해방신학의 전제와 기독교 성서적 전통 사이의 잘못된 접합이 아니다. 그것은 "우리의 당면한 어려움 앞에서 노예화된 가난한 민중들을 해방시키고자 하는 우리의 간구에 대한 하나님의 답변은 아직 듣기 어렵다"는 현실이다.

성서에 기록된 하나님의 약속이 성취될 것이라는 보장에 의거한 미래의 가능성에 대한 이론적 답변은 긴 시간 동안에 많은 사람들이 겪고 있는 고통스러운 현실 앞에 있는 그녀를 만족시키지 못했다. 그것뿐이 아니었다. 그녀는 해방신학이 주는 낙천적인 주장을 불신하기 시작한다.

유토피아의 위기에 대한
다양한 답변들

1980년대 초 네누카가 자신의 회고록에서 증언했던 것처럼 삶의 경험과 해방신학의 전제들 사이에 존재하는 부적합성이나 비현실성의 결과

로 생겨난 위기는 베를린 장벽의 붕괴로 상징되는 사회주의의 몰락과
함께 많은 사람들 사이에서 더욱 심각하게 경험되고 있었다. 이러한 위
기는 해방적 기독교의 많은 그룹들이 자본주의의 불의를 극복하는 도
구로서 사회주의를 염두에 두고 있었기 때문에 더욱 심화되고 있었다.

예를 들자면 클로도비스 보프(Clodovis Boff)는 베를린 장벽이 붕
괴되기 수개월 전에 "사회주의는 단순한 역사 프로젝트나 역사적 사상
이 아니다. 그것은 역사의 진정한 기대의 표현이다. (⋯) 그러므로 또 다
른 객관적 출구는 없다. 최근의 역사에서 스스로 자유를 쟁취한 몇몇
국가들의 역사적 발전 과정의 참여가 보여 주듯이 오늘날 민중들은 그
들 자신의 현실에 의해서 이러한 방향으로 나아가도록 요구받고 있다"
고 말했다. 그는 계속해서 "오늘날 사회주의의 이상인 '소유의 공유화'
는 기독교인들의 위대한 사회적 사상이었고 또 지금도 그러하다. 오늘
날 기독교는 다시 한 번 그의 사회주의적 근본을 회복하고 있다. 이와
더불어 사회주의 자체는 오늘날 종교·윤리적인 차원으로 그들의 영역
을 확대하고 있다"고 강조한다.[14]

이 자리에서 사회주의와 기독교 사이에 과연 유사점이 있느냐 혹
은 기독교로 하여금 그런 방향으로 나아가도록 요구하는 현실적인 역
사 과정이 존재하느냐에 대해 논하고자 하는 것은 아니다. 단지 사회
주의의 몰락이라는 충격이 브라질 기초 공동체의 총회에서 반영되고
있었다는 것을 보여 주고자 한다. 1986년에 열린 제6차 총회는 '기초
공동체, 약속의 땅을 찾는 하나님의 백성'이라는 주제로 개최되었다.
제7차 총회는 1989년 6월 19일, 라틴아메리카 19개국과 12개 교단 대
표 2500여 명이 참여했다. 제7차 총회는 베를린 장벽 붕괴 이전에 개

최되었으며, 대회 주제는 '기초 공동체, 해방 과정에서의 하나님의 백성'이었다.

이러한 주제들은 모두 가난한 사람들의 해방과 관련된 낙관적 전망을 표현하고 있었다. 이제 베를린 장벽이 붕괴된 이후 열린 총회의 주제들에 관심을 돌려 보자. 1992년에 개최된 제8차 총회의 주제는 '기초 공동체, 라틴아메리카에서의 억압된 문화와 복음화'였고 1997년 제9차 총회의 주제는 '기초 공동체, 대중의 삶과 희망' 그리고 제10차 총회의 주제는 '기초 공동체, 2000년의 하나님 백성이 지나온 길'이었다. 이 같은 주제들은 기초 공동체의 전망에 굴절이 있었음을 보여 주고 있다. 그리고 이 굴절은 현실적으로 이루어지지 못한 역사적 전망과 메시아의 기대에 대한 실망과 좌절을 보여 주고 있다.

'메시아적 위대한 이야기'와 구체적인 삶의 현장에서 경험한 현실 사이에 존재하는 괴리로부터 야기된 패러다임의 위기 앞에서 사회운동과 기초 공동체의 지식인들과 지도자들은 민중들로부터 이에 대한 답변을 지속적으로 요구받고 있다. 이러한 위기 앞에서 제시되는 답변들은 해방적 기독교와 라틴아메리카의 미래에 매우 의미 있는 영향력을 발휘할 것이다. 이에 대해 나는 몇 가지 제안을 하려고 한다.

해결 방안 중 하나는 새로운 주제 발굴과 이에 대한 토론이다. 예를 들면 신학과 역사에 있어서 토착민, 여성, 흑인 등 새로운 주체에 대한 발굴, 이에 대한 토론 및 다양한 문화 사이의 대화 등이다. 이러한 주제들은 실현되지 못한 메시아적 기대로 인한 위기에 대해 적절한 답변을 하지 않은 채, 혹은 오늘날의 상황에서 해방을 어떻게 이해할 수 있는가 하는 질문에 대한 답변을 회피한 채, 교회와 신학에게 새로운 도전적 과제를 던져 줄 수 있는 주제들이다.

두 번째 방안은 계속해서 몇 가지 '형이상학적 진리'를 확고히 하면서 해방적 기독교의 노선을 분명하게 재확인하는 것이다. 이를 통해 새로운 이론적·과학적 설명을 하지 않더라도 메시아적 기대의 가치를 지속적으로 천명하는 것이다. 여기서 나는 이 답변에 대해 서로 다른 두 가지 대안을 제시하는 두 사람에 대해 언급하려고 한다.

오랫동안 기초 공동체 총회의 자문으로 활동했던 베네디토 훼라로(Benedito Ferraro)는 1997년 제9차 회의에 대해 다음과 같이 말한다.

> 제9차 총회에서 보고 느낄 수 있었던 것은 아직도 모든 사람들에게 유토피아는 그 자리를 확보하고 있다고 하는 유토피아의 회복이었다. (…) 여기에 기초 공동체 총회가 제기하고 있는 몇 가지 중요한 도전적 과제가 있다. 그것은 꿈을 회복하는 것이다. 다시 말하자면 피부색, 인종, 문화와 종교의 차별 없이 모든 남녀를 포용하는 사회에 대한 유토피아의 꿈이다. (…) 이러한 모두가 포용되는 사회에 대한 모색은 우리에게 계속해서 거대한 유토피아로 존재한다. 민중의 사회적 투쟁, 여성, 흑인, 토착민, 어린이들의 투쟁으로부터 우리의 오랜 꿈이지만 늘 새롭게 다가오는 '이 땅 위의 파라다이스', '악이 없는 땅', '계급이 사라진 사회'의 건설에 대한 희망이 우리의 지평선 위에 떠오르게 되는 것이다.[15]

그는 유토피아의 개념뿐만 아니라 역사 내부에서 '지상낙원'(성서적 전통), '악이 사라진 땅'(과라니 전통) 혹은 '계급이 사라진 사회'(마르크스)를 건설한다는 근대적 이성에 의해 변호되는 유토피아의 역사적 실현성에 대해서도 문제를 제기하지 않는다.

또 다른 측면에서 레오나르도 보프는 새로운 과학 이론과의 대화를 통해 '유토피아'를 다시 확립하려고 노력한다. 섬세한 균형의 법칙 없이는 우주의 생명 탄생과 별들의 존재는 불가능했을 것이라는 전제로부터 출발해 그는 이렇게 주장한다.

이러한 이해는 우리로 하여금 우주는 맹목적이 아니라 오히려 목적과 의도를 가지고 있다는 것을 전제하게 만든다. 잘 알려진 무신론자 프레드 호일(Fred Hoyle) 같은 사람도 진화는 최고의 지성을 소유한 자의 존재를 전제하지 않고서는 이해될 수 없다고 인정한다. 최고의 지성의 소유자이며 질서자로서의 하느님은 진화와 우주적 진보와 태생적으로 관련되어 있다.[16]

역사의 현실적 상황으로부터 출발해 역사는 미리 정해진 의미를 갖고 있거나 혹은 역사가 결국에는 조화와 충만의 완성(하나님의 나라 혹은 악이 없는 땅)으로 귀결되지 않는다는 생각에 대항하기 위해, 보프는 우주의 진화와 진보의 과정에서 발생하는 모든 일에는 최고의 지성의 소유자이며 질서자가 존재한다는 것을 주장한다. 이를 위해 그는 역사에 대한 좀 더 광범위한 시각을 모색하려고 한다. 이러한 전제에서 그는 다음과 같은 신학적 주장을 전개한다.

바로 여기에 기독교 신앙이 우주적 양심의 창끝에 서게 된다. 신앙은 지금까지 우주와 교회의 머리, 즉 모든 생명의 접촉점으로 선포되고 믿어진 신앙의 그리스도를 진화의 정점(오메가점)으로 이해하기 시작한다. 만일 신앙이 주장하는 것이 단순한 이데올로기나 무의식적인 환상이 아니라면, 그것은 우주의 진화 과정 안에서 어떠한 형태로든 보여질 것이다.[17]

이것으로 그는 자신의 주장에 결론을 내리고 있다.

가이아를 상대로 인간이 만들어 낸 모든 파멸의 수단에도 불구하고 희망은 생태 영성적인 측면에서 우리에게 좋은 미래와 나은 미래를 보장해 주고 있다. 그것은 이 우주와 지구는 성령과 말씀의 것이기 때문이다.[18]

그럼에도 불구하고 위에 언급된 두 가지 서로 다른 대안은 유사점을 보여 주고 있다. 전근대적인 측면의 신학을 보여 주고 있다는 점에서 말이다. 다시 말하자면 이 둘은 역사와 우주 안에서 존재하고 있는 질서, 즉 이미 역사와 진화 과정에서 보여지고 있다고 간주하는 진리의 형이상학적인 개념과 역사의 위대한 이야기성을 말하고 있다. 또한 이것들을 자연적 양심, 역사과학이나 역사철학 혹은 계시를 통해 객관적으로 인식될 수 있다고 생각한다는 점에서 말이다. 이러한 인식은 우리로 하여금 유토피아, 하나님 나라 혹은 악이 사라진 세상이 결정적으로 그리고 완벽하게 역사 내에서 이루어질 수 있음을 보여 줄 것이다.

그런데 이러한 해결 방안의 문제점은 사람들의 고통과 구체적인 염려들이 우주의 진화 과정 혹은 유토피아의 건설이라는 긴 이야기 앞에서 사소한 것으로 보여짐으로 인해 여전히 해답을 찾지 못하고 있거나 무시되고 있다는 것이다. 어떤 경우에는 이러한 가난한 사람들이 당면하고 있는 고통들이 새세상을 향한 '해산의 고통'으로 보여지고 있으며 이를 위한 '필연적인 아픔'으로 간주되고 있다는 것이다. 더욱이 (유토피아에 대한) '낙관주의'는 하버마스의 지적처럼 "불안의 원천으로서의 미래"[19]를 방해하는 요소로 작용하기도 한다. 낙관주의는 우리로 하여금 미래는 이미 보장되어 있다고 생각하게 함으로써 미래에 대해 안심할 수 있도록 하게도 한다는 것이다.

이 같은 형이상학적인 생각의 또 다른 문제는 좌파의 희생주의로 결론지어질 수도 있다는 것이다. 다시 말해 더 이상 인간의 희생이 없는 사회건설을 향한 투쟁을 위하여 오히려 희생을 요구한다는 것이다.[20] 이 같은 예를 우리는 2005년 12월 7일부터 9일까지 이탈리아 바리에서 개최된 '아브라함의 자손들의 해방을 위한 신학 포럼'에서 진행된 호세 비르힐(Jose Virgil)의 강연에서 볼 수 있다.

유토피아의 절대적인 우위성은 해방의 관점의 두 번째 본질임을 주장한 후에 호세 비르힐은 유토피아로 가는 길 위 지평선에 해방의 유토피아, 하나의 희망, 그리고 길 위에서 만나는 장애물과 길에서 벗어나게 만드는 유혹을 극복할 수 있는 힘을 주는 메시아적 약속이 존재한다면, 바로 여기에 해방적 전망이 있다고 역설한다. 만일 유토피아가 절대적이라고 한다면 그의 이름으로 모든 것이 희생될 수 있고 또 희생되어야 한다. 그래서 호세 비르힐은 계속해서 다음과 같이 말한다.

아브라함은 길을 가는 과정에서 순종적이었다. 목적지도 모른 채 그는 '내가 보여 주는 땅'을 향해 걸어갔다. 그 약속의 땅이자 앞에 놓여 있는 땅, 그러나 자신의 눈에는 보이지 않는 땅, 단지 하나의 지평선으로서만 보이는 땅이 그에게 걸을 힘을 주었다. 그것은 그에게는 '절대적 유토피아'였다. 그것이 그로 하여금 모든 것을 버리고 포기하고(희생하고) 심지어는 자신의 아들, 이삭을 포기하고 계속해서 길을 가는 것을 가능하게 만들었다. 약속의 실현과, 약속된 새 땅을 향한 투쟁과 삶, 이것이 이 땅 위에서의 사명, 인간의 삶의 과제로 귀결된다.[21]

희생이 없는 사회(유토피아)를 위해서는 모든 희생, 심지어는 자신의 아들을 희생시키는 것까지도 감수할 수 있다는 확고한 삶의 태도는 완벽하고 절대적인 사회를 인간의 행위로 건설할 수 있다는 환상과 시도의 결과이다.

위에 언급한 위기에 대처하는 두 가지 서로 다른 대안, 주제의 다변화를 통한 위기의 회피와 유토피아 실현의 기대에 대한 재확립은 모두 역사 안에서 가난한 자들과 억눌린 자들의 해방에 대한 메시아적 기대와 희망을 통해, 해방적 기독교의 효력과 활력을 유지하기 위한 시도들이다. 이 같은 대안들은 지금까지 해방적 기독교의 행동가들과 공동체에게 가장 잘 알려져 있는 동시에 또한 가장 광범위하게 받아들여지고 있다. 왜냐하면 이 대안들은 해방과 하나님의 능력과 좋은 뜻을 가진 사람들의 가장 심오한 희망의 실현을 강력히 보장하고 있기 때문이다.

그럼에도 불구하고 이러한 생각들은 라틴아메리카의 해방적 기독교에 존재하는 유일한 대안들은 아니다. 제3의 대안들이 근대의 초월적인 환상, 근대 이성 그리고 역사 안에서 완벽한 사회인 유토피아를 건설하고자 시도했던(그 시도는 위에서 우리가 보았듯이 항상 희생을 요구하는 논리로 귀결된다)[22] '데이학파(Dei School, 서양문명에 비판적인 학파로, 프란츠 힌젤라메르트, 우고 아스만, 홀리오 데 산타 안나 등이 속해 있다)를 통해 제기되고 있다.[23]

데이학파 학자들은 유토피아는 사회와 자연 세계에 참여하려는 모든 사람들에게 인식론적인 필요에 의한 행동 이론을 구성할 수 있게 하는 조건이라는 논리를 주장한다. 유토피아의 본질적인 개념을 비판하는 신자유주의자들조차도 자신들의 경제와 정치에 대한 참여를 정당화하기 위한 이론을 개발하기 위해 '완벽한 자유시장' 혹은 '완벽한 참여의 시장'이라는 초월적이고 유토피아적인 개념을 만들어 내기도 한다. 유토피아(완벽한 사회, 완전한 시장, 완전한 몸 등)는 우리로 하여금 현실에서 무엇이 잘못되어 가고 있는가를 보게 할 뿐만 아니라 우리로 하여금 완전한 단계로 나아가기 위한 참여의 전략을 기획하게 하고 있다. 예를 들면 좀 더 경제적인 기계를 만들고자 하는 공학도는 에너지를 전혀 사용하지 않는 이상적인 기계를 염두에 두고 그러한 이상적인 모델에 가까이 가고자 노력할 것이다. 공학도는 분명히 그의 목표가 실현 불가능하다는 것은 알고 있다. 왜냐하면 그 모델 자체가 과학의 원리에 위배되기 때문이다. 그러나 그것이 그에게 실존적인 문제가 되지는 않는다.

그러나 사회운동 단체와 그 활동가 혹은 반자본주의 운동가들은 그들의 유토피아가 역사적으로 실현 불가능하다는 것을 쉽게 망각하고 있다. 그런데 아이러니한 것은 위대한 유토피아의 개념이 주는 매력은 바로 이러한 망각에 있다는 점이다. 이 망각이 오히려 우리의 기대의 완전한 실현에 대한 희망을 재점화하고 있다는 것이다. 프로이드는 종교의 힘은 '바라는 것'에 있다고 말한다. 이 말을 원용해 우리는 유토피아의 힘은 '바라는 것'에 있다고 말한다.

근대의 환상에 대한 비판의 같은 선상에서 우리는 매일 삶의 현장에서, 대인관계와 사회관계에서 당면하고 있는 위기에 답변하기 위한 또 다른 시도, 즉 또 다른 네 번째 대안을 만나게 된다. 이본 게바라(Ivonne Gebara)는 자신의 매일의 삶의 현장인 가난한 마을에서 가난한 사람들과 함께 살아가며 활동한다. 그녀는 1990년에 다음과 같은 글을 남긴다.

나는 가난한 사람들의 해방과 땅의 정복, 정의에 대한 우리의 '강연'들이 아름다운 이상주의나 우리 역사의 객관적인 조건에 대한 충분한 분석 없이 이루어지고 있는 것은 아닌지 스스로에게 묻곤 한다. (…) 나는 감히 오늘 우리 수녀들이, 라헬(예레미야 31:15)이 자기 자식들의 죽음 앞에서 위로를 거절한 것처럼 '값싼 위로'를 거부하는 과정을 시작해야 한다고 생각한다. 우리는 지금까지 탄식과 울음 안에 머무는 것, 다시 말하자면 아픈 현실 안에 머물면서 사람들에게 환상을 주고 거짓된 희망을 갖게 만드는 '마취제'를 주사하는 것을 선호하고 있었다고 생각한다.[24]

이 글을 통해 게바라는 점차 가난하고 억눌린 사람들을 위한 우선적 선택으로 해석되기 시작한 해방신학의 사람들을 공개적으로 비판하기 시작했다. 아마도 게바라의 용감한 글은 많은 사람들의 오해를 사기에 충분했을 것이다. 마침내 낙관론자들에게도 현실은 비판적으로 나타나고 있었다. 그래서 1991년에 발표한 글에서 게바라는 이렇게 말했다.

> 나는 비관주의자가 아니다. 다만 나를 불편하게 만드는 것은 자신들의 글로 현실을 변화시킬 수 있다고 생각하는 신학자들과 사회학자들의 비현실적인 강연이다. 신학자들은 (…) 마치 그것이 현실인 것처럼 자신의 기대를 말한다. 그리고 그것은 조금 덜 비판적인 사람들, 다시 말해 자기 삶의 현실에서 신학자들이 말하는 것들이 실현되지 않고 있음을 보는 사람들로 하여금 좌절하게 하고 불안하게 만들고 있다. 신학은 '이미'에서 출발하는 '아직'에 대한 연설이다. 따라서 신학은 각기 다른 형태의 삶을 살아가는 집단들의 현실적 삶에서 출발해야 한다.[25]

데이학파 학자들과 이본 게바라는 신자유자본주의의 초월적 환상, 그리고 그들의 '시장의 절대화와 시장의 우상화'의 이름으로 행하는 희생의 요구에 대해 비판하고 있다. 초월적인 환상에 대한 비판은 역사 안에서 완벽한 조화와 정의와 연대의 사회를 건설할 수 있다고 믿는 해방적 기독교의 몇몇 부분에 대한 비판도 포함하고 있다. 그러나 이것이 해방적 기독교 자체에 대한 비판은 결코 아니며 또한 모든 사람들의 더 존엄한 공동체적 삶과 좀 더 정의로운 세상과 연대의 사회를 향한 투쟁을 포기하자는 것은 더더욱 아니다. 이러한 비판은 역사와 인간 존재의 한계, 또 다른 형태의 상호 인간적인 삶과 사회적 삶을 향한 투쟁, 좀 더 정의롭고 연대적이며 인간적인 사회 형성의 한계에 대해 인식해야 한다는 것을 의미하고 있다. 이 같은 성찰을 통해 우리는 다음과 같이 질문하게 된다. "인간 조건이 만들어 내는 한계와 또 다른 측면에서 극복할 수 없는 역사적 모순의 한계를 동시에 인정하면서 해방적 기독교의 효력과 활력을 유지할 수 있는가?" 혹은 "해방적 기독교는 유토피아의 역사적 현실 안에서의 실현 불가능성을 애써 외면하려고 하는 해방의 약속과 연결되어 있어야만 하는 것인가?"

얼굴들, 그리고 눈망울과 미소

그렇다면 네누카는 그녀의 위기 상황을 어떻게 해결해 나갔는가? 우리는 여기서 언급되고 있는 위기는 삶의 의미에 관한 것이 아니라는 점을 기억해야 한다. 여기서 말하는 위기는 그녀의 믿음과 삶을 설명하는 신학 사이에서 발생하는 갈등을 의미하고 있음을 기억해야 한다. 그녀는 이 갈등을 해결하지 못한 것으로 보인다. 왜냐하면 그녀는 그때까지 자신의 경험과 당면했던 어려움에 대한 증언과 그것을 설명해 왔던 자신의 전근대적인 신학과 해방신학을 대치할 만한 또 다른 신학을 만나지 못한 것으로 보이기 때문이다. 그녀는 "아버지 하나님이 이런 모든 일들을 허용한다"는 신학에 설득당하지도 않았으며, 해방 사건과 더불어 미래는 놀라운 미래가 될 것이라는 환상에 의지하지도 않았다. 또한 그녀는 자신의 삶을 비관주의, 허무주의와 고통과 불안에 대한 방어기제로 무관심한 태도를 취하지도 않았다. 그녀는 거리에서 거주하는 사람들의 얼굴과 시선으로부터 멀어지도록 할 수 있는 새로운 신학적 주제나 일로 관심을 돌리지도 않았다. 그녀에게 있어 신학은 자기 삶의 동기 부여와 정체성 확립의 원천이 아니었다. 신학은 철학 혹은 사회학 이론처럼 가난한 사람들을 위한, 그리고 가난한 사람들의 투쟁을 옹호하는 논리가 될 수도 있다. 그러나 그녀에게 있어 신학은 제3자의 시각에 서 있는 객관적인 관찰자의 설명이었을 뿐이다. 신학은 그녀의 경험과 불안에 대한 이해를 돕는 도구이기는 했지만 신학의 부재가 그녀를 옴짝달싹하지 못하도록 하거나 그녀의 신앙을 후퇴시킨 것도 아니다.

그녀는 투쟁할 힘을 얻기 위해 현실주의자가 되기도 했다. 그녀는 "많은 어려움과 낙담과 좌절, 그리고 불안, 염려 등에도 불구하고 길거리 자체는 가장 큰 힘을 주었다"고 말한다. 도대체 길거리가 힘을 준다는 말의 의미는 무엇일까? 이 질문에 대한 답변은 그녀가 어떤 순간에 부정적인 의미로 행한 그녀의 말에서 찾아 볼 수 있다. 너무 숫자가 적고 또 하나님의 응답을 듣는 것이 어렵다고 하는 푸념 섞인 그녀의 한탄 속에서 그녀는 "그들, 가난한 사람들, 창녀들, 어린이들 그리고 가난에 찌들고 다리 밑에서 유일한 몸 둘 곳을 찾으면서 생존해 나가는 사람들의 얼굴들, 눈망울 그리고 미소들이 아니었더라면"이라는 짧은 외침을 남겨두고 있다. 그 사람들, 함부로 취급받고 사람대접을 받지 못하던 사람들과의 관계에서 탄생한 우정, 이것이야말로 '다른 어떤 것'이었으며 이것이야말로 그녀로 하여금 자신의 일을 계속할 수 있도록 만들었다.

'모든 것에도 불구하고' 그녀로 하여금 사역을 계속할 수 있도록 만든 것은 비이성적이며 무의미한 판단 때문이 아니었다. 희생 논리에 의한 것은 더욱더 아니었다. 그녀는 미래에 실현될 유토피아의 이름으로 자기 삶을 희생하지 않았을 뿐만 아니라, 십자가에서 고난을 당하신 예수와 자신을 동일시하기 위해 고통의 삶을 채택하지도 않았다. 그녀를 지탱하게 만든 것은 가장 가난한 사람들과의 만남과 우정에서부터 비롯된 인간화의 경험이었다. 이러한 경험은 가난한 사람들과의 만남이 어떤 주체와 관찰, 조정 그리고 정복의 대상으로서 왜소화된 객체와의 관계가 아니라 주체와 주체로서의 관계가 되도록 했다.[26]

'어떤 새로운 것', 얼굴들, 눈망울과 미소는 단순한 위로 혹은 실패와 좌절을 겪은 후에 주워 담는 빵 부스러기와 같은 것이 아니다. 이러한 것들은 그녀의 삶과 투쟁에 의미를 생성케 만드는 '기초석' 같은 기반이며 근원이었다. 또한 이것은 그녀로 하여금 자기의 일상적인 삶과 행동을 규정하는 믿음과 도전적 과제에 뛰어들도록 만들었다. 그래서 그녀는 그 사람들과의 만남을 통해 그녀의 공동체 사람들이 정체성을 회복할 수 있었다고 말한다.

정체성의 회복에 대해 언급할 때 그녀는 1인칭으로 말하고 있음을 볼 수 있다. 그녀는 전근대적인 신학 혹은 해방신학의 시각에 상관없이 가난한 사람들을 위한 선택의 결과, 한계와 모순을 발견하기 위해 제3자의 입장(관찰자의 입장)이나 시각에 서 있지 않다. 사역의 결과가 매우 미약하다거나 하나님의 응답을 듣는 것이 매우 어렵다고 증언할 때, 그녀는 관찰자의 입장과 시각에 서 있다. 그러나 "그들의 얼굴과 눈망울 그리고 미소가 아니었더라면" 혹은 "믿음과 용기를 가지고 시작했다"는 증언을 할 때, 그녀는 1인칭으로 말한다. 1인칭으로 말할 때 우리는 어떤 일정한 행위의 결과나 어떤 행위와 사역이 나의 의도를 제대로 실현할 수 있을까 묻지 않는다. 오히려 우리는 어떤 행위와 사역이 상대방의 의도와 그의 정체성과 부합되는가를 묻는다. 위에서 이미 본 것처럼 네누카는 "만일 우리가 그를 따름에 있어서 부름을 받고 있다면 그가 했던 일을 하는 것 외에 다른 것을 할 수는 없다. 그분처럼 우리는 사람들에게로 가야 한다. 죽음의 깊은 그늘 앞에서 가장 큰 고통을 당하고 있는 사람들에게로 가야 한다. 그들에게 생명의 빛을 선포해야 한다"고 말한다.

영적인 경험이 반드시 어떤 일정한 교리나 신학과 부합되어야 하는 것은 아니다. 그러나 예수에 대한 '첫사랑'과 같은 근원적인 경험과의 연관성, 그리고 예수의 삶을 변화시키고 규정했던 그의 근본적인 선택과의 관계에서는 일관성을 유지해야 한다.

서로 혼동됨이 없이, 혼재되어 나타남 없이 당사자의 시각과 제3자의 시각을 오가는 것은 "우리는 동시에 시행자와 관찰자나 우리 자신의 예측자가 될 수 없다. 또한 우리의 생각이 우리를 행동하게 할 것인지 혹은 우리가 행동하는 것인지를 동시에 할 수 없다. 우리가 시행자라면 스스로에게 무슨 일을 하는 것이 필요한지를 묻게 된다. 그리고 우리의 의도에 맞는 행위에 헌신하기를 결단하는 것이다."[27]라는 에킬 빌그래미(Akeel Bilgrami)의 말을 통해 이해될 수 있을 것이다.

누군가는 이렇게 말할 것이다. "그러나 약속된 해방이 지연되고 있다!" 이러한 주장은 해방의 가정 사항과 가난한 사람들의 구체적인 삶의 현실 사이에 존재하는 괴리를 측정하려는 제3자의 입장에서 나온 주장이다. 해방적 기독교는 역사 속에서 나타난 또 다른 의미 있는 영적·종교적인 운동과 마찬가지로 가장 커다란 힘과 의미를 관찰자의 입장에서 행하는 주장이나 제3자의 시각에서 찾지 않는다. 오히려 우리로 하여금 현실과 세상을 향한 새로운 계시에 대해 새로운 시각을 갖게 만든 사건들을 경험하고 헌신하는 시행자들을 통해 발견한다.[28]

네누카와 같은 많은 사람들과 공동체가 우리 주변에 존재하고 있으며, 많은 실패와 좌절과 그들의 삶과 믿음, 그리고 오늘날 세상에서 행하고 있는 그들의 사역에 대한 신학적 설명이 부족함에도 불구하고, 더욱이 시간이 흐름에 따라 화석화된 교리(보수적 교리, 진보적 교리인가 막론하고)를 절대적 가르침이자 공식적 교리로 강조하고 있는 그들의 교회가 보내는 따가운 눈총이 그들에게 집중됨에도 불구하고, 가난하고 억눌린 사람들을 향한 헌신을 계속하고 있다. 이들은 언제나 부름을 받고 있으며, 예수를 따르는 것을 그만둘 수 없기 때문에 그들의 믿음을 계속 유지하고 있다. 이것이 해방적 기독교의 힘이다. 네누카처럼 예수의 말씀을 진지하게 수행하게 될 때, 비로소 해방적 운동의 의미를 좀 더 이해하게 될 것이며, 이 운동들을 위한 신학적 공헌을 할 수 있을 것이다. 이러한 의미에서 네누카의 삶은 그 어떤 이론적 혹은 언어적 체계도 이들을 헌신하게 만든 영성에 대해 설명할 수 없음을 보여 주었다. 이 생생한 경험들이 사전에 형성된 아프리오리(a priori) 이론과 체계에 함몰되지 않는 한도 안에서, 또한 이러한 경험을 사회학적·심리학적·역사적·신학적 혹은 학제 간 지식 등 한계가 분명한 이성적 설명으로 축소하지 않는 한도 안에서 말이다.

자유와
신비

누군가는 아직도 이런 질문을 할 수 있을 것이다. "하나님이 하신 해방의 약속이 과연 실현될까?" "하나님의 약속은 진리인가?" 사실상 많은 사람들이 하나님의 약속으로 인해 투쟁에 헌신하기 시작했고 또 지금도 투쟁을 지속해 나가고 있다. 이러한 종류의 질문들은 우리가 과학적·종교적 문서들을 읽어 나갈 때 갖고 있는 진리의 개념을 전제하고 있다. 네누카 같은 사람들은 자신들의 사역을 '믿음과 용기'를 가지고 계속해 나가기 위해 이 질문에 대한 만족할 만한 답변을 기대하거나 필요로 하지 않는다. 그럼에도 불구하고 이 질문에 답변하는 일은 필요한 일이다. 나는 이 질문에 그렇다 혹은 아니다 같은 혹은 지금은 조금씩 이루어지고 있지만 '파루시아(parusia, 재림)'의 시기에는 온전히 이루어질 것이라는 식의 빠른 답변을 줄 수 있으리라고는 생각하지 않는다. 신학자, 철학자, 역사가, 종교 연구가들에게는 매우 근본적인 면을 가지고 있는 이 질문에 대한 답변은 많은 지면을 할애하게 만들 것이다. 나는 여기서 지아니 바티모(Gianni Vattimo)의 매우 도전적인 글을 소개함으로써 이 질문에 답변하고자 한다.

예수에 의하면 진리는 우리를 자유하게 만들 것이다. 그 진리는 과학의 객관적인 진리가 아니며 신학적 진리는 더욱 아니다. 성경은 우주학 교과서가 아닐 뿐 아니라 인류학 혹은 신학의 교본은 더욱 아니다. 마치 우리가 지식으로 구원을 받을 수 있다고 믿는 것처럼 성경의 계시를 우리로 하여금 우리가 누구이며 하나님이 무엇을 하시며 또 만물의 원리는 무엇이며 또 기하학의 법칙 혹은 그 유사한 것들은 무엇인가를 알게 하는 것으로 이해해서는 안 된다. 유일한 성서의 진리는 시대를 통해 어떤 종류의 비신화의 대상이 될 수 없었던 그 사람처럼—그는 실험적·이성적 혹은 형이상학적이 아니라 오직 실천적인 모습으로 알려진 사람이다. 사랑의 진리이며 자비(caritas)의 진리일 뿐이다.[29]

만일 해방의 약속이 우리를 자유롭게 하리라는 진리와 관련된 것이며 또한 그 진리는 분석과 역사적 예견이 아니라 사랑과 관련된 것이라면, 해방에 대한 보증은 어디서 찾을 수 있을 것인가? 이 질문에 답하기 위해 '땅의 낙원', '악이 없는 세상', '계급이 사라진 사회' 혹은 우주론적이며 과학적인 새로운 이론들과 같은 유토피아적 지평선을 언급하는 것은 우리에게 역사는 '행복한 종말'을 향하게끔 설계되어 있다는 주장을 든든하게 유지해 줄 기반이 되지 못한다. 더욱이 역사 속에서 우리가 바라는 온전함을 건설할 수 있다는 가능성을 보장하기에는 턱 없이 허약한 기반이다.

서구의 전통은 언제나 질서의 개념에서 사상의 기초를 찾는 데 집중했다. 하나님은 항상 그 질서의 근본으로 이해되고 소개되었다. 질서의 근본으로서 하나님은 전근대사회에서 정적인 것으로, 그리고 근대사회에서는 진화적으로 이해되었다. 그래서 위에 인용한 보프의 우주론적 주장에서 우리는 하나님이 '최고의 지성의 소유자와 질서자의 이름'으로 언급되고 있음을 발견할 수 있다.

그러나 이것만이 인간의 현실을 이해하는 유일한 방법은 아니다.

호세 콤블린은 성서적 전통에서 하나님은 질서의 근본으로 이해되지 않고 있으며, 오히려 사랑으로 이해되고 있다고 주장한다. 그리고 "사랑은 질서에 기초되지 않으며 오히려 무질서에 기초된다. 사랑은 모든 질서의 구조를 파괴하기 때문이다. 사랑은 자유를 창조해 낸다. 그 결과로 무질서가 나온다. 죄는 하나님의 사랑의 결과라고 말한다.[30] 성경이 하나님의 사랑이라고 말하는 것은 인간의 소명은 자유이며, 이러한 자유는 인간의 속성이나 특성을 넘어서서 인간 존재 자체의 정당한 이유와 동기이며, 모든 인간 실존의 핵심임을 선포하는 것이다. "하나님은 사랑이시며 그리고 인간의 소명은 자유라고 하는 것은 동일한 현실의 양면이며 동일한 운동의 두 개의 경사면이다."[31]

(윤리적으로 말해) 악의 가능성을 배제한 채 자유로운 삶을 산다는 것이 불가능하다면, 우리는 종교적 언어를 사용해 다음과 같이 말할 수 있을 것이다. "하나님은 죄를 피할 수 없는 가능성으로 간주하면서 이 세상을 창조하셨다"[32] 그러므로 콤블린은 계시록의 "보라, 내가 문밖에 서서, 문을 두드리고 있다. 누구든지 내 음성을 듣고 문을 열면, 나는 그에게로 들어가서 그와 함께 먹고, 그는 나와 함께 먹을 것이다"(요한계시록 3:20)라는 내용을 인용하면서 말한다. "어느 누구도 문을 열지 않으면 하나님은 자신의 창조가 실패했음을 인정하면서 패배를 받아들이신다. 하나님은 실패할 수도 있는 세상을 창조하셨다." 다른 말로 하자면 그 어떤 것도, 그것이 하나님 혹은 하나님의 성육신에 대한 가르침이든지 간에 인간의 역사가 선하게 마무리될 것이며 역사 속에서 선이 악에 대해 최종적으로 승리할 것임을 보증하지는 못한다는 것이다. 이러한 종류의 신학은 '모든 것에도 불구하고' 사회적 헌신의 투쟁을 지

속하고 있는 많은 사람과 공동체들의 영적 경험과 더 호환적일 수 있다. 왜냐하면, 희생 논리에 기초하지 않으시는 하나님, 사람들의 고통에 대해 무감각하지 않으신 하나님의 형상, 다시 말해 오히려 그런 것들을 원치 않으시는 좋으신 하나님의 형상, 그리고 우리로 하여금 불의한 현실 앞에서 '편파적'이 되도록 하고 개인과 사회적 관계 변화를 향해 우리를 부르시는 하나님의 형상과 만나게 되는 영적 경험이 해방적 기독교의 원천적 기원이기 때문이다.

신학적·사회적·우주론적 이론이거나 우리 현실을 만드는 질서의 발견, 혹은 인간 역사와 자연의 목적과 의미를 예견하는 모든 신학적·사회적·우주론적 이론은 종국에는 일정한 형태의 형이상학적 사상으로 변질된다. 따라서 그 자체가 하나의 사상 체계로 폐쇄화되어 버린다. 오히려 죄 없고 순전한 사람들의 고통스러운 상황을 외면하고 거부하기에 이른다. 이러한 유혹을 이기기 위해 나는 게바라가 지적했던 것처럼, 또 라헬이 그랬던 것처럼 '값싼 위로'를 거부해야 한다고 생각한다. 적어도 꽤 오랫동안 한숨과 탄식, 고통스러운 현실 속에 머물러 있어야 한다고 생각한다. 거짓 희망은 우리로 하여금 행동하지 못하게 할 것이다. 왜냐하면 그것에 따르면 미래는 보장되어 있으므로 미래는 더 이상 우리의 관심거리가 되지 못할 것이기 때문이다. 우리의 희생을 요구하는 하나님을 상정하고 있는 희생신학도 그런 면에서는 마찬가지이다.

모든 생애의 신비를 이론이나 과학적 문제로 귀결시키고 덮어 버리는 근대의 유혹에 빠지지 않을 유일한 방법은 죄 없는 사람들의 고통 앞에서, 악의 현실로 인해 발생한 해결책을 찾기 힘든 위기 앞에서 그들과 함께 아파하면서 염려하는 동시에 사랑과 자유의 하나님에 대한 믿음을 고백하는 것이다. 삶은 악의 신비와 마찬가지로 일정한 이론으로 설명될 수 없는 신비를 갖고 있다. 인간 생명의 근본적인 신비는 지속될 것이며, 모든 이성적 설명과 유혹에도 불구하고 이러한 신비는 이어질 것이다. 우리를 자유롭게 하는 진리는 설명될 수 있는 진리 혹은 우리 현실의 문제와 위기를 일거에 해결해 줄 진리가 아니라 사랑과 연대를 향해 윤리적으로 호소하는 진리이다.

모든 이론적 체계는—비록 후기 근대적 성격을 가지고 있는 이론이라고 할지라도—스스로 현실 혹은 연구 대상을 완벽하게 파악할 수 있다고 여겨지는 사상 체계로 변질되는 경향을 보인다. 이러한 경향을 피할 수 있는 방법 중 하나는 고통을 당하고 있는 '타자'의 개입과 참여에 개방적인 모습을 보이는 것이다. 이론적인 체계 안에서는 쉽게 그 고통을 보지 못할 뿐만 아니라 고통과의 연대도 찾아볼 수 없기 때문이다. 이것은 신학을 비롯한 민중의 종교성을 성찰하는 모든 연구에 해당된다.

이러한 성찰을 한 후에 다시 본래의 질문으로 돌아가도록 하자. 해방적 기독교는 실패했는가? 나는 어떤 면에서는 해방적 기독교(유토피아의 건설을 약속하고 유토피아의 힘과 근본적인 동기에 확신을 가지고 있는 기독교)가 굳이 실패했다는 표현을 하지는 않겠지만, 커다란 위기 상황에 있다는 것은 분명하다는 사실을 말하고자 한다. 그러나 이 자리에서 분명히 해야 할 것은 해방적 기독교의 많은 부분들이 그의 영적인 힘과 정체성을 단순하게 초월적인 환상에만 기반을 두고 있지 않다는 사실이다. 어쩌면 많은 사람들로 하여금 또다시 낙관적이고 지배적인 생각을 반복하게 하는 것이 될 수도 있겠지만, 해방적 기독교의 영적인 힘은 새로운 형태로 세계와 사회, 사람들을 바라보고 새로운 시각의 관계 형성을 가능케 하는 영적인 경험으로부터 온다. 바로 그 영성이 우리로 하여금 자신의 정체성과 고난을 당하는 사람들을 향한 개인적·사회적인 헌신을 일관되게 유지하도록 해주고 있다.

어떠한 어려움에도 불구하고 '믿음과 용기'를 가지고 투쟁을 계속하고 있는 네누카와 그의 동료들 같은 사람들에게 해방적 기독교의 실패에 대한 질문은 근본적인 질문이 아니다. 왜냐하면 그 질문은 제3자의 시각과 객관적인 관찰자의 전망에서 묻는 질문이기 때문이다. 근본적인 문제는 어떻게 '첫사랑'과의 신실한 관계를 계속할 수 있느냐 하는 것이기 때문이다. 그것은 어떻게 우리 삶에서 인간적인 의미를 주는 영적인 경험과 부합한 행위를 계속할 수 있느냐 하는 것이다. 그렇게 함으로써 우리는 이 길을 계속해서 걸어가라는 부름을 느낄 수 있을 것이다.

위에서 언급한 영적 경험(비록 그것이 일시적이고 충분하지 못한 경험이었을지라도)을 갖게 하는 종교적 가르침은 우리로 하여금 고난과 기쁨 속에서 이 길을 걸어가게 만들고 있다. 자신을 해방적 기독교의 일원이라고 확신하는 모든 사람들에게 있어 (비록 특정한 교회의 구성원이 아니라고 할지라도) 강력한 도전은 구티에레스가 지적했듯이 수백만의 굶주림 속에서, 열등한 인종이라고 무시되고 있는 억눌린 민중 속에서, 극심한 여성 차별 속에서 하나님을 설명하는 언어를 발견하는 것이다.[33]

그러나 비록 우리가 그 도전적 과제를 완성했을지라도 우리가 잊지 말아야 할 것이 있다. 그것은 단지 그것이 종교적 언어일 뿐이라는 점이다. 해방적 기독교의 영적인 힘은 종교적 언어에서 비롯되는 것이 아니라, 오히려 이론에 의해 규정된 하나님과 인간의 형상에 대해 끊임없이 항거하고 답변하는 영적인 경험에서 비롯된다는 것이다. 왜냐하면 불의와 굶주림의 고통 혹은 은혜 속에서 서로를 인정하는 사람들과의 만남에서 느끼는 행복과 기쁨은 인간의 언어를 초월하며 그 모든 상징을 넘어서는 것이기 때문이다.

해설

욕망의 사회에서의
기독교 목회 영성

홍인식 (옮긴이)

이야기를 시작하면서

이 책은 지난 2000년 《욕구와 시장, 그리고 신학》이라는 제목으로 번역·출간되었으나, 그동안 변화된 세계의 상황과 해방신학이 맞이한 새로운 도전들에 대한 생각을 새롭게 추가해 재출간하게 되었다. 새로운 증보판 출간에 맞춰서 이 책을 간략하게 정리하는 한편, 이 책의 내용을 중심으로 한국 사회, 특히 교회 현장을 '욕망'이라는 키워드를 통해 분석해 보려고 한다. 나는 여기서 욕망에 대해 정치·경제·사회적으로 분석하지는 않을 것이다. 다만 신학적인 시각으로 오늘날 우리가 경험하고 있는 삶의 위기가 욕망으로부터 온 것임을 인지하고 그에 대한 해석을 시도하면서, 또 다른 한편으로 목회 현장의 한복판에 있는 목회자로서 목회적인 관점에서 하나님의 메시지에 귀를 기울이려는 것이다.

하나님은 우리에게 어떤 말씀을 들려주시려는 것일까? 이러한 전제에서 이 글은 경제와 신앙이라는 주제에 대해 학문적인 접근보다는 목회적인 접근을 시도할 것이다. 이를 위해 먼저 신자유주의정책의 종교성을 간략하게 기술할 것이다.[1] 뒤이어 이에 대항할 기독교의 해방적 영성을 논할 것이다. 마지막으로 현 상황에서 교회가 취할 수 있는 실천적인 목회의 대안 모델을 논할 것이다.

경제적 종교로서의 신자유주의

브라질의 한국계 해방신학자인 성정모는 신자유주의가 지배하고 있는 현 국제경제의 질서 안에 내재된 신학(endogenous theology)의 정체를 밝힐 필요가 있다고 말한다. 그는 비록 전통적인 종교 용어로 다뤄지고 있지는 않지만 신자유주의에는 '낙원에 대한 약속, 원죄, 필연적 희생, 구원'이라는 종교적 주제들이 산재해 있으며 일종의 '경제적 종교'를 형성하고 있다고 지적한다.[2] 이 글에서는 이렇듯 경제적 종교로서 신자유주의의 내재적 신학의 내용을 간략하게 기술하고자 한다.

시장(market)의 우상화

신자유주의 체제 안에서 시장은 유일신 종교의 신개념을 대치하고 있다. 시장은 유일신에게 적용되었던 모든 신적인 특성(전지, 전능, 섭리, 무소부재)을 소유한다. 시장은 유일한 신, 다른 경쟁자를 용납하지 않는 질투하는 신으로 등장하며, 자신 외에는 구원이 없음을 선포한다. 유일한 신적인 위치를 차지한 시장을 위협하는 것은 그 어떤 것도 용납될 수 없으며, 불순하고 신성모독적인 것으로 간주된다. 레오나르도 보프는 이에 대해 다음과 같이 말한다.

> 시장의 우상화는 매우 심각한 결과를 초래한다. 자신들이 하는 일에 대해 신적인 권위와 정당성을 부여함으로써 태연한 마음을 갖게 하고 심지어 자신들이 행하는 악행이 악이 아니라 신의 명령으로 구원의 사역을 수행하는 것이라고 생각하게 된다. 이런 까닭에 그들은 자신의 악의 한계를 의식하지 못하게 되는 것이다.[3]

구원의 약속

신자유주의는 시장을 통한 구원을 우리에게 약속한다. 그것은 곧 끝없는 경제적 번영으로 표현되고 있다. 시장 안에 있다는 것은 구원을 보증받는 것과 같다. 시장을 거부하거나 시장 밖에 있다는 것은 실패를 의미한다. 그것은 "교회 밖에는 구원이 없다"는 말의 신자유주의적 번역이다. 신자유주의의 구원은 '번영과 승리'이다. 인류에게 유일한 구원은 물질적인 번영이며, 인류의 최후의 승리는 오직 시장 안에서 이루어진다. 물질적 번영은 시장의 신을 통해 인간에게 베풀어진 신적인 축복이다. 따라서 물질적 번영의 혜택을 받지 못하는 사람은 실패한 사람이며, 구원의 약속에서 저주받은 사람으로 평가받는다.

미국에서 시작된 '번영의 신학 혹은 복음'의 가르침에 의하면 부유함, 명예, 개인적 성공과 육체적 건강을 포함하는 물질적인 번영은 하나님을 믿는다는 조건하에 우리 모두에게 주어지는 하나님의 복이다. 또한 건강과 부유함은 모든 믿는 이들을 향한 하나님의 섭리이며, 물질적인 복을 자기 것으로 만들기 위해 필요한 유일한 조건은 믿음이다. 신자유주의는 믿음을 시장으로 대치한다. 시장에 대한 절대적인 신뢰만이 '번영'을 가져다줄 것이며 그것만이 유일한 구원이다. 또 다른 대안은 없다는 것이다.

필연적 희생

낙원과 구원에 대한 약속을 이루기 위해서는 희생이 필요하다. 그것은 간단하게 얻을 수 있는 것이 아니다. 구원을 이루기 위해 거쳐야 할 과정은 험난하다. 그러나 그것은 낙원을 약속하는 것이기에 반드시 거쳐야 할 과정으로 간주된다. 시장 외에 다른 대안이 없고 시장만이 우리를 구원할 유일한 '진리와 길'로 여길 때 우리는 그것을 지켜 내고 실현하기 위해 어떠한 희생이라도 치를 각오를 해야 한다. 이렇게 함으로써 신자유주의에서 '필연적 희생'은 확고하게 자리 잡기 시작한다. 성정모는 이렇게 말한다.

희생의 논리는 세계 전체가 아니라 주로 서구의 사회적 정신에 깊은 뿌리를 내리고 있다는 점을 깨닫는 것이 매우 중요하다. 대다수 종교에서 우리는 희생의 신학이나 그와 비슷한 것을 찾아볼 수 있다. 서구의 기독교 전통은 '희생 없이 구원은 없다'는 개념으로 잘 알려져 있다. 이러한 종류의 신학은 고통을 어떻게 극복해야 할지 모르는 사람에게 의미를 부여하는 장점이 있음과 동시에 억압된 체제를 정당화하는 단점도 갖고 있다. 희생의 논리가 사회적 정신의 기초를 만드는 데 영향을 미쳤다는 인식은 우리 사회 대다수의 사람들이 자본주의 논리에 저항하지 않는 이유를 이해하는 데 도움이 될 것이다. 시장체제의 '소비의 꿈'을 나눠 갖는 것 외에도 대다수 사람들은 낙원을 얻기 위해, 속죄(무능력, 패배, 가난한 자가 되는 죄)함을 받기 위해 희생의 요구를 정상적이고 자연적인 것으로 여기고 있다.[4]

구원을 이루는 데 있어 가난한 사람, 무능력한 사람의 죽음과 희생은 더 큰 번영을 이룩하기 위해 거룩한 제단에 바쳐지는 제물일 뿐이다. 이러한 필연적 희생 제물에 대한 생각은 기독교적 희생의 개념과 깊은 관련을 맺게 되고, 기독교 교회 내에서도 아무런 저항 없이 받아들여지게 된다.

새로운 인간(homo oeconomicus)

신자유주의 경제는 새로운 인간상을 창출해 내고, 구원을 받기에 합당한 사람의 자격을 규정하고 있다. 그러한 자격이 있는 새로운 인간이란 시장이 제공하는 복음을 받아들이는 사람이다. 시장 종교의 복음은 다름 아닌 경쟁이다. 경쟁의 신학과 영성을 받아들이고 이에 순종하는 사람은 새로운 인간으로서 시장에서 구원을 받을 만한 자격을 가진 사람으로 간주된다. 시장 종교에서 유일하게 모든 것의 척도가 되는 것은 경쟁을 통한 경쟁력 강화이다. 경쟁은 모든 기업과 국가의 존재 기반이 되며, 경쟁력 강화는 모두가 추구해야 할 사회의 가장 핵심적인 목표이다.

초·중·고등학교, 대학교, 병원, 가족, 기업, 병원, 심지어는 종교 기관을 망라한 사회의 기구와 기관 모두 경쟁력 강화를 꾀하고 있다. 교육의 목표는 온전한 인간 형성이 아니라 경쟁력을 갖춘 새로운 인간을 배출하는 것이다. 경쟁은 신자유주의 사회에서 유일한 복음으로 받아들여진다. 이 복음 외에 우리를 구원할 이름은 없다. 인간적·경제적 발전도, 사회복지도, 정치적 발전과 독립도, 경쟁의 복음 없이는 달성할 수 없는 목표들이다. 신자유주의는 경쟁력을 갖춘 새로운 인간상을 제시함으로써 현 소비 사회에서 가장 유력한 종교로 떠오르고 있다.

신자유주의를 넘어서는 목회의 영성

이러한 경제적 종교를 형성하고 있는 현 신자유주의적 상황에서 기독교회가 보여 줄 수 있는 예수의 사역과 삶, 그리고 성서로부터 유추되는 윤리적 영성의 모습은 어떤 것일까? 몇 가지로 요약해 보자.

해방의 영성

예수의 삶에서 두드러지는 영성의 모습은 무엇보다도 한 사회에서 가장 연약하고 가난하며 아무런 사회적 보호 장치도 없는 사람들에게 행해지는 모든 종류의 억압과 얽매임으로부터의 해방이다. 예수는 가난하고 억눌린 사람들과 자신을 동일시했으며 이에 따라 그들을 위한 선택을 우선적으로 하는 삶을 살아왔다. 여기서 가난한 사람들과의 동일시를 단순한 비유로 간주해서는 안 될 것이다. 그것은 예수의 삶을 지탱하던 근본적인 논리와 동력이다.[5]

해방의 영성에 있어 양심은 단순한 특정 상황에 대한 도덕 원리를 적용하는 것을 넘어 가난하고 억압당하는 사람들의 목소리에 귀 기울이고 그들의 아픔을 함께하는 것을 포함하고 있다.[6] 해방의 영성이란 측면에서 한국 교회의 자선 행위에 대해 성찰해야 할 것이다.

정의와 평화의 영성

불의와 부정은 어느덧 우리 인류의 삶에서 일상적인 현상이 된 것 같다. 불의는 조직화되어 있고 더욱이 메델린에서 개최되었던 라틴아메리카주교회의(CELAM) 문서에서 지적한 것처럼 이미 제도화되어 버렸다. 그럼에도 불구하고 인간 존재는 이러한 폭력과 불의에 영원히 매여 사는 것을 거부하고 저항하고 있다. 인간은 정의를 갈망하고 그것을 현실에서 실현하고자 노력한다. 이러한 인간의 정의를 향한 열망은 성서와 예수가 추구하는 영성과 일치한다. 정의의 영성은 예수가 전한 메시지의 핵심을 이루고 있다.(마태 6:33)

르네 파딜라(Rene Padilla)는 신자유주의 사회의 모순을 단순히 경제적인 문제로 단순화해서는 안 된다고 주장하면서 이 문제는 오히려 사회정의와 깊은 관계가 있음을 지적한다. 그는 이렇게 말한다.

나는 오늘의 현실과 사회윤리적 측면에서 볼 때 오늘날 우리에게 가장 시급한 것은 모든 경제 관계에 있어 기독교인으로서 정의를 실천하는 일이라고 생각한다. 물론 모든 정부가 하나님의 섭리에 따라 가난한 자들에게 사랑을 베풀고, 사회정의를 실천하도록 만들 수 있는 일이 많지 않다는 것은 알고 있다. 그러나 그렇다고 해서 이러한 현실이 우리 기독교인들로 하여금 현 경제 시스템의 악마적인 성격을 고발하는 책임까지 면

제시키는 것은 아니다. 이러한 현실이 우리로 하여금 개인적이고 공동체적인 차원에서 정의를 실현하기 위해 우리가 가진 것들을 활용해야 한다는 청지기적인 책임을 회피하도록 해줄 수는 없다. 모든 어려움에도 불구하고 우리는 "기독교 공동체는 복음을 통해 다른 사회구조를 변혁시킬 수 있는 가장 기본적인 사회구조라는 것"(존 요더John H. Yoder)을 잊어서는 안 될 것이다.[7]

모든 인간의 역사는 폭력으로 얼룩져 있다. 폭력의 역사를 언급하지 않고서 인간의 역사를 말한다는 것이 불가능할 만큼 폭력은 우리의 삶 속에 깊숙이 자리 잡고 있다. 우리의 선교 사역이 현대사회가 당면하고 있는 폭력의 문제와 분리될 수 없음을 명백하게 보여 주고 있다. 많은 성서적·신학적 지식을 갖고 있지 않다고 하더라도 신약적 전망으로부터 우리가 예수의 제자로서 하나님의 나라와 그의 의를 위한 삶을 살아가야 함과 그러한 삶이 필연적으로 평화의 실천과 깊은 연관을 맺고 있다는 것을 쉽게 깨달을 수 있다. 평화는 조화, 평안함, 번영, 생의 풍요로움이 함께하는 상태를 의미한다. 그뿐만 아니라 평화는 정의와 밀접한 연관성을 갖고 있다. 정의와 평화는 서로 분리될 수 없는 관계성 속에 놓여 있다. 이사야의 말을 빌리자면, 정의의 열매는 평화이며, 정의의 결실은 영원한 평안과 안전이 아니겠는가.(이사야 32:17)

은혜의 영성(값을 치르지 않음)

오늘날 세계는 '계산의 문화'가 지배하고 있다. 세계 어느 곳에서도 값을 치루지 않고서는 어떠한 혜택도 누릴 수 없는 것이다. '계산의 문화'

는 최소한의 경비와 시간으로 최대의 이익을 추구하는 실용적인 사회
다. '계산의 문화'는 휴식을 용인하지 않는다. '공짜'가 사라진 사회이
며 오직 '이윤 추구'의 가치관이 지배하는 사회다.[8] 이러한 상황에서 우
리는 이스라엘의 예언자들과 예수에게서 보이는 유토피아적 전통에서
'은혜'라는 개념의 신자유주의에 대한 대안적인 영성의 모습을 발견하
게 된다. 예언자 이사야는 상업적인 논리에 의해 좌우되지 않는 사회,
다시 말해 값을 치루지 않고도 삶이 영위되는 '은혜'에 의존하는 사회
를 제안하고 있다.(이사야 55:1-2)

　　예수는 거저 주었으니 거저 주라는 은혜(값을 치루지 않음)의 삶을
제자들에게 강조한다.(마태 10:8) 삶 자체에 값을 매기면서 값을 치르기
를 요구하는 신자유주의적 삶의 정황에서 오늘날 한국 교회는 어떤 영
성을 선포할 것인가? 오늘날 한국 교회의 목회 구조 속에서도 '계산의
문화', '값을 치름(필연적인 희생)' 없이는 구원도 없음이 확대 재생산되
고 있는 것은 아닐까? 계산의 문화에 의해 지배되는 신자유주의 사회
에서 한국 교회가 회복할 것이 있다면 그것은 은혜의 영성일 것이다.

동정과 자비의 영성(고난의 동참과 나눔의 영성)

신자유주의 세계화는 인류의 행복한 삶이 보장되는 세상을 제안했지
만 우리는 곧 그것이 환상이었음을 알게 되었다. 오히려 세계화로 인
해 인류의 빈부 격차가 더욱 벌어졌다는 것은 주지의 사실이다. 왜 이
런 일이 발생한 것일까? 그것은 무엇보다도 세계화 과정에 태생적으로
자비의 영성이 부재했기 때문이다. 자비가 부재한 것은 세계화 과정 자
체가 '나와 다른 인간', 동물, 그리고 자연 세계의 필연적인 희생에 의해

생성되고 유지, 지탱된다는 태생적 한계를 안고 있기 때문이다. 이러한 사회를 향한 기독교 목회의 영성은 어디에서부터 출발해야 하는 것인가? 기독교 목회는 동정적인 행동, 다시 말해 피해자의 고통에 대한 동참과 나눔의 행동으로 표현되는 신학적이고 인간론적 원리인 자비의 영성으로부터 출발해야 한다. 동정과 자비의 영성에 기초한 목회만이 끊임없이 피해자들을 양산해 내고 있는 신자유주의 세계에서 정당성을 가질 수 있을 것이다. 또한 그것만이 오늘의 세계와는 다른 대안적인 세상이 가능하다는 것을 보여 줄 수 있을 것이다.[9]

자비와 동정의 영성은 이스라엘 예언자들의 전통에서 핵심적인 위치를 차지하고 있다. 이사야는 희생을 중심으로 이루어지던 당시의 유대교를 비판하면서(이사야 1:10-15) 믿음의 핵심적인 주제로 정의의 추구, 억압받는 자의 인권 보호, 고아와 과부에 대한 돌봄을 제안하고 있다.(이사야 1:17) 더 나아가서 호세아는 "내가 바라는 것은 변함없는 사랑이지 제사가 아니다. 불살라 바치는 제사보다는 너희가 나 하나님을 알기를 더 바란다"(호세아 6:6)라고 강조하고 있다. 예수에게서도 이러한 동정과 자비의 영성은 손쉽게 발견된다.(마태 9:13, 12:7) 하나님에게 유일하게 유효한 희생은 마음으로부터 터져 나오는 진정한 회개와 변화이다. 예수는 선한 사마리아 사람의 비유를 통해 동정과 자비의 영성을 강조하며 "가서 너도 이같이 하라"고 말한다.(누가 10:29-37)

이웃의 영성

레오나르도 보프는 그의 저서 《다른 세상의 가능성을 위한 덕목

II(*Virtudes para otro mundo posible II*)》에서 신자유주의적 세계를 대치하는 좀 더 나은 세상을 가능케 하기 위한 덕목으로 친절함(베풂), 더불어 사는 삶(상생), 존중, 관용을 지목하고 있다. 그는 존중의 덕목을 실현하기 위한 중요한 개념으로 '이웃'을 강조한다. 이웃의 존재에 대한 인정 없이 '더 나은 세상'은 불가능하다고 말한다.[10] '더 나은 세상'은 이웃에 대한 인정, 각 인간 존재에 내재된 소중한 가치에 대한 인정과 이웃에 대한 무조건적인 존중으로부터 출발한다고 강조한다. 그러나 신자유주의는 이웃을 배제한다. 이웃에 대한 존중은 경제 발전을 저해하는 요소이다. 따라서 신자유주의는 무관심하고 무감각한 문화를 지향한다. 나 자신만의 행복과 세계에 전념하며 모든 것은 '나의 세계'를 중심으로 움직인다.[11] 이러한 상황에서 교회는 어떤 영성의 목회를 지향해야 할까?

교회의 목회가 '더 나은 세상'을 가능케 하기 위해 가져야 할 영성의 모습은 보프가 지적하는 '이웃의 영성'이다. 이웃의 영성은 우리로 하여금 나와 다른 존재에 대한 인정, '섞임(mestizage)'의 실천, 받아들임, 인종 간의 교제와 소통, 문화 간의 대화 그리고 무엇보다도 지금까지 잊히고 있던 억눌린 이웃, 소외받고 있는 이웃, 침묵을 강요당한 이웃, 모욕당하고 억압당하고 있는 이웃들에게 우리가 관심을 집중하도록 만들 것이다.[12]

연대와 공동체의 영성

신자유주의의 결과의 하나인 빈부 격차는 심각한 사회적 문제를 야기하고 있으며, 경제적인 차이에 근거한 사회적 계급을 만들고 있다. 신자유주의가 '신부족사회'[13]를 형성하게 하고 있는 것이다. 경제적 차이로 인해 형성된 새로운 부족(사회계급)들은 각기 고유한 문화를 형성한다. 교육, 문화, 예술, 취미 생활은 물론이고 심지어는 식생활에서도 급격한 차이가 발생하게 되고 부족 간의 관계는 단절된다. 새로운 부족시대의 등장이다.[14]

유대교의 이방인이 소외와 차별을 받는 사회적 상황에서 예수는 "내가 너희에게 말한다. 많은 사람이 동과 서에서 와서, 하늘나라에서 아브라함과 이삭과 야곱과 함께 잔치 자리에 앉을 것이다. 그러나 이 나라의 시민들은 바깥 어두운 데로 쫓겨나서, 거기서 울며 이를 갈 것이다."(마태 8:11-12)라고 외치면서 부족을 넘어 서로 다른 이들이 어울려 살아가는 연대와 공동체 사회를 가르쳤다. 그렇다면 오늘날 한국 교회는 어떤 영성을 외치고 있을까?

예수의 가르침과 실천은 그의 영성이 연대와 공동체를 지향하는 '포함의 영성(inclusive spirituality)'이었음을 말하고 있다. '포함의 영성'은 신자유주의에 의해 형성된 신부족사회를 극복할 수 있는 대안을 위한 한국 교회의 목회 모델을 형성하는 기본 틀을 제공할 것이다.

생명의 영성

성서로부터 유출할 수 있는 선교에 대한 다양한 개념 중 우리에게 중요한 의미를 부여하는 것은 예수의 선교 현장 속에서 생명의 개념이 차지하고 있는 위치이다. 예수는 "나는 양들이 생명을 얻고 더 얻어서 풍성함을 얻게 하려고 왔다"(요한 10:10)고 말씀하셨다. 풍성한 생명, 생명의 풍요함, 하나님과 예수에 대한 인정과 믿음 없이—아들 예수를 통한 하나님과의 인격적인 관계 없이―풍요로운 생명은 주어지지 않는다. 요즘과 같은 시대, 다시 말해 맘몬 신에 의해 지배됨으로써 삶의 질이 유보되고, 생명의 가치가 소유하고 있는 물질의 양과 값에 의해 결정되는 신주유주의적 삶에서, 풍요로운 삶과 관련된 유일하고 참된 신이신 하나님과 예수에 대한 인정이 얼마나 중요한 것인가를 새삼 강조하는 것은 얼마나 귀중한 일인가!

신자유주의의 산물인 '번영의 신학(현 소비사회가 생산해 낸 또 다른 소비재)'의 옹호자들에 대항해 우리는 예수가 제시하는 풍요로운 생명이란 물질이 풍성한 생명이 아니라 '생명의 빵'이신 예수 안에서 진정한 가치를 발견하는 생명임을 분명히 밝혀야 할 것이다. 또 다른 측면으로 사랑이 결핍된 결과로 빵의 결핍이 발생하는 곳에서는 생명의 풍요로움을 말할 수 없다는 사실에 주목해야 한다. 또한 정의에 대한 배고픔과 목마름이 없음으로 인해 인간 생명을 유지하는 기본적 물질조차 충족되지 않은 곳에서는 생명의 풍요로움을 말할 수 없다는 사실에 주목해야 한다.

약함의 영성(독재적 권력을 향한 비판과 대안으로서)

권력에 대한 유혹만큼 강력하면서도 섬세한 모습으로 다가오는 유혹은 없을 것이다. 아담의 후손들을 향해 손짓하는 유혹 중 권력에 대한 유혹만큼 인간관계를 파괴하는 유혹도 드물 것이다. 기독교적 삶에 있어서도, 권력(그 권력이 자신의 직분에서 올 수도 있고 영적인 카리스마에서 오는 권력일 수도 있다)은 개인의 이익을 위해 사용될 수도 있으며, 많은 경우에 성서 구절과 신학적 뒷받침을 동반하는 '경건'이라는 옷을 입게 된다.[15]

그럼에도 불구하고 인간의 목적을 위해 사용되는 권력은 그것이 하나님의 이름으로 사용되고 있을지라도 악마적인 것이다. 그것은 에덴동산에서 하나님과 동일하게 되려 했던 아담과 하와의 시도를 계속하는 것일 수밖에 없다.[16] 권력 남용에 대해 예수는 매우 비판적인 태도를 견지한다.[17] 그는 부패한 권력을 비판하고 무시한다.[18] 그러면서 예수는 독점적이고 폭력적인 권력의 대안으로서 섬김과 약함의 신학을 소개한다.[19] 예수는 승리하는 메시아니즘에는 동의하지 않는 것으로 보인다. 그는 다윗의 전통에 의한 메시야 칭호를 달가워하지 않는 것으로 보인다.[20] 오히려 그는 자신의 '메시야 됨'을 고난받는 종의 모습과 동일시하고 있다. 그는 출애굽, 예언자, 지혜서, 시편의 영성적 전통과 같은 종교적 전통의 선상에 자신을 두고 있다.

충돌과 예언적 비판의 영성(경제적 종교 비판, conflictive spirituality)

충돌과 갈등은 예수의 윤리적 영성에서 매우 중요한 위치를 차지하고 있다.[21] 예수가 살던 사회는 다원화된 사회였으며 여러 분야에서 갈등 요소를 다분히 소지하고 있었다. 예수는 그 당시 사회의 갈등을 외면하지 않고 정면으로 대응하기도 했고 심지어는 갈등을 유발함으로써 문제의식을 만들어 내기도 했다.[22]

이러한 예수의 갈등 유발 혹은 충돌은 여러 측면에서 발생했다. 예수는 민중의 자유를 위한 정치권력을 향해 도전하고 충돌했으며 정의를 위한 경제권력과 충돌했고, 인간과 믿음 공동체의 자유를 위한 종교권력 및 공식신학과 대결했으며, 여성의 존엄성과 주체성을 위해 가부장적 사회와 충돌했다. 심지어는 자신을 포기한 하나님에 대해 도전적 질문을 던짐으로써 하나님과의 인격적이고 깊은 관계에 대해 성찰하도록 했다. 이렇듯 예수는 수많은 질문과 충돌, 그리고 갈등을 유발시키면서 당시 사회에 도전했다.

위에서 언급했듯이 시장을 우상화하는 신자유주의는 오늘날 우리 모두에게 절대적인 존재이다. 시장은 자신을 향한 어떠한 도전과 질문, 혹은 추호의 의문도 용납하지 않는다. 그러한 시도는 모두 불신앙으로 간주되어 정죄된다. 시장의 이름으로 행해지는 모든 행위는 신적 권위를 부여받은 정당한 것으로 간주되고 있는 현실이다. 이러한 상황에서 오늘날 예수의 영성을 진심으로 따르고자 하는 교회는 신자유주의를 향해 질문을 던지고, 대결하며 충돌하고 갈등을 유발시키는 시도를 포기해서는 안 된다. 오늘날 우리가 시급하게 회복해야 할 목회적 기획과 시도는 이 같은 충돌, 예언자적 비판, 갈등 유발의 영성을 반드시 포함해야 할 것이다. 알베르 카뮈(Albert Camus)의 "나는 저항한다. 그러므로 존재한다"라는 말을 기억하면서 갈등과 충돌이 변화와 변혁의 중요한 원천임을 잊어서는 안 될 것이다.

비양립성의 영성(하나님 나라와 맘몬 사이에서)

예수의 가르침에서 하나님과 돈(맘몬)의 비양립성(Incompatibility)은 매우 과격하게 주장되어 왔고 어떠한 예외도 용인되지 않았다.[23] 이러한 생각은 단지 원리로만 주창된 것이 아니라 예수의 제자들에 의해 실천되었다. 제자들은 가난한 자의 삶을 살아야 했고 필요 이상의 물건을 소유하는 것도 허용되지 않았다. 그들은 거주할 장소도 마땅치 않았을 뿐만 아니라 늘 떠돌이로 살아야만 했다.[24] 그러나 예수와 그의 제자들이 보여 주었던 비양립성은 후대 교회에 의해 왜곡되고 '만족의 문화'에 안주하는 기독교인들에 의해 그 실효성을 상실하게 되었다. 불행하게도 현대의 많은 기독교인들은 하나님 나라와 맘몬 사이에 존재하는 비양립성에 대한 성서적·역사적 교훈을 소홀히 하고 말았다. 그러한 의미에서 물질에 대한 성서의 가르침과 신앙의 선배들이 행한 실천적 삶에 대한 역사적 교훈을 잊어버렸다. 우리는 물질에 관련된 교회의 풍요로운 가르침과 경험을 잊어버리고 만 것이다.

더 문제가 되는 것은 물질과 부가 가져올 위험에 대한 예수의 경고를 무시하고 망각하고 있다는 것이다. 그뿐만 아니라 어떤 사람들은 복음서의 가르침을 왜곡해 물질적인 번영이야말로 하나님이 선사하는 복의 명백한 증거라고 말하기도 한다. 그에 반해 가난이라는 것은 하나님에 대한 불성실의 대가라고까지 가르치고 있다. 이러한 '번영의 신학'이 '가난한 자들에게 기쁜 소식'을 전하려고 오신 '예수의 복음'의 가르침을 얼마나 왜곡하고 있는가!

그럼에도 불구하고 오늘날 돈-신의 개념을 완벽하게 제거하는 것은 매우 어려운 일이다. 오늘 우리가 살고 있는 사회가 절대적으로 물질주의에 근거를 두고 있기 때문이다. 또한 우리 사회가 물질적인 목적의 실현을 향한 개인의 욕망에 기초를 두고 있기 때문이다. '누군가(someone)'가 되기 위해서는 '무엇인가(something)'를 갖고 있어야 하기 때문이다. 그리고 그 무엇인가를 소유하기 위한 과정에서 이웃의 존재는 쉽게 무시되거나 소홀해진다. 이러한 가치관이 오늘 우리와 함께 살아가고 있는 많은 사람들의 생각을 지배하고 있다. 이러한 가치관들이 오늘의 경제 시스템을 유지하고 강화시키는 것들이다.

이러한 상황에서 기독교인들에게서 물질 소유에 대한 성서적 가르침을 회복시키려는 노력은 시급하다. 오늘날 인간의 경제적인 면과 관련된 배후에 자리한 근본적인 동기가 무엇인가를 성찰해야 한다. 오늘날 우리 기독교인들은 우리의 삶이 어떠한 스타일인지 성찰해야 한다. 그리고 가장 가난한 사람들과의 연대를 포함한 하나님 나라의 가치관들과 오늘날 우리의 삶이 얼마나 일관성을 유지하고 있는지 진지하게 생각해야 할 것이다. 그것은 하나님과 맘몬 사이에 존재하는 비양립성에서부터 출발해야 할 것이다.

친절과 받아들임의 영성

친절은 인간화에 있어서 가장 근본적인 요소이다. 레오나르도 보프는 《가능한 다른 세상(Otro mundo posible)》이라는 저서의 서문에서 "무엇이 세계화 현상으로 하여금 인간의 얼굴을 갖게 만들 것인가?"라는 질문을 우리에게 던지고 있다.[25] 그는 네 가지 덕목을 열거하면서 이 덕목에 기반을 둔 윤리와 영성을 발전시키지 않고서는 그 어떤 인간관계도 진정한 의미에서 인간적이지 못하며, 그 어떤 세계화도 인류에게 유익하지 않으며, 인류의 미래를 위한 약속이 되지 못한다고 주장한다.

보프는 친절함의 덕목을 실현하기 위해 그 기초로 '다른 사람들(Others)'의 '되찾음'을 언급한다. 경쟁을 복음으로 여기고 그것으로부터 출발해 모든 체제를 형성하고 있는 신자유주의 구조에서 '다른 사람들'은 설 자리를 갖지 못한다. '다른 사람들'은 의미를 상실하게 되었고 사라지게 되었다. '다른 사람들'을 잃어버린 신자유주의를 극복하기 위한 대안적 모델은 '다른 사람들'을 회복하는 친절함과 받아들임의 영성으로부터 시작될 수 있을 것이다. 오늘날 한국 교회는 신자유주의 구조에서 사라지고 설 자리를 잃어버린 '다른 사람들'에 대한 관심과 그들을 회복하기 위한 목회 구조를 갖고 있는 것일까?[26] 잃어버린 '다른 사람들'의 회복을 위한 친절과 받아들임의 영성을 위한 보프의 제안은 우리에게 많은 것을 시사하고 있기에 여기에 인용해 본다.

> 세계화의 현장에서 친절함과 받아들임을 실천하는 데 있어 우리는 많은 장벽과 접하게 될 것이다. 또한 다양한 한계에 부딪히게 될 것이다. 그러나 이러한 장벽과 한계에도 불구하고 나는 여기서 실현될 수 있다고 생각하는 몇 가지 제안을 하고자 한다. 첫째, 무조건적인 실천 의지를 배양하기, 둘째, 풍요로움으로 다름을 받아들이기, 셋째, 다른 사람의 소리에 신중하게 귀 기울이기, 넷째, 솔직하게 대화하기, 다섯째, 정직하게 거래하기, 여섯째, 공동체를 위해 이기적인 관심을 포기하기, 일곱째, 의식적으로 책임 있는 행동하기, 여덟째, 용감하게 자신의 생각과 의견의 상대성을 인정하기, 아홉째, 지혜롭게 상황의 변화를 도모하기.[27]

꿈의 영성(유토피아적 상상력을 위한)

윤리, 영성, 희망, 유토피아는 기독교와 분리될 수 없는 중요한 개념들이다. 특별히 윤리와 영성은 '좀 더 나은 세상'을 실현하기 위해 구체적으로 행동하도록 우리를 부추기는 요소들이다. 희망은 윤리와 영성, 유토피아를 유기적으로 연결하는 역할을 담당한다. 이러한 요소의 조합을 예수의 생애에서 발견할 수 있다. 윤리와 영성의 사람인 예수는 희망을 가진 꿈꾸는 사람일 뿐만 아니라 자신의 부활을 통해 희망 그 자체가 되었다. 예수는 자신의 생애를 통해 늘 '하나님 나라'의 유토피아에 대해 희망을 갖고 있었음을 보여 주었다. 그는 하나님 나라에 대한 유토피아적인 희망과 꿈을 버리지 않았다. 그럼에도 불구하고 오늘날 상황은 우리로 하여금 유토피아적인 희망과 꿈을 포기하도록 종용하고 있다. 오늘날 사회는 우리가 원하든 그렇지 않든 간에 현 체제만이 현실에서 가능한 유일한 것이라고 주장하고 있다. 또한 우리가 할수 있는 것은 현실을 정치사회적 행동을 통해 변혁시키려는 노력보다는 현 체제에 순응하고 적응하는 방법을 모색하는 것이 현실적이며 옳은 행동이라고 주장한다. 더불어 개인의 경제활동의 자유를 최대한 보장함으로써 신자유주의체제를 더욱 발전시키는 것만이 유일한 방법이라고 주장하고 있다. 이러한 주장은 우리로 하여금 희망을 상실하게 만든다. 만일 자본주의체제가 인류가 누릴 수 있는 유일한 대안이라고 한다면, 인류는 숙명적으로 맘몬의 지배에서 벗어날 수 없는 상태에 빠지게 되는 것이다. 만일 그렇다면 인류는 착취와 불의가 판치는 세상에서 벗어날 수 없을 것이다. 이러한 절망적인 상황 앞에서 하나님의 말씀은 우리로 하여금 '예언자적인 상상력'(월터 브루거만Walter Brueggemann)을 동원하도록 촉구하고 있다. '예언자적인 상상력'은 우리로 하여금 생명의 하나님을 향한 신뢰를 바탕으로 미래에 대한 새로운 가능성을 설정하도록 용기를 북돋아 준다.

신자유주의 사상은 구약에서 보여 준 왕정체제, 지배층들의 이익을 위해 봉사한 권력과 지식에 바탕을 둔 포악한 체제의 근대적인 모습이다. 이러한 체제에 대항하기 위해 우리는 무엇보다도 하늘과 땅의 창조주 하나님, 예수의 아버지로서 하나님으로부터 시작하는 예언자적인 자세를 확립하는 것이 중요하다. 또한 정의를 향한 헌신은 자신의 백성과 연합하시는 하나님으로부터 발생되는 현실이자 가장 근본적인 모습임을 확신하는 것이 중요하다.

신자유주의체제의 전제적인 의식을 비판적으로 성찰하고 대안을 제시하기 위해 반드시 마르크스의 이론이 필요한 것이 아니다. 정의와 평화, 창조적 질서가 보존되는 아름다운 세상을 상상하는 데 있어 하나님의 말씀은 우리에게 충분한 성찰의 도구를 제공하고 있다. 예언자적인 상상력과 유토피아적 꿈에 대한 포기는 우리로 하여금 맘몬에 의해 조작된 현 정치·경제·사회체제에 대항할 의지와 능력을 상실하게 만들 것이다. 우리는 다시 한 번 예수가 꿈꾸었던 하나님 나라의 도래를 꿈꿔야 한다. 우리의 상상력을 동원함으로써 그렇게 해야 한다. 신자유주의가 종언을 고하면서 혼란기에 접어들고 있는 요즘 같은 시기야말로 하나님 나라에 대한 꿈을 살릴 좋은 기회가 아니겠는가.

멈춤의 영성

미국은 아메리칸 드림이 말해 주듯이 성공과 부의 상징이다. 신자유주의 정책은 말할 것도 없이 오직 부의 축적만을 목적으로, 무차별적인 경쟁을 바탕으로, 개인의 욕망을 끝없이 이루고자 하는 체제다. 이명박 정부와 박근혜 정부의 출범을 가능케 했던 것은 이러한 일련의 모습들, 한마디로 '욕망을 기반으로 하는 삶'이다.

오늘날 우리 삶을 크게 위협하고 있는 신자유주 경제정책의 맹점이 바로 욕망에 기반한 삶과 제도라는 것이다. 그리고 그 욕망은 한없는 발전을 약속하고 있으며, 한계를 모르고 뻗어만 가려고 한다. 노자는 이러한 사회는 '치빙전렵 영인심발광(馳騁田獵 令人心發狂)'이라고 했다. 즉, "모두가 사방으로 말을 달려서 사냥질 하는 데만 여념이 없게 됨으로써 모든 사람의 마음이 미쳐 버린 세상"이라고 표현했다. 오늘날 우리의 신자유주의 사회를 정확하게 묘사한 말이다.

우리 모두 다시 한 번 하나님 앞에서 멈출 줄 아는 능력을 생각할 수 있었으면 좋겠다. 진정한 부자는 많은 것을 소유한 사람이 아니라 '필요를 느끼지 않는 사람'이라는 말이 있듯이, 끝없는 소유에 의해 삶의 행복이 결정되는 것이 아니라 오히려 멈출 때를 아는 지혜가 우리를 행복하게 할 것이다. 또한 이러한 하나님 나라의 법칙을 기반으로 우리가 살아갈 때 비로소 진정한 행복이 찾아올 것이다.

한국 교회에 던지는 목회적 제안

신자유주의는 급속하게 한국 교회를 장악하게 되었고, 대다수 교회의 목회 모델을 형성하는 데 지대한 영향력을 갖게 되었다. 불행하게도 신자유주의에서 파생된 소비문화의 영향으로 현재 대다수의 개신교회들의 최대 관심은 빠른 시일 안에 최대의 양적 성장을 이루는 것에 집중되어 있다. 양적 성장을 이루기 위해 이 시대의 풍조를 반영하는 갖가지 방법론이 동원되고 있다. 종교시장에도 자유시장의 물결이 넘쳐 나고 있는 것이다. 경쟁이 치열해짐에 따라 이제 예배는 '쇼'로 전락하게 되고 설교는 행복을 얻기 위한 쉬운 처방전과, 육체적 안정과 물질적 번영을 위한 하나님과의 거래가 이루어지는 시장으로 전락하고 말았다. 요약하자면, 복음이 소비재로 변질되었으며 믿음은 이제 사회적·정치적 삶과는 별개의 것으로서 아무런 헌신도 요구하지 않는 순전한 개인적인 차원의 종교적 경험(private religious experience)으로 변질되고 말았다.

이러한 상황에서 우리에게 시급하게 요구되는 것은 소비사회를 지배하고 있는 흑암의 세력으로부터 해방을 선포하는 복음의 능력을 회복하는 일이다. 교회의 사역은 '대형 교회'를 추구하는 것이 아니다. 교회의 사역은 적그리스도의 가치관이 지배하고 있는 사회의 한복판에서 사랑, 정의, 평화, 진리와 자유라는 하나님 나라의 가치관을 바탕으로 한 대안적 사회 모델을 추구하는 데 있다. 하나님의 섭리에 부합하는 세계화는 오직 하나님 나라의 복음으로부터 파생돼야만 한다. 예수의 사역과 삶을 통해 하나님은 사랑, 정의, 평화가 지배하는 새로운 세계를 창조하시고자 한다. 교회는 '왕 되신 하나님의 백성의 공동체'이다.

교회는 양적인 성장에서 비롯되는 권력이나 영향력을 쟁취하기 위해 하나님의 부르심을 받고 있지 않다. 오히려 모든 나라의 모든 민족을 제자로 삼으라는 명령을 수행하도록 부름을 받고 있다. 교회가 이러한 하나님의 부름에 대해 진정으로 응답할수록 우리 주 예수 안에 나타나는 하나님의 우주적인 목적을 반영한 진정한 세계화를 인간 역사에서 이뤄 낼 수 있는 공동체를 형성할 수 있다. 어느 누구도 신자유주의 경제모델이 소수의 엘리트 계층의 경제적 이익을 중심으로 이루어지고 있으며, 삶을 소유의 관점에서 결정하고 있다는 점을 부인할 수 없을 것이다. 신자유주의 경제모델은 근거도 제시하지 못한 채, 현대사회에서 '각 개인의 경제적 이익을 최대한 보장함으로써' 대다수 사람들의 최대 행복을 이룰 수 있다고 주장하고 있다. 그러나 이러한 방법으로는 오늘날 세계 인류가 당면하고 있는 문제들을 해결할 수 없을 뿐만 아니라 오히려 심화시킬 뿐이다.

어떻게 현 신자유주의 경제정책을 신봉하는 동시에 성서에 계시된 정의의 하나님에 대한 믿음을 지켜갈 수 있을지 의심하지 않을 수 없다. 마이클 노박과 에이미 셔먼(Amy Sherman) 같은 미국의 몇몇 신학자들의 신자유주의체제의 정당성에 대한 옹호는 분명히 잘못된 것이다. 그럼에도 불구하고 오늘날 기독교인들 사이에서 흔하게 발견되는 태도가 신자유주의체제에 대한 무관심 혹은 암묵적인 동의라는 사실은 놀라지 않을 수 없다. 이제 40년을 구가하던 신자유주의가 종언을 고하고 있는 듯하다. 이러한 시점에서 한국 교회는 지난 과오에 대해 철저히 반성하고 회개하면서 신자유주의 이후의 세계에 대해 관심을 갖고 기독교적인 대안을 창출하는 데 힘써야 할 것이다. 교회는 신자유주의가 소외시켰던 '다른 사람들'을 포함하는 진정한 의미의 '연대의 세계화'를 이룩해야 할 것이다. '연대의 세계화'를 현장 목회에 적용하기 위해 나는 몇 가지 실천적인 제안을 하고자 한다.

제동 기능의 강화

목회의 실천적 현장에서 목회 기능은 가속이 아니라 제동 장치의 회복을 향하게 해야 한다. 신자유주의가 초래한 오늘의 험악한 현실은 무엇보다도 멈춤이 없는 가속 문화에 의한 것임을 인식해야 한다. 목회 현장의 기획이나 계획들이 성장 목표를 지양해야 한다. 성장이 아닌 멈춤, 혹은 가진 것에 만족하고 현재 삶의 의미를 찾아가는 것을 기반으로 한 설교나 목회 계획들이 이뤄져야 할 것이다.

참여와 협력을 창출해 내는 통로 기능의 강화

신자유주의 사회는 80대 20 아니 90대 10의 사회를 지향해 나가고 있다. 실질적으로 소수의 능력 있는 엘리트에 의해 정책이 수립되고 실행되고 있다. 이에 따라서 점차 민주주의가 위협받고 있는 오늘날 현실에서 참여와 협력이 강화된 민주주의에 대한 요구는 더욱 강해지고 있다. 우리는 교회가 역사적으로 사회 변혁을 위한 행동에 있어 동기를 부여하거나 참여를 이끌어 내는 통로 기능을 해왔다는 사실을 알고 있다. 오늘날 교회가 이러한 기능을 계속할 수 있을까? 신자유주의를 넘어 대안적 사회 모델을 제안하는 데 교회는 좀 더 적극적인 태도를 취할 필요가 있다. 이를 위해 교회의 목회가 기존 교회 간의 협력 체제를 벗어나 좀 더 지역사회의 시민 단체와 연대하는 행위를 강화해야 할 것이다. 다시 말하면 좀 더 적극적인 의미에서의 에큐메니컬(ecumenical)적인 선교와 목회가 요구된다. 이와 더불어 교회 내 의사 결정 구조를 비롯한 전체적인 목회 구조에서 교우들의 참여와 협력을 이끌어 낼 수 있는 구조적 변화도 함께 수행해야 할 것이다.

새로운 삶의 양식 모색 강화

오늘날 우리가 당면한 현실은 사회적 대안(social alternative)에 대한 전망이 매우 흐릿한 상황이다. 마치 모든 대안의 가능성이 닫혀 있는 듯한 느낌을 받는다. 그러나 다른 한편으로 근본적인 변화의 필요성에 대한 공감대가 형성돼 있기도 하다. 이런 현실 속에서 초대 교회가 그러했듯이 교회는 또다시 새로운 삶의 양식을 시험하는 훌륭한 현장으로서 기능해야 할 의무를 갖는다.[28] 이 일은 매우 현명하고 지혜로운 현실적 판단과 더불어 실용적인 면과 예언자적인 측면을 적절하게 배합하는 능력이 요구되는 매우 어려운 것이다.[29] 사람들로 하여금 새로운 삶의 양식의 필요성과 의무에 대한 깨우침을 주는 것과 더불어 실현 가능성을 보여 주어야 하기 때문이다. 무엇보다도 새로운 삶의 양식은 '계산 문화'가 아닌 '은혜의 문화'에 바탕을 둔 것이 되어야 할 것이다.

올바른 믿음의 회복

빅터 프랭클(Viktor Frankl)은 현대인들에게서 찾아볼 수 있는 근본적인 특성 중 하나를 의미성의 상실이라고 보았다.[30] 그는 이 세계에서 인간 존재의 의미를 부여할 수 있는 준거의 틀을 상실해 가는 사람들이 점차 증가하고 있다고 말한다. 지탱할 만한 종교적 기초(위대한 이야기)를 상실한 후기 근대사회에서는 주관적인 종교 개인주의가 성행하게 되며, 개인적인 영성은 '작은 종교'들을 생산해 내기도 한다.[31] 이러한 후기 근대사회의 상황에서 신자유주의가 내부의 종교적인 경향을 넘어 그 자체로 '경제적 종교'로 자리 잡은 것은 어쩌면 당연한 과정이다.

　'경제적 종교'의 등장은 많은 사람들로 하여금 믿음의 진정한 의미를 상실하게 만들었고 현실적 삶의 번영에서 의미를 찾도록 만들었다. 이들에게 가장 중요한 것은 '오늘날 나의 잘됨'이다. 신비한 하나님 세계는 의미를 상실하게 되고, '긍정적 사고방식', '잘되는 나', '감성적 하나님'과 번영의 신학이 그 자리를 차지하게 되었다. '경제적 종교'의 도전 앞에서 우리는 올바른 믿음의 기능을 회복할 것을 주장해야 한다. 그렇게 하기 위해 교회의 목회는 믿음과 삶이 일치되는 실질적인 체험을 기반으로 한 비판적 영성을 배양하는 데 힘을 기울여야 한다. 하나님 나라의 신비를 옹호하는 자로서 '눈에 보이는 것들'을 '신적화' 시키는 '종교적 종교'의 배교 행위에 대항해, 믿음이 지향하는 바가 무엇인가를 보여 주어야 한다.

목회의 대사회정치 기능의 회복과 강화

좋아하든 그렇지 않든 간에 이 땅에서 살아가는 동안 우리는 어쩔 수 없이 쟈크 엘륄(Jacque Ellul)이 주장하는 '악마적인 정치'의 도전을 받으며 살아가지 않을 수 없다. 교회는 정치에 관여하지 않는 삶의 스타일을 선택할 수도 있다. 그럼에도 불구하고 우리가 피할 수 없는 것은 삶이 정치적 결정과 선택에 의해 규정되는 현대사회에서 정치로부터 완벽히 무관하게 지낼 수는 없다는 것이다. 그러므로 우리는 정치에서 하나님을 섬길 수 있는 방법을 생각해야 한다.

사회적·정치적 영역에서 하나님의 영광을 드러내며 산다는 것은 쉬운 일이 아니다. 우리는 간단하고 쉬운 방법을 갖고 있지 않다. 우리가 갖고 있는 것은 오직 세상에 있으면서도 세상에 속하지 않는 삶을 살라고 하는 하나님의 부름이다. 우리가 갖고 있는 것은 가난한 사람들과 자신을 동일시하며 다른 사람을 위해 자신을 스스로 내어놓고 종으로 오신 우리 주 예수가 가신 길이다. 우리가 갖고 있는 것은 정의가 살아 숨 쉬는 새로운 하늘과 땅을 미리 보여 주며 새로운 세계의 도래를 확신케 해주시는 성령의 함께하심이다.

쿠바의 신학자 바에스 카마르고(Baéz-Camargo)에 의하면 사회 정치에 참여하는 데 있어 가장 시급한 일은 우리의 사회적 책임에 대해 언급한 성서의 기록 및 민중들의 삶의 자리와 여건을 진지하게 연구 성찰함으로써 '혁명적인 부름에 대한 의식'을 회복하는 것이다. 덧붙여서 그는 "사회적 문제의 본질과 그 필요성을 분석하기 위한 기독교적인 원리를 소유하기 위해 최선의 노력을 경주해야 한다"고 말한다.[32] 신자유주의가 종언을 고하고 있는 이 시기에 교회는 지금까지 지나치게 '잘되는 나'에 치중하면서 교회 혹은 개인의 행복에 집중된 관심을 대사회정치로 향하도록 해야 한다.

예언적 혹은 상징적 충동 기능의 강화(Symbolic Provocation)

하나님의 구원이라는 섭리는 삶의 모든 분야에서 하나님의 주권을 인정하고 복종하면서 그의 영광을 드러내는 새로운 인간에 대한 창조를 포함하고 있다. 그리고 그것은 사회변혁을 꿈꾸는 것으로 나타나기도 한다. 그러므로 우리는 교회 공동체에게 현실 변화를 위한 노력을 기대할 뿐만 아니라, 우리가 교회에 대한 기대와 희망을 가질 수 있도록 상징적 행동을 기다려야 한다. 교회는 사회로 하여금 변혁에 대한 희망과 기대를 갖도록, 또 그렇게 행동을 하도록 충동(provoke)을 받게끔 해야 한다. 스페인의 가톨릭 신학자 호세 마리아 마르도네스(Jose Maria Mardones)는 물질적인 외형의 삶과 소비 중심의 후기 현대사회와 신자유주의적 가치에 점령당한 사회에서 기독교의 기능은 상징적인 행위를 보여 주는 것이라고 말한다. 그는 이 사회에서 교회가 순기능을 감당하기 위해서는 충동적 상징 행위(provocative-symbolic attitude)들을 통해 현 사회의 물결을 거슬러 올라갈 능력이 있다는 사실을 보여 주어야 한다고 주장한다. 상징적인 행위들을 통해 사회는 자신이 나아가는 방향에 대해 성찰하게 될 것이며, 교회는 그렇게 할 수 있도록 충동해야 한다고 말한다.[33] 그런 의미에서 교회는 반문화적 공동체라는 미구에즈 보니노(Miguez Bonino)의 지적은 옳다. 교회는 이 세상의 물결을 거슬러 올라가는 카운터컬처(counter-culture)의 모습을 상징적인 행위를 통해 보여 주어야 할 것이다.

예수는 상징적인 행위를 통해 바리새인들을 충동했다. 안식일에 제자들로 하여금 밀알을 따 먹도록 허용한 것이다. 또한 바리새파 사람들 앞에서 어찌 보면 의도적으로 환자들을 치유하기도 했다. 평상시 모습과는 달리 과격한 행동으로 보일 수도 있었지만 예수는 성난 모습으로 성전에서 장사하는 사람들을 채찍으로 모두 쫓아 버기리도 했다. 이 모든 행위들은 상징적이고 충동적인 것이었다. 바리새파 사람들의 잘못된 모습을 강하게 지적하고 그들로 하여금 회개하도록 충동하는 행위였던 것이다. 이러한 상징적인 행위들을 통해 예수는 당시 사회를 향해 메시지를 던지고 그들의 잘못을 질타하며 회개를 촉구한 것이다. 예수의 생애는 이러한 충동적인 상징 행위로 가득 차 있다.

예수뿐만이 아니다. 구약의 여러 예언자들도 상징적인 행위와 행동을 통해 그 당시 사회에 도전했다. 이사야는 이집트와 에티오피아로 많은 이들이 포로로 잡혀 갈 것이란 사실을 3년간 맨발과 발가벗은 몸으로 전하기도 했고(사도 20), 예레미야는 질그릇을 예루살렘 서편 성

밖 흰놈의 골짜기에 던져 깨뜨리며 유대 백성의 멸망을 예언함으로써 회개를 촉구하기도 했다. 예언자들은 이러한 상징적인 행위를 통해 그 당시 사람들에게 새로운 삶을 살도록 충동했다. 이처럼 상징적인 행위들은 매우 강력한 메시지를 던져 주는 행위이다. 그런데 오늘날 한국교회는 이러한 상징적인 행위를 잃어버렸다. 이제 우리는 더 이상 사회를 향해 새로운 삶을 살도록 충동질하지 못하고 있다. 그것은 어쩌면 우리 스스로가 새로운 세계, 하나님 나라를 보여 주는 상징적인 행위들을 하지 못하고 있을 뿐만 아니라, 오히려 세상보다 더 못한 행위를 하고 있기 때문이 아닐까? 사람들은 교회를 보면서 자신의 삶을 회개할 수 있도록 충동하는 그 어떤 행위도 발견하지 못하고 있는 것이 아닐까?

신자유주의가 종말을 고하고 있는 혼란한 이 시기에 한국 교회가 이 사회를 향해 대안적 사회의 모습을 보여 주기 위해서는 하나님 나라를 보여 줄 상징적인 행위가 무엇인가를 심각하게 고민해야 한다. 한국 사회와 한국 교회를 향해 메시지를 던질 수 있는 상징적인 행위들이 무엇인가를 우리 모두가 구체화시켜야 할 것이다. '더 나은' 사회에 대한 기대는 기독교적 희망의 가장 중요한 모습 중 하나이다. 새로운 인간의 창조라는 하나님의 섭리를 충분히 이해하는 사람이라면 어느 누구도 기독교적 희망을 죽음을 넘어서는 단순한 개인적인 구원이라고 간주할 수는 없을 것이다. 그러므로 오늘날 '종교적 종교'인 신자유주의가 종말을 고하는 이 시기에 이 사회를 향해 '더 나은 사회'의 대안적인 모델을 제시하고자 노력해야 한다.

폴 니장(Paul Nizan)은 "이 세상에 대해 비판하는 것보다 더 큰 사역은 없다"[34]고 말한다. 그렇다. 기독교인들이 복음의 힘에 의존해 인종과 사회계급과 문화 장벽을 넘어 화해하는 놀라운 경험을 발생시키는 모든 곳에서 교회는 '세상을 비판하는 도구'가 돼야 하는 것이다. 이러한 경험은 분열된 이 사회를 비판하는 일뿐만 아니라, 새로운 인간을 기대할 수 있는 새로운 사회의 대안적인 모델로 그 위상을 정립하는 일이 될 것이다.

주석

1장 신학과 경제

1   *Encíclica Dives in Misericordia*, n.1.

2   위의 통계는 유엔의 *The Millennium Development Goals Report* 2013-2014에서 발췌했다.

3   해방신학의 첫 저서들이 신학과 경제학의 관련성에 대해 언급을 하고 있기는 하지만 구체적으로 이 주제를 중심적으로 다루고 있는 것은 Franz Hinkelammet의 *Las armas ideológicas de la muerte*, Sígjeme, Salamanca, 1978이다.

4   *Suma Teológia* q. 1 art. 9 참조.

5   이 주제에 관해 J. Robinson, *Filosofia econômica, Zahar, Rio de Janeiro*, 1979와 M.A. Oliveira, Ética eeconomia, Ática, São Paulo, 1996 참조.

6   C. Furtado, *O mito do desenvolvimento econômico*, Paz e Terra, Rio de Janeiro, 1974, 15쪽.

7   J. Robinson, *Filosofia econômica*, 120쪽.

8   C. Buarque, *A desorden do progreso*, Paze Terra, São Paulo, 1991, 86쪽.

9   J. K. Galbraith, *La cultura de la satisfacción*, Ariel, Barcelona, 1997, 73쪽.

10   근대에 있어서 유토피아의 개념 변천과 그의 결과에 대해서는 J. Habermas, *El Discurso filosófico de lamodernidad*, Taurus, Madrid, 1993; J. Marramao, *Poder y secularización: las categorías del tiempo*, Peninsula, Barcelona, 1989; J. M. Sung, *Teologiá y economía: repensnado la TL y las utopias*, Nueva Utopia, Madrid, 1996, 4장과 5장.

11   S. Latouche, *A ocidentalização do mundo*, Vozes, Petrópolis, 1994, 25쪽.

12   F. Fucuyama, *O fim da história e o último homem*, Rocco, Rio den Janeiro, 1992, 14쪽.

13   같은 책, 174쪽.

14   같은 책, 15쪽.

15   P. A. Samuelson, *Introdução à economia*, 8 ed vol. 1, Agir, Rio de Janeiro, 45쪽.

16   M. Friedman, *Capitalismo e libertade*, Nova Cultural, São Paulo, 1985, 27쪽.

17   *Humanidades*, vol.II n. 5, out-dez/80, Brasíia, 47-54쪽.

18   P. F. Drucker, *A tentação de fazer o bem*, Rocco, Rio de Janeiro, 1986, 52-53쪽.

19   같은 책, 136쪽

20   R. Cmapos, *Além do cotidiano*, Record, Rio de Janeiro, 1984, 54쪽.

21   *The Economist*, 18/03/95, London, 16쪽.

22   P.A. Samuelson, 앞의 책, 49쪽.

23   F. Fucuyama, 앞의 책, 32쪽.

24   M. H. Simonsen, Brasil 2002, APEC, Rio de Janeiro, 1976, 28쪽.

25   같은 책, 58쪽.

26   서구에서의 희생에 관한 주제에 관해서는 F. Hinjelammert의 *Sacrifício humanos e sociedades occidnetal, Lúcifer e a Besta*, Paulus, São Paulo, 1995.

27   *O espírito do capitalismo democrático*, Nórdica, Rio de Janeiro, s/d., 1982.

28   *Documents Episcopal: Bulletin du Secrérariat de la Conférence des Évêques de France*, n.12, july-aug/1992.

29   같은 책, 3쪽.

30   같은 책, 4쪽.

31   같은 책, 5쪽.

32   같은 책, 5쪽.

33   같은 책, 1쪽.

34   같은 책, 3쪽.

35   이 강연은 1993년 10월 29일 멕시코 몬테레이에서 개최된 제29차 UNIPAC 세계 회의에서 행해졌다.

36   같은 책, 11쪽.

37   K. Marx, "Crítica da filosofia do Direito de Hegel", em Marx e Engels, *Sobre a religião*, Ed. 70, Lisboa, 45쪽.

38   M. Horkheimer, "La añoranza de lo completamente otor", em H. Narcuse, K Popper, e M. Horkheimer, *A la búsqueda del sentido*, Sígueme, Salamanca 1976, 68쪽.

39   F. Josefo, *Las guerras de los judíos*, Tomo I, Clie, Barcelona 1988 258-260쪽.

40   J. Comblin, *P provisório eo definitivo*, Herder, São. Paulo 1968 80쪽.

41   실현될 수 없는 낙원과 사회 제도 간의 변증법적인 관계에 대해서는 F. Hinkelammert의 *Crítica da razān utópica*, Paulinas, São. Paulo, 1985; J. M. Sung, Teologiá y economía, 제5장 참조.

42   기독교인의 자유와 신자유주의에 대한 주제에 대해서는 E. Tamez, "Libertad neoliberal y libertad paulina", em J. Duque(ed.), Perfiles *teologicos para un nuevo milenio*, DEI-CETELA, San José Rica, 1997, 41-54쪽.

2장 모방적 욕구와 사회적 소외 앞에 선 기독교

1   C. Fuser, *A economia dos bispos*, Bienal, São Paulo, 1987, 203쪽.

2   Sector Pastoral social-CNBB, *Brasil: alternativas e protagonistas. II Semana Social Brasileira*, Vozes, Petrópolis 1994, 60쪽.

3   수요는 구매력에 의해 가능해진 욕망이다.

4   C. Buarque, "A pobreza da economia", *Rede: Boletín informativo dos cristãos dos cristãos de classes médias*, n. 11, nov/93, Encarte, Petrópolis, 2쪽.

5   P. Kotler e Armstrong, *Princípios de Marketing*, Prentice/Hall, Rio de Janeiro, 1993, 3쪽.

6   J. Vervier "Escasez, felicidade e mercado: ensaio de diálogo fé-economia", *Revista Eclesiástica Braasileira*, vol. 51, fasc. 202, jun/1991, 268쪽.

7   F. Hinkelammert, *Crítica da razão uópica*, Paulinas, São Paulo, 1986, 63쪽.

8   C. Furtado, *O mito do desenvolvimento econômico*, Paz e Terra, Rio de Janeiro 1974, 16쪽.

9   C. Buarque, *A desordem do progresso: o fim da era dos economistas e a construção do futuro*. 2nded., Rio de Janeiro: Paz e Terra, 1990, 132쪽.

10   C. Furtado, *Brasil: a construção interrompida*. 2nded., Rio de Janeiro Paz e Terra, 1992, 44쪽.

11   C. Furtado, *Brasil: a construção interrompida*. Op. cit., 78-79쪽.

12 P. Sampaio Jr, Plínio de Arruda, *"Dependência e Barbárie"*, Teoria & Debate, n. 34, March-May/97, São Paulo, 57-60쪽.

13 R. Girard, *Violence and the Sacred*, Baltimore and London, The JohnsHopkins University Press,1977

14 J. Habernas, *El Discurso filosófico de la modernidade*, Lisbon, 1990; M. Horkheimer, *Origenes da filosofia burguesa da bostória*, Lisbon: Presença, s/d; J. M. Sung, *Teologiá e economiá: repensando a TL e utopias*, Petrópolis, Vozes, 1994, chapter 4 참조.

15 F. Fukuyama, *The End of History and the Last Man*, NewYork, 1992, 14쪽.

16 F. A. Hayek, *The Constitution of Liberty*, Chicago, 1960, 42쪽.

17 같은 책, 43쪽.

18 같은 책, 45쪽.

19 같은 책, 45쪽.

20 같은 책 45쪽.

21 같은 책 52-53쪽.

22 F. Hinkelammert, "Una sociedade en la que todos quepan: de la impotenca de la omnipotencia", in J. Duque(ed.), *Por una sociedade donde todos quepan todos*, San José, DEI, 1996, 379-391쪽.

23 R. Girard, 앞의 책.

24 R. Girard, *El misterio de nuestro mundo*, Salamanca, 1982, 328쪽.

25 같은 책, 323쪽

26 각주 5번 참조.

27 D. H. Meadows, D. L, Randers, J. Beherens III, *Limits to Growth*, New York, 1974.

28 외채 위기와 신학의 관계에 대해서는 J. M. Sung, *A idolatria do capital e a morte dos pobres*, 2nded., São Paulo,1991; F. Hinkelammert, *La deuda externa de America Latina*, San José: DEI, 1989, 참조.

29 M. H. Simonsen, *Brasil 2000*, ,Rio de Janeiro, APEC, 1976, 28쪽.

30 J. K. Galbraith, *The Culture of Contentment*, 1992, 18-19쪽.

31 G. Marramao, *Céu e Terra: genealogia da secularização*, São Paulo, Ed. Unesp, 1997; *Poder e secularização: as categorias do tempo*, São Paulo, UNESP, 1995; S. Martelli, *A religião na sociedade pós-modernas: entre secularização e dessecularização*, São Paul,: Paulinas, 1995.

32 경제에 관한 신학적 접근에 대해서는 J. M. Sung, Deus numa economia sem coração, H. Assmann, *Desafios e falácias*, São Paulo, Paulinas, 1992; F. Hinkelammert, *Las armas ideológicas da morte*, São Paulo, Paulinas, 1983.

33 나의 경제에 대한 신학적인 사고와 근대의 희생을 강용하는 폭력에 대한 이해에 있어서 가장 많은 영향을 미친 저자는 F. Hinkelammert다. 그의 다음과 같은 저서들을 참조하라. F. Hinkelammert, *Sacrifícios humanos y sociedad occidental: Lucifer y la Bestia*, SanJosé, DEI, 1991 (in Portuguese by Paulus); H. Assmann, F. Hinkelammert, *Idolatria do mercado*, Petrópolis, Vozes, 1989. 근대의 희생적 유토피아에 대해서는 다음의 저서를 참조하라 J. M. Sung, *Teología e economía*, 제4장.

34 R. Girard, *La violencia y lo sagrado*, 27쪽.

35 "Nike é uma visão do monde", *Folha des*, São Paulo, 02/04/94, São Paulo, 2-4쪽.

36   E. Fromm, *To Have or to Be?*, NewYork, 1976, 71쪽.

37   같은 책, 19쪽.

38   L. Boff, *Ecologia: grito da Terra, grito dos pobres*, São Paulo, Ática, 1995, 310쪽.

39   같은 책, 310쪽.

40   H. Assmann, "The strange imputation of violence to Liberation Theology", (Conferenceon Religion and Violence, New York, oct. 12-15/1989), *Terrorism and Political Violence*, vol. 3, n. 4 (Winter 1991), London,FrankCass, 84-85쪽.

41   사도 바울에 있어서의 율법과 죄에 대한 근본적인 문제에 대해서는 Elsa Tamez, *Contra Toda Condone*. DEI, 1991 참조.

3장 반사회적 소외 투쟁을 위한 신학의 공헌

1   R. A. Dreifuss, *A época das perplexidades. Mundialização, globalização e planetarização: novos desafios*, Vozes, Petropólis, 1996.

2   H. Assmann, "Por una sociedad donde quepan todos", in: Duque, José (ed.) *Por una sociedad donde quepan todos*(Quarta Jornada Teológica de CETELA, 10-13/07/95), San José(Costa Rica), DEI, 1996, 379-392쪽. 인용된 글은 380쪽에 있다.

3   C. Furtado, *O mito do desenvolvimento econômico*, Paz e Terra, Rio de Janeiro, 1974; J. M. Sung, *Teologiá y economiá*, Nueva Utopia, Madrid, 1996, 제4장 참조.

4   C. Baurque, "O pensamento em um mundo…", em M. Bursztyn(org), *Para pensar o desenvolvimento sustentável*, Brasiliense, São Paulo, 1993, 57-80쪽. 인용된 글은 70쪽에 있다.

5   J. K. Galbraith, *A sociedade justa: uma perspectiva humana*, Campus, Rio de Janeiro, 1996, 8쪽.

6   B. S. Santos, *Pela mão de Alice: o social e o politico na pósmodernidades*, Cortez, São Paulo, 1995, 147쪽.

7   같은 책, 147쪽.

8   J. Comblin, *Cristiãos rumo ao século XXI: nova caminlada de libertação Paulus*, São Paulo, 1996, 98쪽.

9   같은 책, 97쪽.

10   같은 책, 105쪽.

11   이 문제에 대해 나는 졸저 *Teología y economía*에서 다루었다. 또한 이 주제에 대해서는 H. Assmann과 F. Hinkelammert, *Idolatria do mercado*, Vozes, Petrópolis, 1989 참조.

12   "Contribución a la crítica de la filosofía del derecho de Hegel, Introducción", em K. Marx, F. Engels, *Sobre la religión*(introdução e organização de Hugo Asmmann, Reyes Mate), Sígueme, Salamanca, 1979, 93쪽.

13   G. Marramao, *Poder e secularização: as categorias do tempo*, UNSEP, São Paulo, 1995, 103쪽.

14   G. Gilder, *O espírito da empresa*, Pioneira, São Paulo 1989, 61쪽.

15   F. Fukuyama, *O fim da história e o último homem*, Rio de Janeiro, Rocco, 1992, 15쪽.

16 로마클럽 보고서, *The Limits to the Growth*, 1972는 이미 이러한 한계에 대해 밝혀주고 있다.

17 F. Fukuyama, *O fim da historia e o último homem*, 11쪽.

18 같은 책, 17쪽.

19 같은 책, 240쪽.

20 F. Fukuyama, *Confiança: as virtudes sociais e a criação da prosperidade*, Rio de Janeiro, Rocco, 1996, 381쪽.

21 같은 책, 379-380쪽.

22 R. Girard, *A violência e o sagrado*, Paz e Terra, São Paulo, 1990, 180쪽.

23 F. A. Hayek, *Los fundamentos de la libertad*, *Obras Completas*, vol, XVIII, Unión Ed., Madrid, 1991, 64쪽.

24 같은 책, 65쪽.

25 F. Fukuyama, *O fum da hióstria e o ultimo homem*, Rocco, Rio de Janeiro, 1992, 32쪽.

26 같은 책, 65쪽.

27 M. Novak, *O espírito do capitalismo democrático*, Nordica, Rio de Janeiro, s/d, 398쪽.

28 F. Hinkelammert, *As armas ideológicas da morte*, Paulinas, São Paulo, 1983, 279쪽.

29 H. Assmann, "Notas sobre o diálogo com cinetistas e pesquisadores", em M. F. dos Anjos,(org), *Inculturação: desafios hoje*, Vozes-SOTER, Petropólis- São Paulo 1994, 139-156쪽. 인용된 글은 141쪽에 있다.

30 R. Girard, *A violência e o sagrdo*, 167-168쪽.

31 H. Assmann, F. Hinkelammert, *Idolatria do mercado*, Vozes, Petropolis, 1989; F. Hinkelammert, *Sacrificios humanos y sociedad occidental: Lucifer y la Bestia*, DEI, San Jose, 1991; H. Assmann, *Crítica á lógica da exclusião*, Paulus, São Paulo, 1994; J. M. Sung, *Teología y economía sem coração*, Nueva Utopia, Madrid, 1996; Deus numa economiá sem coraçao, Paulus, São Paulo, 1994 참조.

32 R. Girard, 앞의 책, 268쪽.

33 J. M. Sung, "Fundamentalismo econômico", *Estados de Religião*, n. 11 dez/95(Renasce a esperanca), Sao Bernardo do Campo, SP, 101-108쪽.

34 B. S. Santos, *Pela mão de Alice: o social e o politico na pós-modernidade*, Cortez, São Paulo, 106쪽.

35 초월적 개념의 역사적 가능성에 대한 문제와 또 그 비판으로부터 출발하는 희망에 대한 문제는 F. Hinkelammert, *Crítica da racão utópica*, Paulinas, São Paulo, 1985를 참조.

36 심화된 부의 집중 현상은 세계의 부호 85명이 전 세계 부의 절반을 차지하고 있다는 기록(OXFARM)에서 명백히 드러나고 있다.

37 P. Drucker, "As mudanzas na economiá na economiá mundial", *Políitica Externa*, vol. 1, n. 3, dez/92, Paze Terra, São Paulo, 17쪽.

38 M. Weber, *A ética protestante e o espírito do capitalismo*, Liv. Pioneira, São Paulo, 1983, 33쪽.

39 M. Albert, *Capitalismo X capitalismo*, Fundação Fides-Loyola, São Paulo, 1992, 239쪽.

40 U. Duchrow, *ALternatives to global capitalism*, International Books, Utrecht, 1995, 51쪽.

41 이 주제에 대해서는 R. Ortiz, *Mundializacao e culutra*, Brasiliense, São Paulo, 1994 참조.

42 라틴아메리카, 특히 브라질의 경우에는 거리에서 살아가는 아이들이 많다. 그리고 거리의 아이들

이 경찰에 의해서, 또 다른 원인으로 살해되는 경우가 비일비재하다(역자 주).

43 F. Fukuyama, *O fun da história e o último homen.*

44 J. K. Galbraith, *La Cultura de la satisfaccaión*, Ariel, Barcelona, 1992, 32쪽

45 G. Gutiérrez, *Falar de Deus a partir do sofrimento do inocente: uma reflexão sobre a livro de Jó*, Vozes, Petropolis, 1987, 53쪽

46 예를 들면, S, Brunhoff, *A hora do mercado: crítica do liberalismo*, Ed. Unesp, São Paulo, 1991; P. Anderson, "El despliegue del neoliberalismo y sus lecciónes para la isauierda", Pasos, n. 66, julago/96, DEI, San José, 23-30쪽 참조.

47 Adam Smith의 '보이지 않는 손'의 개념은 신의 섭리라는 신학적 개념으로부터 온 것이다. 동시에 보상심리신학에서 주장하는 개념이기도 하다. 이 두 가지 개념의 연관성에 대한 좀 더 깊은 연구는 매우 유익한 것이 될 것이다.

48 현대 이성의 비이성에 대해서는 F. Hinkelammert, *El mapa del emperador*, DEI, San José, 1996 참조.

49 R. Campos, *Além do cotidiano*, Record, Rio de Janeiro, 1985.

50 L. Boff, "Alimentar nossa mística", *Cadernos Fé & Política*, n. 9, Petropolis, 1993, 7-25쪽. 인용된 글은 19쪽에 실려 있다.

51 F. A. Hayek, "A pretensão do conhecimento", *Humanidades*, vol. II, n. 5, out-dez/83, Unb, Brasilia, 47-25쪽. 이 강연은 1974년 노벨 경제학상 수상을 축하하는 리셉션에서 행하였다.

52 이것은 O. Drucker의 소설 제목이다.

53 H. Assmann, "Mercado mundializado e crise do sujeito", em *Metáforas novas para reencantar a edução*, Unimep, Piracicaba, 1996, 63-84쪽. 인용된 글은 64쪽에 실려 있다.

54 H. Assmann, "Mercado mundializado e crise do sujeito", 앞의 책, 64쪽.

55 C. Futado, *Brasil: a cosntrução interrompida*, Paze Terra, Rio de Janeiro, 1992, 76-77쪽.

4장 경제와 종교: 21세기 기독교를 향한 도전

1 R. Ortiz, *Mundialização e cultura*, Brasiliense, São Paulo, 1994, 29쪽.

2 같은 책, 29쪽.

3 P. Kennedy, *Preparando para o século XXI*, Campus, Rio de Janeiro, 1993, 40쪽.

4 J. C. Rufin, *El imperio y los nuevos bárbaros*, Rialpa, Madrid, 1993.

5 소비 모방에 대한 문제는 2장과 3장에서 언급한 바 있다.

6 C. Buarque, *A revoluá na esquerda e a invená do Brasil*, Paz e Terra, Rio de Janeiro, 1992, 24쪽.

7 P. Ormerod, *A morte da economia*, Companhia das Letras, São Paulo, 1996, 52쪽.

8 이 주제는 매우 중요하고 깊은 토의가 요구되나 이 장의 목적을 넘어서고 있기에 더 이상 언급하지는 않는다. 이 주제에 대한 자세한 내용은 E. Morin, *Introdução ao pensamento complexo*, Piaget, Lisboa, 1991; H. Assmann, *Metáforas novas para reencantar a educação*, Unipem, Piracicaba, 1996; P. Ormerod, *A morte da economia*, 1996 참조.

9   L. Thurow, *El futuro del capitalismo*, Ariel, Barcelona, 1996, 25쪽.

10   같은 책, 25쪽. 이 분야에 관한 고전적인 저서는 M. Weber, *A ética protestante e o espírito do
     capitalismo*, Liv. Pionerira, São Paulo, 1983이다.

11   앞의 책, 131쪽.

12   F. Fukuyama, *O fim da história e o último homem*, Rocco, Rio de Janeiro, 1992.

13   L. Thurow, 앞의 책, 77쪽.

14   이 주제에 대한 자세한 내용은 F. Hinkelammert, *Democracia y totalitarismo*, DEI, San José,
     1987, 12-44쪽 참조.

15   신자유주의 정책에 대해서는 E. Sader(org) *Pósneoliberalismo, Paz e Terra*, São Paulo, 1995
     를 참조. 신자유주의의 우상숭배에 대한 이데올로기적 비판에 대해서는 J. M. Sung, *Deus numa
     economia sem coração*, Paulis, São Paulo, 1994; H. Assmann, *Crítica à lógica da exlusão*,
     Paulis, São Paulo, 1995 참조.

16   P. Anderson, "El despliegue del neoliberalismo y sus lecciónes para la izquierda", *Pasos*, n.
     66, jul-ago/96, DEI, San

17   G. Soros, "The Cpaitlais threat", *The Atlantic Monthly*, feb/97, Boston, 45-58쪽.

18   *Exame*, *n.* 633, 09/04/97, 99쪽에서 재인용.

19   M. Vargas Llosa, "O diabo pregador", *O Estado de São Paulo*, 02/03/97, São Paulo, A-2쪽.

20   같은 책.

21   B. Toffler, *Ética no trabalho*, Makron Books, São Paulo, 1993; L. Nash, *Ética nas empre-
     sas*, Makron Books, São Paulo, 1993 참조.

22   T. Chappell, *A alma do negócio*, Campus, Rio de Janeiro, 1994; S. R. Cpvey, *Los siete hábi-
     tos de la gente altamente efectivo*, Paidos, Barcelona, 1996, 참조.

23   L. Thurow, 앞의 책, 15-16쪽.

24   B. Teo, ""As religiões orientales e o mercado", *Concilium*, n. 270, 02/1997, Petrópolis,
     83-91쪽. 인용된 본문은 88쪽에 실려 있다.

25   R. J. Hernsteis, C. Murray, *The Bell Curve*, New York, 1994, 참조.

26   J. K. Galbraith, *La cultura de la satisfacción*, Ariel, Barcelona, 1992.

27   M Weber, *A ética protestante e o espíritu do capitalismo*, 1983, 122쪽.

28   L. C. Bresser Pereira, *Crise econômica e reformado do Estado no Brasil. Para uma nova
     interpretação da America Latina*, Ed. 34, São Paulo, 1996, 46쪽.

29   같은 책 52쪽.

30   L. Thurow, *El futuro del capitalismo*, 341쪽.

31   같은 책, 324쪽.

32   P. Omerod, 앞의 책, 13쪽.

33   L. G. Belluzzo, "A globalização da estupidez", *Carta Capital*, Ano 3, n. 32, 18/09/06, São
     Paulo, 59쪽. 흥미로운 것은 이 표현이 해방신학자가 아닌 경제학자에 의해서 이루어졌다는 것이
     다.

34   H. Assmann, F. Hinkelammert, *Idolatria do mercado*, Vozes, Petrópolis 1989; H. Assmann,
     Crítica â lógica da exclucão, Paulus, São Paulo 1995; J. M. Sung, *Deus numa economia
     sem coração*, Paulus, São Paulo, 1994; *Teología y economía*, Nueva Utopia, Madrid, 1996.

35   서구에서의 희생에 대한 개념이 변화한 과정 논리에 대해서는 F. Hinkelammert, *Sacrificio hu-*

manos y sociedad occidental: Lucifer y la Bestia, DEI, San José, 1991, 참조.

36 M. Novak, *O espírito do capitalismo democrático*, Nórdica, Rio de Janeiro, s/d, 398쪽.

37 G. Gilder, *O espírito de empresa*, Pioneira, São Paulo 1989, 60쪽.

38 환경 문제와 가난의 문제의 상관성에 대해서는 L. Boff, *Ecologia: grito de la Tierra, grito de los pobres*, Ática, São Paulo, 1995, 참조.

39 F. Fucuyama, *Confiança: as virtudes sociais e criação da prosperidade*, Rocco, Rio de Janerio 1996, 21쪽.

40 K. J. Arrow, *The Limits of Organization*. 이 언급은 Fucuyama, 앞의 책, 167-168쪽에서 인용한 것이다.

41 F. Fukuyama, 앞의 책, 372쪽.

42 같은 책, 26쪽.

43 M. Albert, *Capitalismo X capitalismo*, Fundação Fides-Loyola, São Paulo 1992, 102쪽.

44 Robert Reich, "Um programa inacabado", *O Estado de São Paulo*, 23/02/97, São Paulo, A-2쪽.

45 이것을 증명하기 위해서 우리는 국제통화기금의 전 총재 M. Camdessus의 '하나님 나라와 시장'에 대한 연설을 참고할 필요가 있다. "Marché-Royaume. La double appartenance", *Documents EPISCOPAT, Bulletin du Secrétariat de la Conference des Évêques de France*, n. 12, jul-ago/92; *Mercado e o Reino frente á globalzação da economia mundial*, Newswork, São Paulo, s/d.(1993년 10월 29일 멕시코 강연)

46 R. Otto, *Lo santo, lo racional y lo irracional en la idea de Dios*, Alianza, Madrid 1985; M. Eliade, *Lo sagrado y lo profundo*, Paidos, Barcelona, 1998.

47 종교적 체험과 신의 체험의 구별에 대해서는 H. C. De Lima Vaz의 "A experiéncia de Deus", em Vv. Aa., *Experimentar Deus hoje*, Vozes, Petrópolis 1974, 74-89쪽 참조.

48 M. Horkheimer, "La anoranza de lo completamente otro", em H. Markuse, K. Popper e M, Horkheimer, *A la búsqueda del sentido*, Sígueme, Salamanca, 1976, 67-124쪽. 인용문은 68쪽에 실려 있다.

49 같은 책, 103쪽.

50 같은 책, 106쪽.

51 J. Sobrino, *Resurrección de la verdadera Iglesia*, Sal Terrae, Santander, 1984.

52 계시와 가난한 자의 외침, 그리고 시장의 연관성에 대해서는 J. M. Sung의 *Deus numa economia sem coração*, Paulus, São Paulo, 1994; H. Assmann, *Clamor dos pobres e racionalidade económica*, Paulus, São Paulo, 1991 참조. 철학적인 관점에서 바라본 시장체제에서 또 다른 중요한 주제인 소외된 자들에 대한 내용은 E. Dussel에 의해서 광범위하게 취급되었다.

5장 해방신학의 미래: 풍요의 욕구와 결핍의 현실 사이에서

1 라틴아메리카 해방신학의 문제와 전망에 대한 다수의 연구 논문이 존재한다. 예를 들면 L. C. Susin (org.), *O mar se abriu: trinta anos de teologiá na América Latina*, Loyola, São Paulo, 2000; Idem (org), *Sarça Ardente: teologiá na América Latina: prospectivas*, Paulinas, São Paulo,2000; J. Duque (ed.), *Perfiles teologicos para un nuevo milenio*, DEI-CETELA,

San José (Costa Rica), 1997; J. M. Sung, *Teología e economiá*: repensando a TL e utopias, Vozes, Petrópolis, 1994.

2 G. Gutierrez, *Teologiá da Libertação*, Perspectivas, 6a.ed., Vozes, Petrópolis, 1986, 23쪽.

3 같은 책, 25쪽.

4 이 과정은 4주에 걸쳐 실시된다. 주로 5월에 개강하며 상파울로에서 개최되고 있으며 라틴아메리카와 카리브 지역의 민중운동 지도자들이 모이고 있다. 평균 35명이 참여한다.

5 The Wall Street Journal Américas, *publicado em O Estado de São Paulo*, São Paulo, 18/09/2003, p. B-16. 기사 보도 내용에서 인용한 것임.

6 www.oxfam.org.uk를 참조.

7 2003년 9월 18일자 브라질 대통령실 홍보국 전자 기관지 77호.

8 예를 들자면 이보 레스바우핀(Ivo Lesbaupin)은 인터넷을 통해 널리 알려졌던 2003년 6월 발표한 '룰라 정권은 신자유주의 정권인가?'라는 글을 통해 이렇게 주장한다. "최근 8년 동안 나는 페르난도 엔리케 카르도소 정권의 선전을 비신화하고 또 그들의 정책의 신자유주의 성격을 고발함과 동시에 이 정책의 비참한 결과를 고발하는 데 힘을 쏟았다. 왜 현 정권은 복지정책의 수정을 정권의 최우선적 정책으로 간주하고 있는가? 그것은 카르도소 전 정권의 우선적 정책이 아니었던가? 전 정권은 이 분야에 있어서 어느 정도 자신들의 목적을 달성했다. 공공분야에 있어서는 성과를 거두지 못했다. 그런데 왜 룰라 정권은 이것을 최우선 정책으로 선정했는가? 모든 신자유주의 정권은 복지정책 축소를 자신들의 근본적이고 가장 중요한 정책으로 삼고 있다."

9 L. Boff, *Teologiá do cativeiro e da libertação*, 2a.ed., Vozes, Petrópolis, 1980, 19쪽.

10 E. Mance, *Revolução das redes*, Vozes, Petrópolis 2000; *y la Campaña de la Fraternidad de*, 1999'을 예로 들 수 있다. 좀 더 연대적인 사회 안에서의 연대와 동시성에 관한 위 두 저서와 다른 입장에 대해서는 H. Assmann, J. M. Sung, *Competência e sensibilidade solidária*: educar para esperança, Vozes, Petrópolis, 2000, cap. 4 참조.

11 J. B. Libânio, *Prospectivas teológicas e pastorais do cristianismo na A.L e no Caribe*: trajetórias, diagnósticos, prospectivas, in W.L. SANCHEZ (coord), Cristianismo na América Latina e no Caribe, Paulinas, São Paulo, 2003, 328쪽.

12 A. Heller, *A sociologia como desfetichização da modernidade*, Novos Estudos Cebrap, 1991년 7월, n. 30, 204-214쪽.

13 H. Assmann e F. Hinkelammert, *A idolatria do mercado*, Vozes, Petrópolis, 1989.

14 H. Assmann, *Teologiá desde la práxis de la liberación*: ensayo teológico desde la América dependiente, Ed. Sígueme, Salamanca, 1973, 24, 34쪽

15 같은 책, 194쪽.

16 H. Assmann, *A Teologiá da Libertação faz caminho ao andar*, in Vários, Fé cristã e ideologia, Unimepimprensa Metodista: Piracicaba S. Bernardo do Campo, 1981, 79쪽.

17 H. Assmann, *A idolatria do mercado*, 7쪽.

18 같은 책, 11-12쪽.

19 F. Hinkelammert, *Critica a la razón utópica*, DEI, San José(Costa Rica), 1984.

20 H. Assmann, *A idolatria do mercado*, 291-292쪽.

21 H. Assmann, *Desafios e falácias*: ensaios sobre a conjuntura atual, Paulinas, São Paulo, 1991, 23-24쪽.

22 H. Assmann, *Reencantar a educação*, Vozes, Petrópolis, 1998이 이 새로운 개념에 대해 자세하게 소개하고 있다.

23 H. Assmann, *Metáforas novas para reencantar a educação*, Unimep, Piracicaba, 1996, 64 쪽.

24 종교와 사회 영역에서 희생의 기능에 대해 연구하는 질드와 희생의 개념에 대한 성찰에 집중하는 해방신학자 H. Assmann, F. Hinkelammert와 Julio de Santa Ana의 근본적인 차이는 R. Girard 는 사제들에 의해 실현되는 희생에 대한 연구에 집중하지만 해방 신학자들은 경제 사회시스템과 구조에 의해 요구되고 실현되는 희생에 대한 분석에 집중하는 것에 있다.

25 H. Assmann, *Por uma teologiá humanamente saudável*, in L.C. Susin (org), O mar se abriu, 124쪽.

26 H. Assmann, *A idolatria do mercado*, 420쪽.

27 J. M. Sung, *Sujeito e sociedades complexas: para repensar os horizontes utópicos*, Vozes, Petrópolis 2002, cap.4. (Nueva forma de legitimación del capitalismo)

28 F. Capra, *As conexões ocultas: ciência para uma vida sustentável*, São Paulo: Cultrix, 2002. 127쪽.

29 같은 책, 128쪽.

30 같은 책, 132쪽.

31 같은 책, 150쪽.

32 같은 책, 220쪽.

33 같은 책, 221쪽.

34 같은 책, 264쪽.

35 원하는 대상은 그의 개념 자체로 인해 항상 부족의 개념을 내포한다. 부족하지 않은 물질은 욕망의 대상이 아니기 때문이다. 인간의 욕망과 관련해 욕망의 대상의 부족 상황은 항상 인간 갈등의 원인 중 하나이다. 이 주제에 대해서는 J. M. Sung, *Desejo, mercado e religião*, Vozes, Petrópolis, 1998을 참조하라.

36 F. Capra를 비롯한 생태주의자들은 기본적인 필요와 관련된 물질의 부족 현상은 세계의 총 생산량이 인류의 기본적인 물질적 필요의 수요를 넘어서게 되는 순간 극복될 것이라고 생각한다. 다른 한편으로 현 경제체제의 부족에 대한 개념(이 책에서도 같은 개념으로 사용한다)은 욕망과 관련된 것이다. 욕망이 사람들로 하여금 이런저런 행동을 하게 만드는 근본적인 동기라고 생각하기 때문이다. 필요와 욕망 사이의 관계에 대해서는 성정모의 저서, J. M. Sung, *Desejo mercado e religião*, cap. 2를 참조하라.

37 Edgar Morin은 이 분야에서 상당히 알려진 사람이다. 그는 F. Capra에 비해서 덜 낙관적이다 그는 인간의 조건에서 출발해 일한다. 그래서 그에게 있어서 갈등과 위기가 없는 새로운 질서는 불가능하다. 그의 저서 *Método 5: a humanidade da humanidade*, Porto Alegre: Sulina, 2002를 참조하라.

38 H. Assmann, *Reencantar a educação*. Vozes, Petrópolis, 1998, 20쪽.

39 A. González, "El reinado trinitario del Dios Cristiano", in VVAA, *A esperança dos pobres vive: coletânea em homenagem aos 80 anos de José Comblin*, Paulus, São Paulo, 2003년. 460쪽.

40 같은 책, 461쪽.

41 같은 책, 463쪽.

42 같은 책, 464쪽.

43 *Padministrando em tempos de grandes mudanças.*

44 *A esperança dos pobres vive: coletânea em homenagem aos 80 anos de José Comblin.*

45 *Cristãos rumo ao século XXI: nova caminhada de libertação.*

6장 해방적 기독교: 유토피아의 실패인가?

1   M. Löwy, *A guerra dos deuses: Religião e política na América Latina*, Vozes, Petrópolis 2000, 53-54, 57쪽.

2   Gustavo Gutierez는 다음과 같이 말한다. "사회적 실천은 점차적으로 기독교인이 다른 사람들과 의 관계에서 이루어지는 그의 인간으로서의 운명과 역사의 주님에 대한 믿음을 만들어가는 자신 의 고유한 사람의 현장으로 변화되어 간다. 해방의 과정에의 참여는 우리의 성찰과 또 기독교인의 삶에 있어서 영광스러운 의무이다. 이러한 실천과 참여를 통해 우리는 다른 상황에서 들을 수 없 었던 하나님의 말씀을 듣게 된다. 이것 없이는 주님에 대한 현재적이고 본래적이며 생산적인 신실 함은 존재할 수 없다."(*Teología da Libertação: Perspectivas*, 6a.ed., Petrópolis, Vozes, 1980, 5쪽)

3   E. Morin, *Um ponto no holograma: a história de Vidal*, meu pai. Girafa, São Paulo2006.

4   G. Nenuca Castelvecchi, *Quantas vidas eu tivesse, tantas vidas eu daria!*, Paulinas, São Paulo: 1985.

5   같은 책, 5쪽.

6   같은 책, 9쪽.

7   같은 책, 142쪽.

8   M. Certeau, *La debilidad de creer*, Katz, Buenos Aires 2006, 27쪽.

9   같은 책, 91쪽.

10 같은 책, 91쪽.

11 J. Habermas, *O discurso filosófico da modernidade*, Dom Quixote, Lisboa, 1990, 17-23쪽.

12 A. Touraine, *Crítica da modernidade*, Vozes, Petrópolis 1994, 243쪽.

13 A. Kojéve, *Introdução à leitura de Hegel. Rio de Janeiro: Contraponto-Eduerj*, 2002, 204쪽.

14 B. Clodovis, *Cartas teológicas sobre o socialismo*, Petrópolis, Vozes, 1989, 139-140쪽.

15 B. Ferraro, "IX Encontro Intereclesial de CEBs: festa da inclusão e recriação da utopia. Um olhar de esperança", *Revista Eclesiástica Brasileira*, vol.57, fasc. 228, dez/97, Petrópolis, 811, 816쪽.

16 L. BOFF, *Ecologia: grito da Terra, grito dos pobres*, São Paulo, Ática, 1995, 226쪽.

17 같은 책, 273쪽.

18 같은 책, 306쪽.

19 J. Habermas, *O discurso filosófico da modernidade*. 23쪽.

20 F. Hinkelammert, *Crítica de la razón utópica*, Bilbao: Desclée de Brouwer, 2002: *Sacrifícios humanos e sociedade ocidental: Lúcifer e a Besta*, Paulus, São Paulo 1995.

21 V. J. Maria. "El camino de liberación de las fes del Mediterráneo". *Alternativas: revista de análisis y reflexión teológica*. Ano 13, n. 31. Lacasiana, Manágua, 2006년 1-6월호, 165-178 쪽.

22 H. Assmann, F. Hinkelammert, *Idolatria do mercado*, Petrópolis, Vozes, 1989; H. Ass-

mann, *Crítica à lógica da exclusão*, Paulus, São Paulo, 1994; F. Hinkelammert, *Sacrifícios humanos y la sociedad occidental: Lúcifer y la Bestial.* DEI, San José(Costa Rica), 1991; J. M. Sung, *Teologiá e economia: repensando a TL e as utopias.* Vozes, Petrópolis 1994; *Sujeito e sociedades complexas: para repensar os horizontes utópicos*, Vozes, Petrópolis 2002.

23   이 주제에 대한 중요한 저서로서 F. Hinkelammert, *Crítica de la razón utópica*이 있다.

24   I. Gebara, "Hora de ficar: dificuldades das religiosas na evangelização em meio a um povo empobrecido", *Vida Pastoral* n. 160, set-out/1991, Paulinas, São Paulo, 4쪽.

25   I. Gebara, "Espiritualidade: escola ou busca cotidiana?", *Vida Pastoral*, n. 164, mai-jun/1992, Paulinas, São Paulo, 9쪽. 이 저자의 I. Gebara, *Rompendo o silêncio. Uma fenomenologia feminista do mal*, Petrópolis: Vozes, 2000. 참조.

26   이 주제에 관해서는 J. M. Sung, *Sujeito e sociedades complexas*, cap. 3 (Sujeito como transcendentalidade ao interior da vida real) 참조.

27   A. Bilgrami, *Interpretando una distinción.* En: Homi Bhabha & W.J.T. Mitchell, (comp.) *Edward Said: continuando la conversación*, Paidós, Buenos Aires-Barcelona-México, 2006.

28   허용에 대해서는 Certeau, *M. La debilidad de creer*, 215-217쪽 참조.

29   R. Rorty, Gianni Vattimo, *El futuro de la religión: solidaridad*, caridad, ironía. Zabala, Santiago. (comp.). Paidós, Buenos Aires, 2006. 75쪽.

30   J. Comblin, *Cristãos rumo ao século XXI: nova caminhada de libertação.* são Paulo: Paulus, 1996. 65쪽.

31   같은 책, 67쪽.

32   같은 책, 66쪽.

33   G. Gutierrez, *Falar de Deus a partir do sofrimento do inocente: uma reflexão sobre o livro de Jó*, Vozes, Pertrópolis, 1987, 164쪽.

해설-욕망의 사회에서의 기독교 목회 영성

1   성정모는 경제와 신학 그리고 영성의 관련성에 대해 다음과 같이 지적한다. "경제에 관한 신학적, 윤리적 강연은 대체로 가난의 문제와 부의 분배에 관한 주제에 집중되어 왔다. 의심할 여지 없이 그것은 핵심적인 주제임에 틀림없다. 그러나 우리는 가난의 문제와 분배의 문제는 현재 지구촌화된 경제를 움직이는 영성과 깊은 연관을 맺고 있다는 점을 간과해서는 안 된다. 경제 발전을 위한 투쟁을 유발하는 인간의 욕망이 세계의 많은 사람들을 사회적으로 소외시키고 있으며, 생태학적 위기를 자초하고 있다는 점을 깨달아야 한다. 달리 말하면 현재 세계를 위협하고 있는 생태학적 위기와 사회적 위기의 근본적인 문제는 신학적·영성적인 차원의 문제이다. 그러나 그것은 영성의 부재로 인해 발생하는 문제가 아니다. 그것은 타락하고 비인간적인 영성, 다시 말해 시장의 우상화로 인해 발생하는 문제이다."《욕구와 시장 그리고 신학》, 일월서각, 2000, 6-7쪽)

2   성정모, 같은 책, 37-52쪽.

3   P. G. Casanova, *La trama del neoliberalismo*, Editorial de Ciencias Sociales: La Habana, Cuba, 2003, 17쪽.

4   성정모, 《욕구와 시장 그리고 신학》, 일월서각, 2000, 52쪽

5   사도 1:17, 누가 4:16-21, 7:18-32, 마태 25:31-46.

6 L. Boff, *Virtudes para otro mundo posible I*, Sal Terrae, 2005, 138쪽.

7 Rene Padilla, *Discipulado y Mision*, Karios: Buenos Aires, 1997, 56-57쪽.

8 강수돌은 《세계화의 덫》(한스 피터 마르틴, 하랄드 슈만 지음, 강수돌 옮김, 영림 카디널, 서울, 1998) 중 머리말, 17쪽에서 "사회를 지탱하는 지배적 논리는 시장 경쟁을 매개로 한 '일류주의'와 '이윤 추구'라고 말한다.

9 L. Boff, *Virtudes para otro mundo posible II*, Sal Terrae, 2006, 39쪽.

10 L. Boff, 같은 책, 43-66쪽.

11 신자유주의 세계에서는 수동적이고 무표정한(무감각한) 인간성이 형성된다. 신자유주의적인 인간은 이제 더 이상 현 세계의 개혁(변화)을 도모하려 하지 않으며 '나의 세계'를 변화시키려 할 뿐이다. 그에게 가장 중심적인 삶의 주제는 '나의 세계'일 뿐이다. '나의 세계'의 강조는 현사회에서 반문화운동이 사라지는 것을 의미한다. 이러한 현상은 호모폴리티쿠스(homopoliticus)의 종말과 더불어 호모 프시콜로지쿠스(homo psicologicus)와 호모 이코노미쿠스(homo oeconomicus)의 출현을 의미하고 있다. 리포베츠키가 지적하는 것처럼 '집단적 나르시즘'의 출현을 의미하기도 한다.

12 마태복음의 산상수훈(山上垂訓)에서 볼 수 있듯이 잊히고 거부당한 이웃들에 대한 관심과 존중은 기독교의 핵심적인 가르침이라고 볼 수 있다.(마태 5:1-9)

13 V. Frankl, *El hombre en busca de sentido*, Barcelona, Herder, 1986. 8쪽. 그가 말하는 부족성의 출현은 신자유주의보다는 포스트모더니즘의 현상임을 밝혀 둔다.

14 실질적으로 우리는 서울에서도 강남과 강북, 심지어 강남에서도 동네에 따라 삶과 문화의 형태가 달라짐을 목격한다. 최근 발표된 강남과 강북 학생들의 학력 차이는 이러한 새로운 부족 사회의 등장을 상징적으로 보여 준다.

15 신자유주의는 시장의 이름으로 자신이 가진 권력을 정당화하고 합리화한다.

16 신자유주의의 권력 지향성은 권력 남용의 가능성을 갖고 있다.

17 "그래서 예수께서는 그들을 곁에 불러 놓고, 그들에게 말씀하셨다. 너희가 아는 대로, 이방 사람들을 다스린다고 자처하는 사람들은, 백성들을 마구 내리누르고, 고관들은 백성들에게 세도를 부린다."(마가 10:42)

18 헤롯의 권위를 인정하지 않을 뿐만 아니라 안식일에 율법이 금지한 일을 함으로써 체제에 도전하는 모습을 보이기도 한다.

19 "그러나 너희끼리는 그렇게 해서는 안 된다. 너희 가운데서 누구든지 위대하게 되고자 하는 사람은 너희를 섬기는 사람이 되어야 하고, 너희 가운데서 누구든지 으뜸이 되고자 하는 사람은 모든 사람의 종이 되어야 한다. 인자는 섬김을 받으러 온 것이 아니라 섬기러 왔으며, 많은 사람을 구원하기 위해 치를 몸값으로 자기 목숨을 내주러 왔다."(마가 10:43-45)

20 J. J. Tamayo, *Etica liberadora del cristianismo frente a teologiá neoliberal del mercado*, 미간행 논문, Madrid, 2008, 27쪽.

21 이에 대해 Juan Jose Tamayo는 예수에 대해 인내와 순종의 이미지가 강조되어 왔음을 지적하면서 이는 명백한 해석학적 오류라고 주장한다.(J. J. Tamayo, *Jesus ylos conflictos, Bases para una etica teologica de los conflictos*: Frontera 14(abril-junio, 2000), 23-44쪽

22 안식일에 병자를 치유한 사건 등은 예수의 의도적 갈등 유발의 좋은 예가 될 것이다.

23 "아무도 두 주인을 섬기지 못한다. 한쪽을 미워하고 다른 쪽을 사랑하거나, 한쪽을 중히 여기고 다른 쪽을 업신여길 것이다. 너희는 하나님과 재물을 아울러 섬길 수 없다."(마태 6:24) "한 종이 두 주인을 섬기지 못한다. 그가 한쪽을 미워하고 다른 쪽을 사랑하거나, 한쪽을 떠받들고 다른 쪽을 업신여길 것이다. 너희는 하나님과 재물을 함께 섬길 수 없다."(누가 16:13)

24 J. Gonzalez는 자신의 저서 *Faith and Wealth*(Harper & Row, 1990)에서 초기 4세기 동안 초대교회의 지도자들이 이 같은 물질에 대한 예수님의 가르침을 어떻게 실제로 적용하면서 살아왔는지 보여 주고 있다.

25 L. Boff, 앞의 책 I, 11쪽.

26 한국 교회의 타종교에 대한 공격적인 선교와 비판은 '다른 사람들'에 대한 친절의 영성의 부재를 보여 준다. TV 유명 강사들의 무분별한 타종교 비판과 비하는 '다른 사람들'에 대한 지극한 관심으로부터 출발하고 있는 '나그네 대접'의 구약적 동기와 '세리와 죄인들과 어울리는' 예수의 친절의 전통을 정면으로 거부하는 행위라고 볼 수 있다.

27 L. Boff, 앞의 책, 135-143쪽.

28 사도 2:43-47.

29 L. Boff는 이것을 "Intelligent Transformation"이라고 부르면서 이를 위해 풍부한 창조적인 상상력이 필요하다고 말한다.

30 V. Frankl, *El hombre en busca de sentido*, Herder, Barcelona, 1986. 8쪽.

31 R. Bosca, *New Age: la utopia religiosa del fin del siglo*, Atlantida, Buenos Aires, 1993, 87쪽.

32 그가 제시하고 있는 몇 가지 기독교인들의 사회적 책임의 '원리들'을 다음과 같이 요약해 소개한다. 첫째, 인간의 삶은 생물적인 필요성의 충족으로만은 충분치 않다. 신적인 목적과 섭리를 이행함으로써 만족을 얻는다. 둘째, 인간은 사회적 삶에 있어 최고의 가치이다. 그러므로 인간이 '단순한 생산의 수단, 노동 기계 혹은 착취의 대상'으로 이용되어서는 안 된다. 셋째, 인간의 관계는 국가 인종, 사회적 계층을 넘어서는 형제애(fraternity)와 연대와 협력(solidarity)에 기반을 두고 있다. 넷째, 사회적 삶은 갈등과 자유경쟁이 아닌 협력으로부터 출발되어야 한다. 그러므로 이익 추구의 가치관은 '섬김과 공동의 선 추구'라는 가치로 대치되어야 한다. 다섯째, 소유권에 대한 기독교 교리는 사유재산권의 절대적인 보호가 아니라 청지기 개념을 의미한다. 그러므로 모든 물질은 정당하고 합당한 방법으로 취득돼야 하며 사회를 위해 사용돼야 한다. 여섯째, 모든 소명은 하나님과 이웃을 섬기기 위한 신적인 소명이다. 일곱째, '하나님의 목적과 부르심 그리고 그에 대한 우리의 책임 수행을 위한 자유'는 정의로운 사회 건설을 위한 배제할 수 없는 조건이다. 여덟째, 사랑은 인생의 최고의 법이며 필연적으로 사회정의를 위한 열정과 연관된다. 아홉째, 평화는 정의의 열매이며 따라서 '평화를 위해 일하는 가장 최선의 방법은 정의를 위해 일하는 것이다'(G. B. Camargo, *El Comunismo, el cristianismo y los cristianos*, Casa Unida de Publicaciones, Mexico, 1960.)

33 J. M. Mardones, *Analisis de la sociedad y fe cristiana*, PPC, Madrid, 1999, 287-288쪽.

34 P. Nizan의 말은 S. Arce의 저서 *La Mision de la iglesia en una sociedad socialista*, Editorial Caminos: La Habana, Cuba, 2004. 45쪽에서 재인용했다. 기독교의 핵심적인 가르침이라고 볼 수 있다.(마태 5:1-9)